明治聖德記念學會紀要

復刊

第五十五号

明治聖徳記念学会

平成三十年十一月発行

明治聖徳記念学会紀要

復刊第五十五号 ◆目　次◆

平成以後の結婚式の変容と儀礼文化の現在

石井研士

はじめに

戦後の儀礼文化を概観したときに、いくつか顕著な変容を確認することができる。第一には、伝統社会で行われていた儀礼の消滅である。稲作を背景にした常民文化において重要な意味を持っていた儀礼が、産業構造の変化とともに姿を消していった。二つ目は、いまでも残っているかに見える伝統行事の変容である。行事を支えてきた集団に変化が起こったのであるから、儀礼もそのままの意味で継続し続けることはできない。三つ目は、新たな儀礼の創出である。その多くはキリスト教文化にかかわるものである。(1)

本論では、戦後の儀礼文化全体の変容に関して、結婚式を中心に論じるが、伝統社会では結婚と密接な関係を持つ成人式の変容を概観してから中心的なテーマに入ることにしたい。

成人式は伝統社会において重要な役割を持っていた。以下に引用するのは『日本民俗大辞典　上』の「成年式」の項目の一部である。

> 子どもから大人への転換点に行われる通過儀礼。学術的には成人式とも、女性の場合は成女式ともいうが、村落社会ではその折りの印象的な行事にちなみ、男子の場合、元服・烏帽子祝い・褌祝い・ヒタイトリ（額取り）、女子の場合はユモジ祝い・鉄漿祝い、その他、双方にあたるものとして十三参りなど、地方によりさまざまな名称で呼ばれていた。成年式の時期は、男子では数えの十五歳ごろで、この儀式を経ることによって労働・行政・婚姻の各面で原則的には一人前の村人として認められた。(2)

成人式は地方によってバリエーションを有しながらも、村落共同体の構成メンバーになるための儀礼として成立し

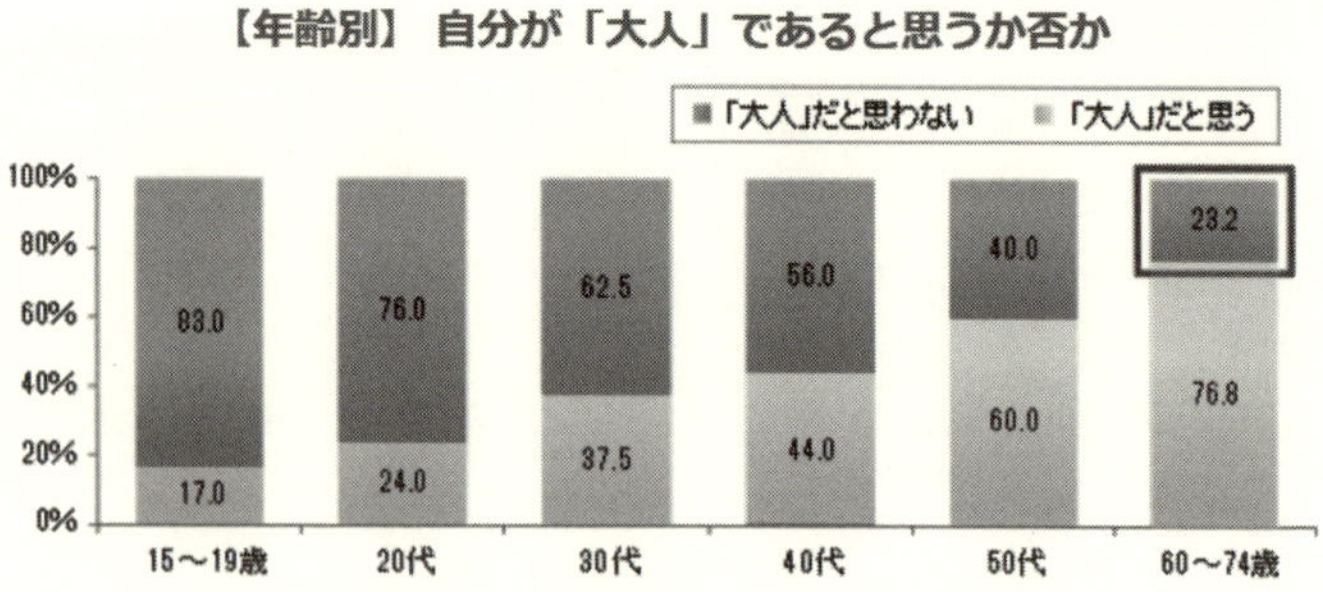

図表１　大人であることの認知度（ビデオリサーチ・平成25年）

てきた。成人式は、行政が祝うようになり同一の形式が広く定着したが、儀礼としての定着とは裏腹に、「成人」の意味は曖昧になり今日に至っている。(3)

満二〇歳をもって成年とすることが定められたのは明治九年の太政官布告による。そして昭和二十三年の国民の祝日に関する法律の制定により、一月十五日を祝日としたのであった。これによって二〇歳になると法律上の権利義務が生じることになった。他方で、年齢によって「大人」とされたのであるから、青年は自動的に、かつ個人差は無関係に大人となることになった。

それでは現在、成人式を経た若者は「大人」なのだろうか。ビデオリサーチが実施した調査によると、(4)二〇代のうち「大人である」と自覚する割合はおおよそ四人に一人、ということになる。六〇歳以上でも二三パーセントが「大人」だと思わないと回答している。この調査結果の傾向は、他の調査においても同様である。

地域共同体における社会的承認の儀礼は失われてしまった。他方で行政主催の成人式は、個人の内面的成熟とは無関係に、二〇歳という画一的な年齢で成人を作り上げていった。個人の内なる「成人」は、社会的にはどこでも形成され承認されることなく放置され、個人の自己責任にゆだねられている

ところで、伝統社会においては、結婚は成人でないと認められなかった。結婚は、社会的に一人前であることが大前提であったためである。しかしながら「成人」の意味が曖昧になるにつれて、「結婚」の意味も変わることになった。

結婚式の一般化

「結婚式」の誕生と展開については、すでに本紀要にも掲載され、その後著作としてまとめたことがあるので、簡略に記述する。(5)現在結婚式は、キリスト教式にしろ神前式

にしろ、宗教者が式を司る形態が主流である。また、挙式と披露宴とに分かれているのが一般的であるが、これらは近代による発明である。

神前結婚式の起源は、江戸中期に記された伊勢貞丈の文献に見出すことができる。また、明治初期には『五儀略式』などに神社の神前で婚儀をすることが記されている。明治十年代には大成教や出雲大社教が結婚式の教本を制作している。明治三十三（一九〇〇）年には、皇太子時代の大正天皇の婚儀が、宮中の歴史以来はじめて賢所で行われた。明治三十五（一九〇二）年に、日比谷大神宮（現東京大神宮）において民間人が神式の挙式を行ったのが、一般的に神前式結婚式のはじまりといわれる。

神前結婚式は大正から昭和にかけて、上流階級を中心に普及した。明治四十二年には永島藤三郎が出前式の永島婚礼会を始めたが、関東大震災後、帝国ホテルの支配人犬丸徹三は新しい慶事サービスとしてホテル内で結婚式と披露宴をセットにして提供することを考案した。その後、ホテルでの結婚式が増加していく契機となった。

現在のように多くの日本人が結婚式を行うようになったのは第二次大戦後のことである。神前式の普及は、昭和二十年代の半ばから始まったと考えられる。戦後の平和と結婚ブームの中で、しだいに結婚式は多くの関係者を集めた祝宴へと変わっていった。

神社の集会場や会館も、地域社会に開かれた場所として結婚式の会場に利用される場合があった。戦後、法制度や社会状況が大きく変化した。人々の神社を見る目は非常に厳しく、神社からは人が遠のいていったという。[6] しかしながら、生活の中で関わりのある神社の儀礼は、初宮、七五三など生育・産育にかかわるものが多く、結婚式に関しても慣習的に式後、氏神へ参拝することは行われていたという。当時の人々は結婚に際して、何らかの儀礼を求めていたのであり、当時こうした欲求に応えられたのが神前結婚式であったということになる。

戦後の神前結婚式の普及に明治神宮が果たした役割は大きい。[7]『明治記念館五十年誌』に掲載されている戦後の挙式数の変化を表すグラフを以下に掲載しておく。昭和二十二年に開設された明治記念館では、昭和二十九年に三千組、昭和三十八年には五千組を超える結婚式が行われ、結婚式数のピークを迎えた。

昭和四十年代になって、つぎつぎにホテルや会館に式場の設備が設けられるようになって、神前結婚式は挙式の定番となっていった。

高度経済成長期に神前結婚式が、とくに都市において一般化したことには複数の理由が考えられる。地方から都市

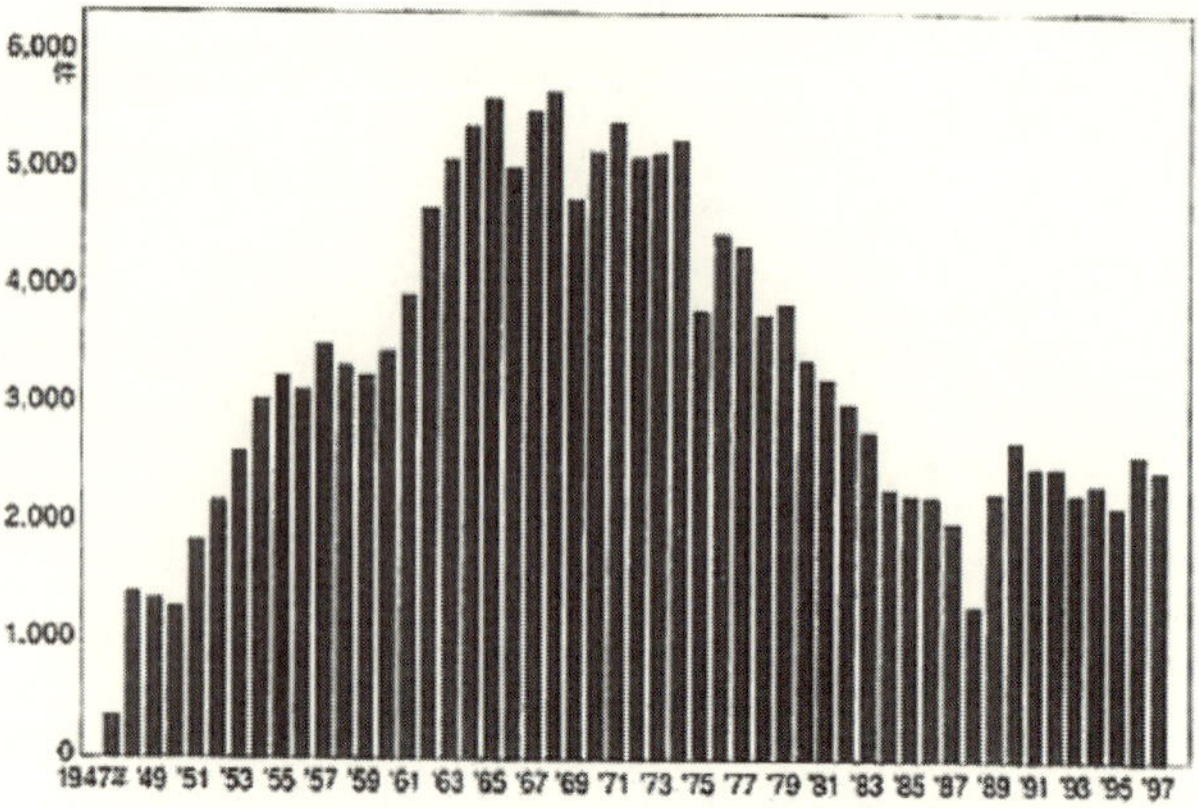

図表２　明治記念館の挙式数の変化（『明治記念館五十年誌』）

に移動した者にとって、従来の自宅で行われてきた数日間にも及ぶ手間のかかる挙式とは異なった、外部施設での簡便かつ厳粛な儀礼が必要とされていた。地方から上京する親族にとっては、お祝いさえ包めばフルコースの料理を食べ、東京見物をして帰るという形式は、双方にとって経済的かつ合理的であった。第二に、神前式挙式は、当時まだ社会構造の中に残存していた「家」制度に合致するものと見なされ、明治生まれの両親や親族の納得する様式として受け入れられた。第三に、共同体が崩壊していき、出産や七五三、そして成人式といった集団としての儀礼の意味が失なわれていくなかで、個人的側面が強い結婚式の重要性が増していった。神前式結婚式は、以上のような条件を満たすものとして広く受容されていった。そして何よりも結婚数が多かった。

　神前結婚式が当たり前になるとともに、披露宴は消費の拡大につれて華美となり、ゴンドラ等での入場など派手な演出が世間の注目を集めるようになった。日取りも従来の吉凶によるものから、来客に都合の良い土日に集中するようになっていった。

戦後の挙式形態の変化

　筆者が結婚に関して成果をまとめた平成十七年当時、関心の所在は、高度経済成長期における神前式結婚式の普及と、平成になってから挙式形態が急速に変化したこと、つまり神前式の急速な減少とチャペルウェディングの増加にあった。生涯未婚率が極端に低かった時代に、結婚に関して何らかの儀礼を行うのは当たり前であった。挙式形態は昭和の終わりから急激に変化するが、そうした変化を通して文化の変容を考察しようとしたのであった。当時は儀礼の変化であって、「ナシ婚」を含めた文化変容の視野は持っていなかった。

　図表3は筆者が平成十六年と平成十七年に行った調査の

結果である。調査は國學院大學での講義を受講した学生に対するレポートの形で行った。レポートは、身近な人に結婚に関するインタビューを行うことであった。インタビューの内容は、結婚した年、挙式の様式、挙式の様式を選んだ理由、挙式の様式を決定した人、挙式を行った場所（具体的な名称）である。データは昭和二十年から調査当時まで網羅されている。

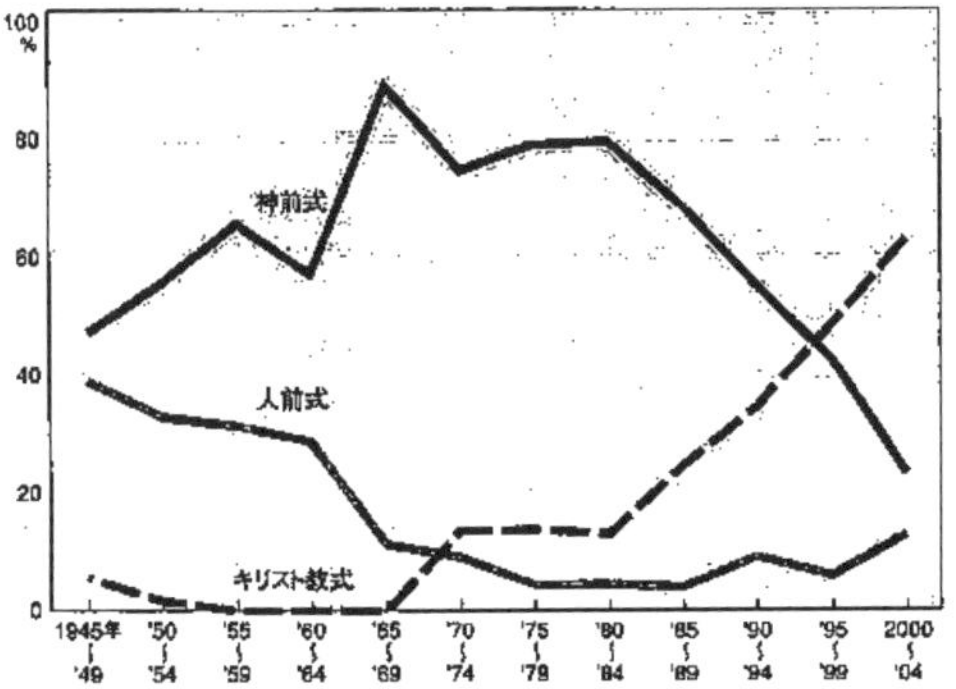

図表３　挙式様式の推移（石井）

　昭和二十年代の後半から増え始めた神前式結婚式は昭和四十年代には八割前後となった。以後一九八〇年代の初めまで、およそ一五年から二〇年間高いシェアを維持し続ける。それまで自宅や近所の飲食店で行われていた人前式は急速に減少した。

　神前結婚式が減少を始めた一九九〇年代から、チャペルウェディングは神前結婚式の減少と相反するかのように増加していき、一九九〇年代半ばで、神前結婚式の実施率とチャペルウェディングの実施率は交差するまでになった。その後平成十年頃までチャペルウェディングは、海外でのチャペルウェディングを含めて、七〇パーセントを超える結婚式の主流となっている。こうした傾向は、他の調査結果でも確認することができる。

　場所に関していま少し言及すれば、日本人の結婚式は戦後、自宅から神社の会館、料亭の広間などを経て、豪華なホテルや専門式場へと場所を移してきた。

　人前式結婚式であるが、戦後の家庭で行われていた結婚式は昭和二十年代になって減少していき一般的ではなくなる。一方で、レストランやホテルでの人前結婚式は、チャペルウェディングが増加する一九九〇年代から緩やかに増加している。

　後述するように、チャペルウェディングが増加した理由のひとつは、明らかに「個人化」である。結婚式を挙げることが人並みになったときに、挙式するカップルは自分たちの幸せを強調するために、個性的な演出を望むようになっていった。チャペルウェディングが増加していくのは平成になってからであるが、すでに昭和五十年代にその萌芽は現れている。

個性化とハデ婚

一時「ハデ婚」が話題になったことがある。ハデ婚は結婚式の高度消費化であったが、他方では挙式の個人化に対応するものであった。いわゆる「派手婚」は昭和五十年代になって現れる現象であるが、さらに遡って昭和三十年代の終わりには、そうした「派手婚」の源流とも見られる挙式形態が新聞や週刊誌で取り上げられている。とくに週刊誌では、当時の主流であった「ジミ婚」とでもいったほうがよい、戦後の窮乏生活を背景にした新生活運動とも歩調を合わせた挙式とは対照的で、「ショー」ともいわれるような形態が誌面に載るようになる。

昭和三十三年にＴＢＳテレビ（当時は東京放送）で放送されていた三〇分番組「結婚式のプレゼント」（通称テレビ結婚式）は話題を集めた。昭和三十七年六月二十日に行われた飛行機をチャーターしての二組の結婚式、昭和四十年一月二十日に行われた芦ノ湖の海賊船上での結婚式などがその都度、週刊誌には話題として取り上げられている。

昭和四十年には、「流行する〝アイデア結婚式〟」として雑誌に特集記事が組まれている。取り上げられている結婚式は、飛行機結婚式、なぎさの結婚式、高原の結婚式、ロープウエー結婚式、市電結婚式の五例である。(8)

こうした結婚式はまだ奇抜で批判の対象ともなったようだ。すでに昭和三十四年には、近頃の「挙式は逆コース?」として簡易挙式が減りデラックス組が増えていると指摘されている。(9) 昭和四十年にはデザイナーの森南海子が「誰がために結婚披露宴はある?」と題して、結婚披露宴はショーであるとして批判している(10)（『文藝春秋』昭和四十年四月号）。

しかしながら「流行する〝アイデア結婚式〟」が「人間一生のうち必ず迎える三つの祭りがあるといえます。誕生、結婚、死です。なかでも結婚は、当人が意識し、式次第に手を加えることのできるただひとつのもの、そして自分たちで企画し創造的な式にすることで、一生の心の財産になるのです」というように、従来の慣行にならったやり方ではない結婚式への希求がすでにこの頃から存在したと考えることができるだろう。

斬新な形式の結婚式への関心は、その後も散見される。スキューバ・ダイビングによる海底結婚式(11)（『女性セブン』昭和四十一年八月三日号）や、新しい形式の結婚式をプロデュースする女性の繁忙という記事での無人島での結婚式、デパートでの世界の結婚式が紹介されている。

以後、個別の事例を挙げることをしないが、キーワードは「ふたり」「海外」「チャペルウェディング」「ドレス」

になる。女性の主張が強く前面に出るようになっていく。

昭和五十年代——派手婚登場の予兆

挙式数は昭和四十七年をピークに減少を始める。その結果、式場の淘汰・減少が始まった。他方で、一部と思われるが、参列者が増加し式の規模が大きくなる傾向が現れ始めた。たとえば明治記念館は次のようであったと報道されている。

年間挙式五〇〇〇組、日本一の実績を持つ明治記念館が今年から、一四室あった披露室を一三室に減らし、その分だけ部屋を広くした。出席者が年々増えるためである。人数が増えれば、一組当たりの必要時間も伸びる。平均二時間一〇分だったのを今年は二時間二、三〇分と見込んでいる。結婚式場協議会本部長の紀村武男さんの話だと、五、六年前にはやった二人だけの結婚式が最近はめっきり下火になったという。(12)結婚が少なくなるにつれて、披露宴は豪華絢爛になり、費用をかけるようになってきた。親がかりとなれば、披露宴や支度が派手になってしまう。ご両人じゃなくて両家の〝祭典〟になってしまう。最初は双方の親が「簡潔にやりましょう」で意見一致しているのだが、式が近づくにつれ、エスカレートしてくる。(13)

新郎のお色直しが普及し、さまざまな演出が登場するようになった。次の記事は昭和五十二年の毎日新聞に掲載された記事の一部である。派手婚というとすぐにも玉姫殿の発明によるもののように思われているが、玉姫殿の演出は、すでにこうした傾向の延長線上に受け入れられたものである。

最近の結婚式にはこれまでと違った特徴が出てきている。そこで、千代田区平河町の結婚式場マツヤサロンの調査データから新しい傾向をさぐってみた。…〈相合いガサで登場〉披露宴にいろいろこった演出を考えるカップルが多くなっている。お色直しの後のメモリアルキャンドルなどは、すでに一般化。最近ではカップルが相合いガサで登場したり両家の家紋入りの提灯を持って、長持唄で入場といった新手も。バックグラウンドミュージックとしては、エレクトーンの人気が高く、エレクトーンのない披露宴なんて…というほど。〈男性のお色直しも当たり前に〉披露宴での男性のお色直しがここ二、三年でふえ続け、最近では一〇人のうち九人までが、紋付から白のタキシードに着替えるとか。それもほとんどが貸衣装だが、借料の方は一万円ほどで、花嫁衣装に比べるとかなり安い。〈費用の平均八五万円〉招待客の人数は平均六〇人で、年々増

える傾向にある。(14)

派手婚の誕生と反響

玉姫殿のさまざまな創意工夫の中で、もっとも一般の関心を引いたのは「ゴンドラ」である。「ゴンドラ」は派手婚の代名詞となったといっても過言ではない。玉姫殿のゴンドラは、たんにマスコミによって目新しい、あるいは奇異な装置として映ったために取り上げられたわけではない。実際に、かなりのカップルの関心を惹起した。以下に、いくつかの証言を取り上げておく。

全盛期のゴンドラ人気はすごいものでした(15)

うちは守口、梅田に次いで'七九年にオープンしたんですが、ゴンドラに乗りたいからその会場で、と言うお客さまがかなり多かったです。二機のゴンドラをフル稼働させても追い付かず、お客さまがゴンドラに乗りたいがために、空いている日を選ぶということもありました(16)

ゴンドラの発案者である斎藤眞一氏の次女・斎藤理美さんと当時を知る鈴木智株式会社セレマ専務取締役へのインタビューにおいても（二〇一五年十二月八日）この点は十分に確認することができた。玉姫殿グループはその後、一五年間で全国に約百の式場を持つ大グループへと成長していく。

「ゴンドラ」の発案者は斎藤眞一である。斎藤眞一は昭和五年六月八日、京都市上京区一条通りに、生業であった食酢醸造業・玉姫酢を営む斎藤近次郎・いつの長男として生まれた。昭和二十八年に関西大学商学部を卒業後、昭和三十四年に父親が創業した（有）京都市冠婚葬祭互助センターの専務取締役に就任した。国内最大規模の結婚式場を完成させたときに、斎藤眞一は「結婚式・披露宴に演出を取り入れなければ将来が危うい(17)」と予見したという。斎藤は次々と新しい意匠を考案していく。

最初に大ヒットしたのは新郎新婦から両親への花束の贈呈であった。次に考案したのは映像とナレーションによる新郎新婦の生い立ち日記の上映で、両親への感謝の言葉を添える演出は「幸せのメルヘンとして」ブライダル業界で一大ブームを起こした。

昭和四十六年に大阪府守口市に（株）京阪互助センターが設立され取締役副社長に就任した。さらに同市に昭和五十二年七月守口玉姫殿を新築したが、斎藤が初めてゴンドラを設けたのはこの玉姫殿であった。同社にはオープン当時の写真が残されている。施設の壁面にリフトのように取り付けられた装置は、背景に大きなハートがあしらわれ白い柵で囲われている。

設置に当たっては、守口市自体にも関係がありそうである。守口市は当時、三洋、ナショナルといった家電メーカーが集まる電気の街であり、「夢のゴンドラ」プロジェクトは、消防関係の許可をとることに苦労したものの、順調に進んでいった。

なぜ「ゴンドラ」であったのかについては、複数の説が残されている。毎日新聞は平成五年に「ショー型披露宴」として玉姫殿を取り上げ、「派手な演出、ルーツは「宝塚」」としている。梅田玉姫殿のドライアイスの白煙の中からゴンドラに乗った新郎新婦の登場写真をブランコで登場する宝塚歌劇の舞台写真と並べてルーツを強調して見せた。

斎藤眞一のインタビューも掲載し、「『ベルサイユのばら』は見ました。…とても参考になりました。…ショーとして新しい披露宴演出を考えたとき、宝塚大劇場は大いに参考になった」としている[18]。このほかにも斎藤は、パリのオペラ座など世界の劇場を訪ね、幕あいなしの場面転換や照明の使い方などの演出を研究したという。その結果、グループの七号店になる守口の玉姫殿で実験的に始められたのが、ドライアイス、五色の劇場用照明、そしてゴンドラであった。

ゴンドラの直接的な発想は、斎藤の娘の言葉であったようだ。次女である斎藤理美は次のように述べている。

私の妹がある時なにげなく、〝今度は新郎新婦が両端から歩いて、真ん中で合体して降りるゴンドラなんてどう〟っていって。それ、いただき！ってことで誕生したんです[19]。

なぜ関心を集めたのか

斎藤眞一が考案したものは、ゴンドラの他にも、舞台照明と舞台付き会場、立体音響、集中コントロール式ビデオ装置、ステージ付き会場、スモークやドライアイスを使った演出など、数多い。斎藤が目指したのは、たんにショーアップされた披露宴ではないようだ。斎藤は常々「嬉しい時も涙、悲しい時も涙。我ら儀式業界者はお客さまに涙してもらって初めて料金をいただくことができる」が口癖だったという。関係者からの証言からも明らかなように、斎藤のいう儀式性を求めて、当時は多くのカップルが披露宴を行ったのだった。

こうした一見すると、通常は行うことのないようなゴンドラやスモークを利用した披露宴のあり方は、「イベント」や過度な消費行動であるととらえる者もいる。たとえば、市川孝一は次のように述べている。

披露宴では、七〇年代以降結婚産業主導のショー化・イベント化・パフォーマンス化が進み、豪華さを競う見世物的披露宴が一般化している。両親への花束贈呈、キャンドルサービス、新婦のお色直しはもとより、新郎までがお色直しをしたり、ドライアイスのスモーク、レーザー光線、ゴンドラなど様々な小道具を使った派手な演出がなされる。このような多額な費用のかかる派手なポトラッチ的（消尽的）披露宴を支えているのは、生活の芸能化と、根強い世間体への配慮と「人並み意識」であろう[20]。

市川の批判的な指摘の背景には、「人並み意識」つまり一九七〇年代に形成されたとされる一億総中流がある。内閣府は昭和三十三年から「国民生活に関する世論調査」を実施している。昭和三十六年に生活程度が「中」と回答した者は七七パーセントであったが、昭和四十四年には八九パーセントに増加した。日本人は所得倍増計画のもとで所得を増やし、国民総生産が世界第二位となるなど、全体的に豊かな生活を獲得していったのである。

高度経済成長によって所得・消費水準は向上したが、他方で生活様式は平準化していった。生活に人並みであるという余裕が生まれ、地域社会や親族構造といった重大な社会構造に緩みが見られるようになった時点で、指向性に分化が見られるようになる。つまり、集団の中に埋没することに対する抵抗感と、より自分の趣味や趣向を前面に押し出したいと人々は考えるようになっていく。とくに、人生の重大な区切り目である結婚式に個性を反映させたいと考える人々が登場したのである。

さらに七〇年代において、その後結婚式に顕著になるいくつかの指向性を見ることができる。ひとつは「地味」であり、今ひとつは「二人」である。結婚式に多額の費用をかけるよりは、結婚後の新生活にあてたいとするカップルが現れていることが週刊誌等の記述から理解することができる。こうした現実派にとっては、結婚式に多額の費用を費やすカップルは刹那的で無意味な行為をするように見えるかもしれない。「地味」であることを選択することができるようになった、と考えることもできるだろう。

今ひとつの「二人」は、すでに述べたように、それこそ新郎と新婦の考えを前面に押し出した結婚式や披露宴、あるいは親族を抜きにした海外への新婚旅行などにみることができる。

どのような様式の結婚式を選ぶにせよ、「家族」ではなく新郎新婦、とくに新婦の意見が強く反映されている。伝統的な「家」から解放された花嫁は、結婚式においては個人を象徴する存在であったのではないか。七〇年代の派手婚は、結婚式を選ぶことのできるようになった個人が、みずからの個性を発揮するものとして選択したものである。

バレンタインやクリスマスにも同様の指摘がされるが、けっして結婚式産業によって踊らされた人たちではないだろう。人生の主役になることが望まれた時代に、結婚式産業は「形＝儀礼」を与えたのである。

神前式からキリスト教式へ

平成になって挙式スタイルが大きく変化した。昭和四十年代、五十年代に七割以上を占めていた神前結婚式が急速に減少した。一割ほどだったキリスト教式結婚式がしだいに増加し、一九九〇年代半ばで交代した。その後もこの傾向は続き、海外挙式を含めるとキリスト教式結婚式は七割ほどになり、神前結婚式は二割にとどまるようになった。

海外での挙式も珍しくなくなり、日本人がハネムーンで訪れることのできる国や場所であれば、ほとんどの場所でチャペルウェディングを行うことが可能である。挙式するふたりにとっては、生涯に一度の思い出にはなっても、教会に通う地元の信者にとっては許し難い行為と映ることもあり、挙式スタイルをめぐるトラブルが生じている。

高度経済成長期に神前式を行っていたのは、主として団塊の世代であった。一九九〇年代になってチャペルウェディングへの強い志向を示したのは、主として団塊ジュニアと呼ばれる世代であった。親がこぞって神前式で挙式したのに対して、子どもの世帯がチャペルウェディングへと移行したのは、集団的な制約がより緩やかになり、個人の重要性が増したためである。とくに挙式スタイルに関しては、新婦が選択権を持つようになったことがわかる。

神前式にしろチャペルウェディングにしろ、一般の日本人が宗教式で挙式するのは、当人の自覚的信仰の表明ではない。結婚する二人が育った家庭環境から離れて新たな人生を始めるための儀礼を、いかに幸福のうちに演出するかに重点が置かれている。戦後のアメリカ文化の浸透や社会構造の変化の中で、個人と個人の結び付きを重視する若者が、こうした点をもっとも儀式らしく挙行できるスタイルとしてキリスト教式を選択したものと考えられる。

こうした親や親戚の意向ではなく「個人の選択」として挙式形態や挙式場所が選択される延長線上に、つまり、親族や地域社会といった紐帯が弱くなり、結婚式に対する外部からの干渉が弱まっていったときに、次に説明するような「ナシ婚」の可能性が生まれてくる。

「ナシ婚」は半数か

「ナシ婚」という言葉が新聞紙上に現れるのは平成十一年頃である。挙式・披露宴をしない結婚のあり方が「ナシ婚」と呼ばれるものである。

図表4　結婚式件数（平成26年特定サービス産業実態調査・経済産業省）

	年間取扱件数（件）							
	計		挙式及び披露宴		挙式のみ		披露宴のみ	
		うち、冠婚葬祭互助会を活用した件数		うち、冠婚葬祭互助会を活用した件数		うち、冠婚葬祭互助会を活用した件数		うち、冠婚葬祭互助会を活用した件数
全規模	183,246	21,936	171,035	20,556	6,618	542	5,593	838
事業従事者5人以上	179,847	21,931	168,381	20,556	6,210	537	5,257	838
合　計	363,093	43,867	339,416	41,112	12,828	1,079	10,850	1,676

「ナシ婚」が急激に増加したといわれる根拠のひとつは以下のようなものである。つまり、平成二十六年の「婚姻件数」が約六五万組（厚生労働省：平成二十六年人口動態統計）だったのに対し、「結婚式件数」は約三六万件（経済産業省：平成二十六年特定サービス産業実態調査）となっており、約半数近くのカップルが結婚式を挙げていない、というものである。婚姻件数に対する結婚式件数の割合を正確にいうと五五・四パーセントとなる。この数値における「ナシ婚」は四四・六パーセントである。

特定サービス産業実態調査は「各種サービス産業のうち、行政、経済両面において統計ニーズの高い特定サービス産業の活動状況及び事業経営の現状を調査し、サービス産業の企画・経営及び行政施策の立案に必要な基礎データを得ることを目的」（経済産業省ホームページ）とした調査である。調査は全国の事業所（平成二十六年調査では、平成二十四年経済センサス—活動調査において、以下の日本標準産業分類（平成二十一年総務省告示第175号）の小分類に格付けされた事業所（一部業種は企業））が対象となっている。

結婚式に関しては「冠婚葬祭業」という名称で、「全規模の部」と「事業従事者5人以上の部」に分けて、全数調査である。二つの部の調査結果をひとつにして示すと以下のようになる。

これまで「冠婚葬祭業」に対して実施された特定サービス産業実態調査によって判明した結婚式件数と婚姻件数から算出した結果を示すと図表5のようになる。「ナシ婚」率は、過去の方が高く、昨今の「結婚式が減った」という実感とは矛盾している。特定サービス産業実態調査の結果から「ナシ婚」率を導き出すのは誤りといっていいほどである。

図表５　結婚式件数の割合

	結婚式件数	婚姻件数	％	ナシ婚率（%）
平成 26 年	363,093	643,749	56.4	43.6
平成 22 年	308,026	700,214	44.0	56.0
平成 17 年	327,813	714,265	45.9	54.1
平成 14 年	388,727	757,331	51.3	48.7

挙式者から見た「ナシ婚」

事業所からではなく、実際に婚姻を結んだ者に関する調査から「ナシ婚」の実態をうかがうことのできる資料が二つある。ひとつは、リクルート・ブライダル総研が実施している「結婚総合意識調査」で、いまひとつは、アニヴェルセル株式会社が行った調査である。

リクルート・ブライダル総研は、株式会社リクルートマーケティングパートナーズにおける調査・研究機関である。結婚情報誌「ゼクシィ」を企画運営するほか、結婚や結婚式に関する調査・研究を実施している。

結婚総合意識調査２０１６では、「挙式または披露宴・披露パーティを実施した割合」として、「挙式・披露宴・披露パーティともに実施」と「挙式のみ実施」を合わせた六八パーセントを結婚式の実施率としている。とすれば「ナシ婚」は残りの三二パーセントとなる。

この調査は、インターネットによるアンケート調査で、回答者は平成二十七年四月から平成二十八年三月に結婚したと回答した二〇歳から四九歳の既婚者である。（調査時期は平成二十八年四月八日から五月三十日）サンプル数は一五〇〇人である。

アニヴェルセル株式会社は東京、神奈川を中心に全国一四カ所の結婚式場を経営する会社である。アニヴェルセル株式会社による調査もインターネット調査である。サンプルは全国の二〇代から三〇代の既婚男女六〇〇人と、婚姻歴のある独身男女一四二人の合計七四二人である。調査期間は平成二十八年三月十八日から二十三日である。

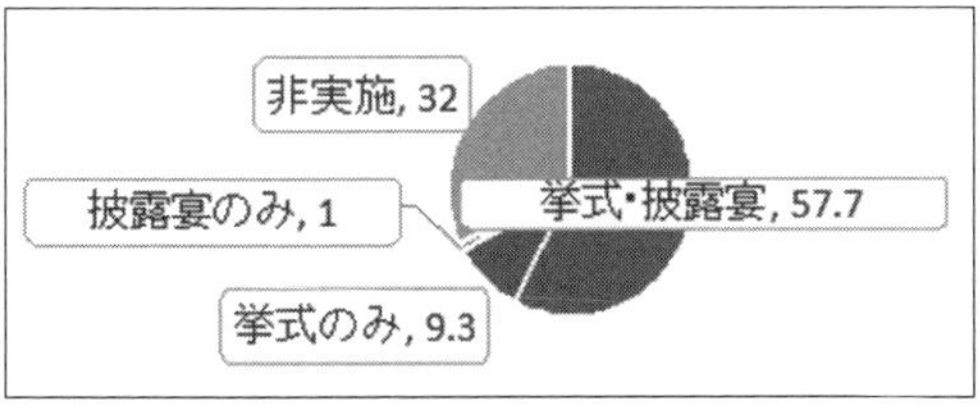

図表６　結婚式の実施率（ブライダル総研）

調査結果によれば、結婚式を実施しているのは「結婚式・披露宴（会食）共に開催した」と「結婚式だけ挙げた」の合計六四・四パーセントで、「ナシ婚」は「何もしていない」と「婚礼衣装を着て記念撮影した」の合計三四・九パーセントとなる。

「ナシ婚」と世代差

この調査では、二〇代と三〇代に分けて集計結果が公表されている。「ナシ婚」は二〇代で四六・七パーセント、三〇代で三二・三パーセントと圧倒的に二〇代が高くなっている。

二つの調査は二〇一六年に実施されたもので、調査方法はインターネット調査である。ブライダル総研調査は二〇代から四〇代と年齢の幅が広い。アニヴェルセル株式会社調査によれば、二〇代の「ナシ婚」率が非常に高い。

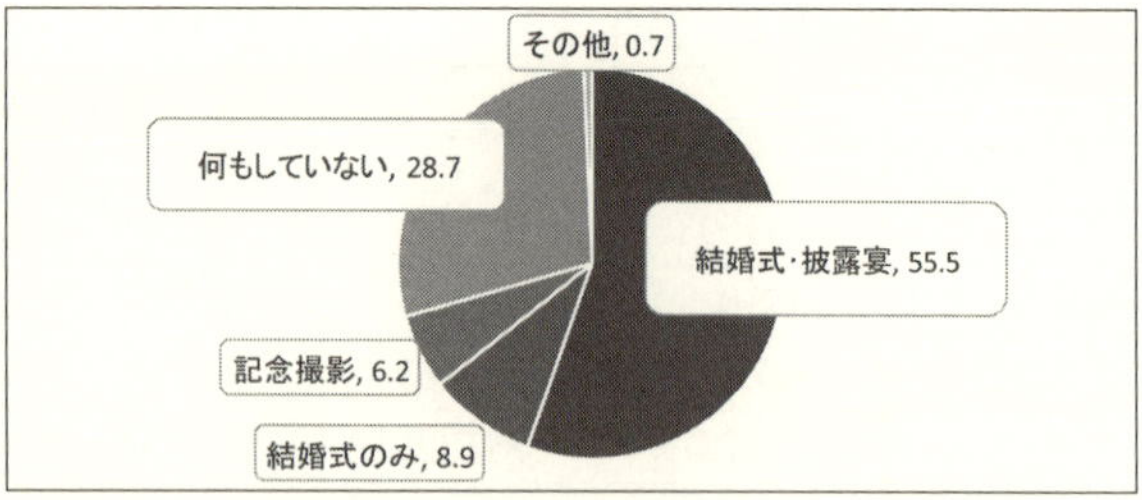

図表７　結婚式の実施率（%）（アニヴェルセル株式会社）

世代差に関しては、ブライダル総研においても「挙式の実施率」と「披露宴・披露宴パーティの実施率」に分けて、それぞれ二〇代から四〇代まで調査結果が公表されている。しかしながらこれらの調査結果からは、「挙式」も「披露宴・披露宴パーティ」も行わない「ナシ婚」の割合が把握できない。

おそらく、現時点での「ナシ婚」率は、若年層に高く見られることを前提に、「三〇パーセントから四〇パーセントの間」が適切な範囲と考えられる。本論の冒頭で引用した「ナシ婚」が半数は過度であるとしても、極端にかけ離れた数値ではない。

「ナシ婚」はいつから増加したのか

本論の冒頭で、「ナシ婚」という言葉が新聞紙上に現れるのは平成十一年頃であると記したが、主要新聞での初出は毎日新聞「ブライダル・アイデア競争[21]」である。紙面の冒頭は次のようになっている。

「ハデ婚」「ジミ婚」、最近は「ナシ婚」もハヤるご時世。ジューン・ブライドの季節を前に、結婚式を巡るホテルや業者の新しい動きを垣間見た。自分たちの式が済めば、極端に関心が薄れるのが結婚式。最近の事情「あ〜、こうすればよかった」と後悔、それともほっとする？

朝日新聞は平成十一年六月十八日紙面「森川さゆりキャリア志向」（夕刊）で「ナシ婚」に言及している。森川さゆりは、結婚情報誌『ゼクシィ』の編集長で、引用文

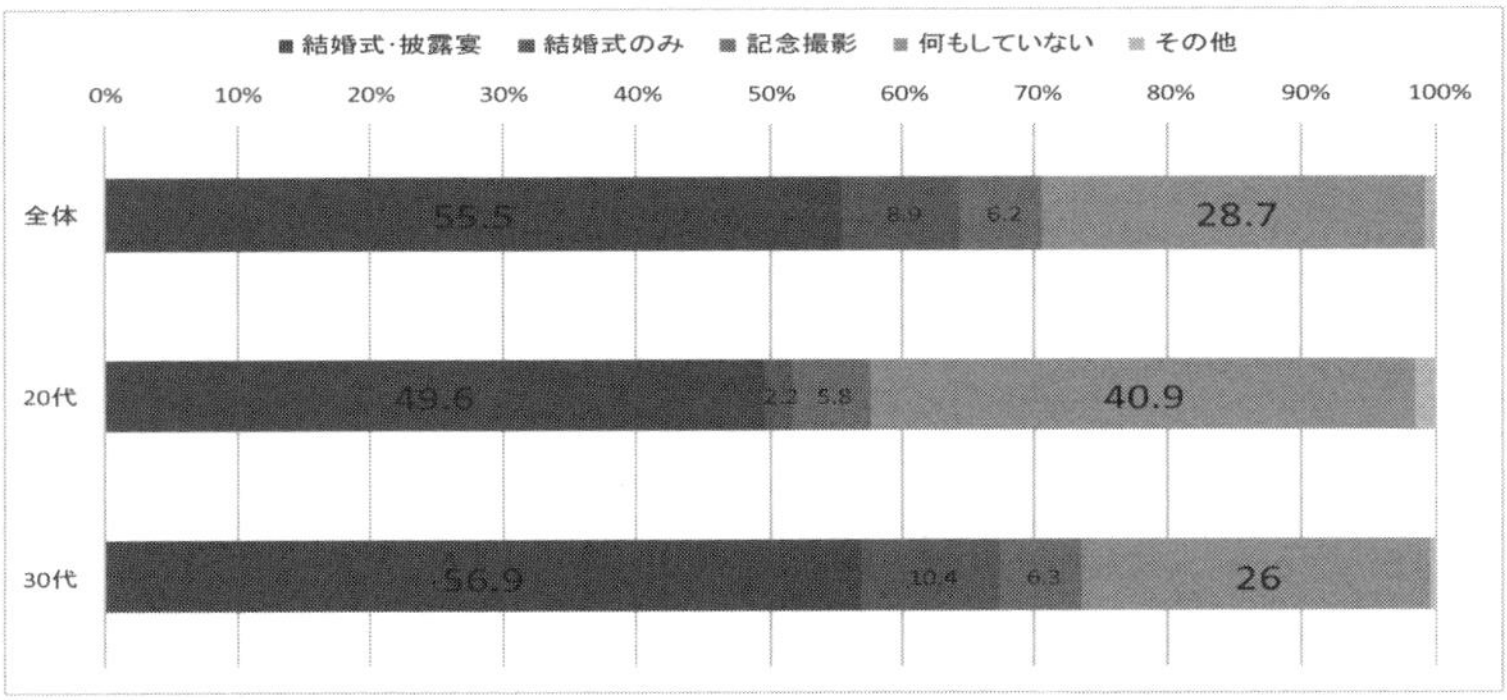

図表８　結婚式の実施率・世代別（アニヴェルセル株式会社）

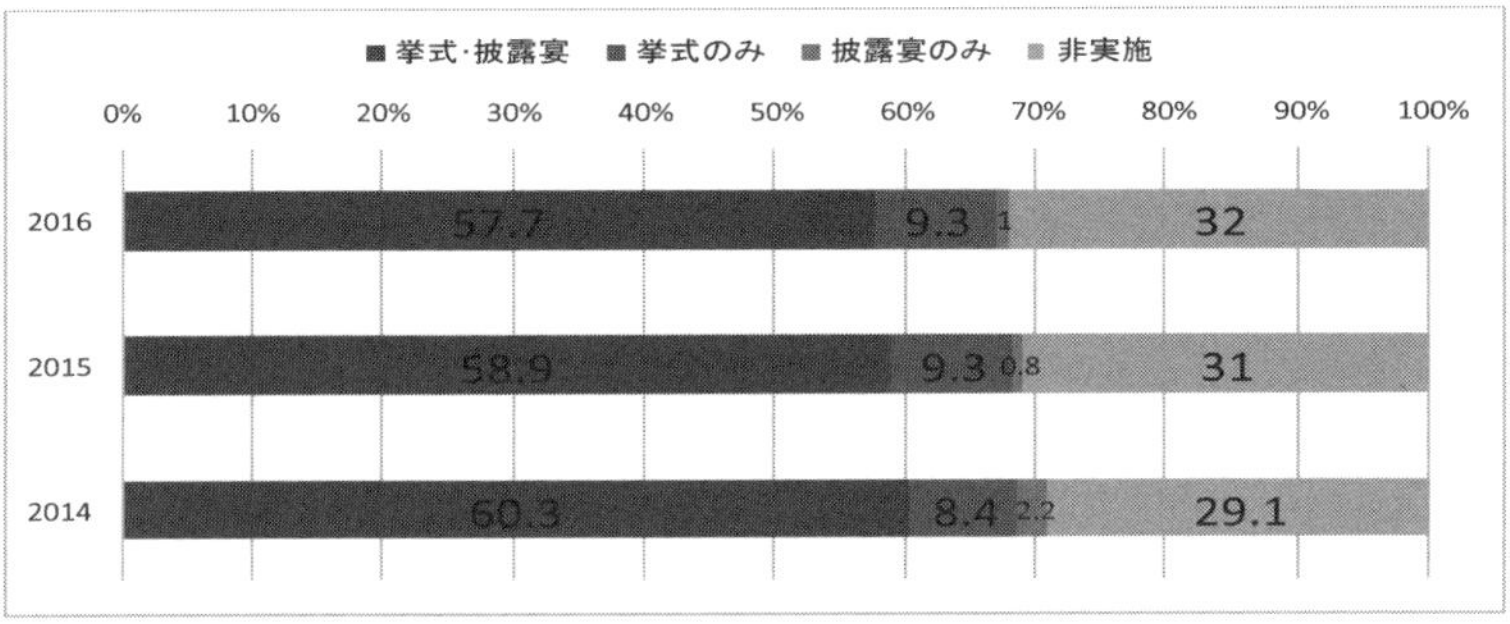

図表９　結婚式の実施率・経年変化（ブライダル総研）

の「同誌」は『ゼクシィ』である。「ジミ婚」「ナシ婚」などと言われる当世だが、同誌の読者調査では結婚にかける費用は不況でも依然目をむく額で、平均約六百万円。手にとってズシリとくるこの雑誌の重さから、愛とお金の重さを感じる二人もいるのだろう。

毎日新聞も朝日新聞も記事の発信地は大阪である。

もし、「ナシ婚」が平成十一年頃からとすれば、その当時の割合はどれくらいだったのだろうか。そして、その割合は現在までどのように増えたのだろうか。あるいは増減があったのだろうか。残念ながらこれらに関する調査資料は、目下のところ発見できていない。経年変化をかろうじて把握できるのは、ブライダル総研のデータであるが、年数はわずかに平成二十六年からの三年分である。

調査結果によれば、平成二十六年から平成二十八年までに「非実施」が三ポイント増加している。この数値を傾向といえるかどうかはまだ判断が難しい。

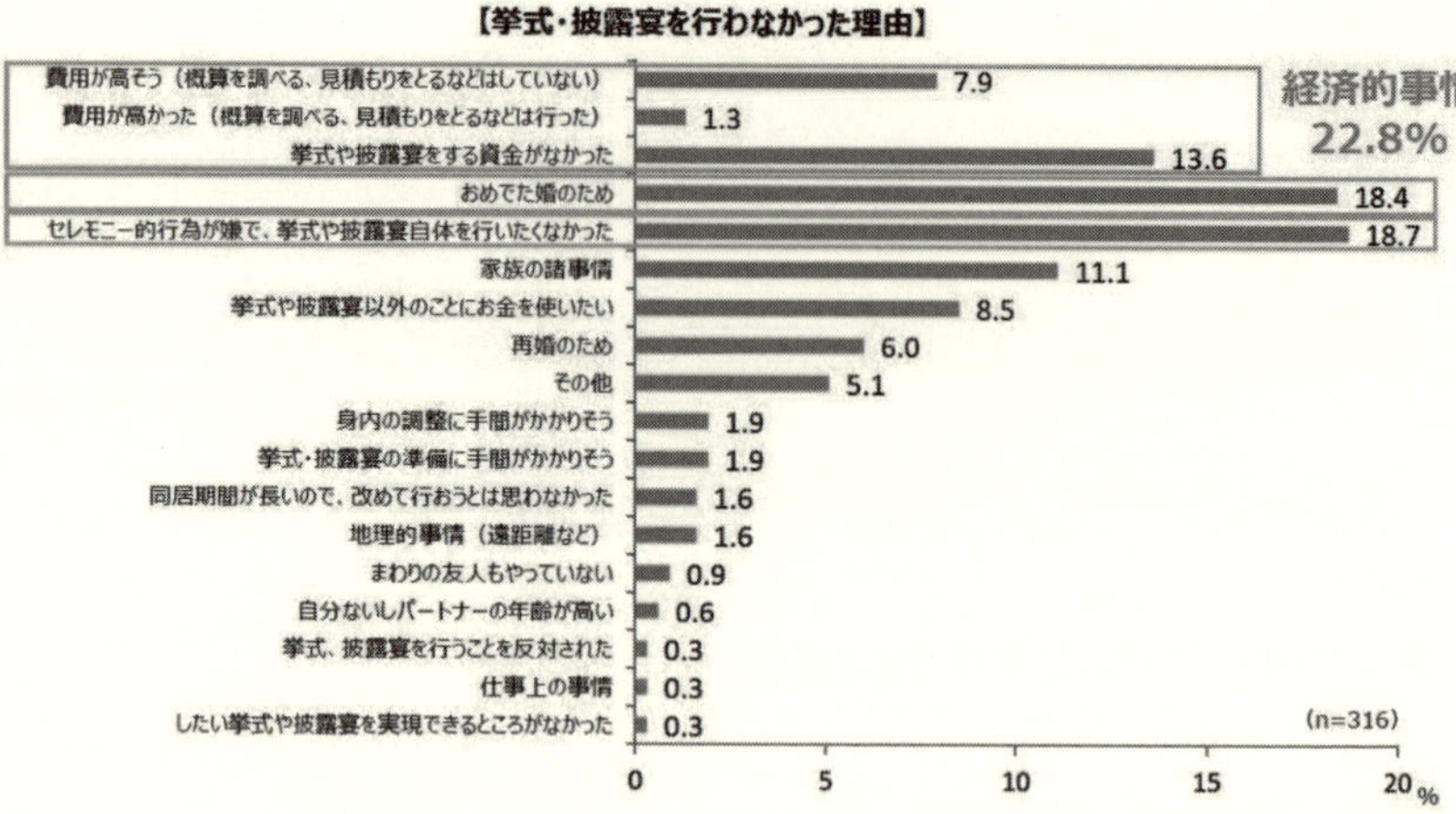

図表10　「ナシ婚」の理由：株式会社みんなのウェディング

なぜ「ナシ婚」なのか

株式会社みんなのウェディングは、結婚式場選びの口コミサイト「みんなのウェディング（http://www.mwed.jp/）」を運営する会社である。株式会社みんなのウェディングは、「ナシ婚」を入籍はしたが結婚式はしない形式として、理由を初めアンケート調査を実施している。

この調査によれば、「ナシ婚」となる三大理由は、後に詳述するが、「経済的事情（二二・八％）」、「セレモニー的行為が嫌（一八・七％）」、「おめでた婚（一八・四％）」となる。調査はインターネット調査で、調査期間は平成二十八年一月二十七日から二十九日である。調査対象が、先の二つの調査と異なっており、全国の二〇～三九歳の既婚女性（入籍しているが、挙式・披露宴両方とも行っておらず、現時点でその予定はない女性）三一六名である。図表10から明らかなように、選択肢は現状から考えられるものをランダムに取り上げたものである。

この調査は平成二十四年から継続されているが、サンプル数が三〇〇ほどと少ないために実施年ごとに結果に差が見られる。しかしながらそれでも、主たる理由に大きな変化は見られない。上記の三大理由以外では、「挙式や披露宴以外のことにお金を使いたい」「家庭の事情」が一割ほどというところだろうか。

先に「ナシ婚」となる三大理由は、「経済的事情」「セレモニー的行為が嫌」「おめでた婚」と記したが、「経済的事情」は株式会社みんなのウェディングが三つの選択肢をまとめたものである。他の選択肢にも経済的に関わる問題が見られるが、「経済的事情」は、いってみれば、経済的な問題で挙式を挙げることができなかったという内容である。

この調査は平成二十四年から実施されており、「ナシ婚」の三大理由ごとの経年変化をみると図表11・12のようになる。先にも述べたように、サンプル数が三〇〇ほどなので、偏差が大きい。経年の変化を見ることは難しいだろう。

読売全国世論調査から

読売新聞社は、平成二十四年に冠婚葬祭に関する全国世

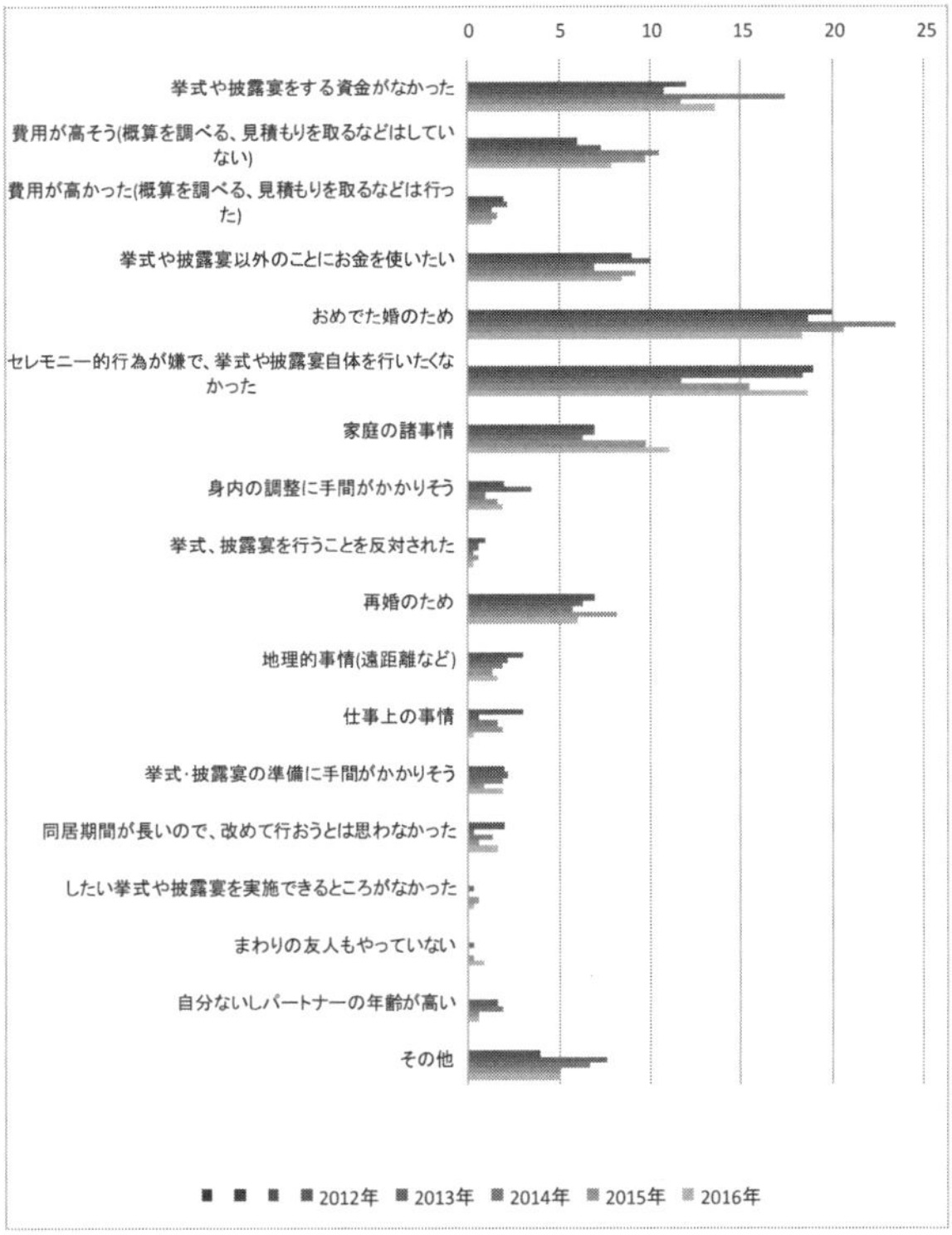

図表11　「ナシ婚」の理由・経年変化（株式会社みんなのウェディング）

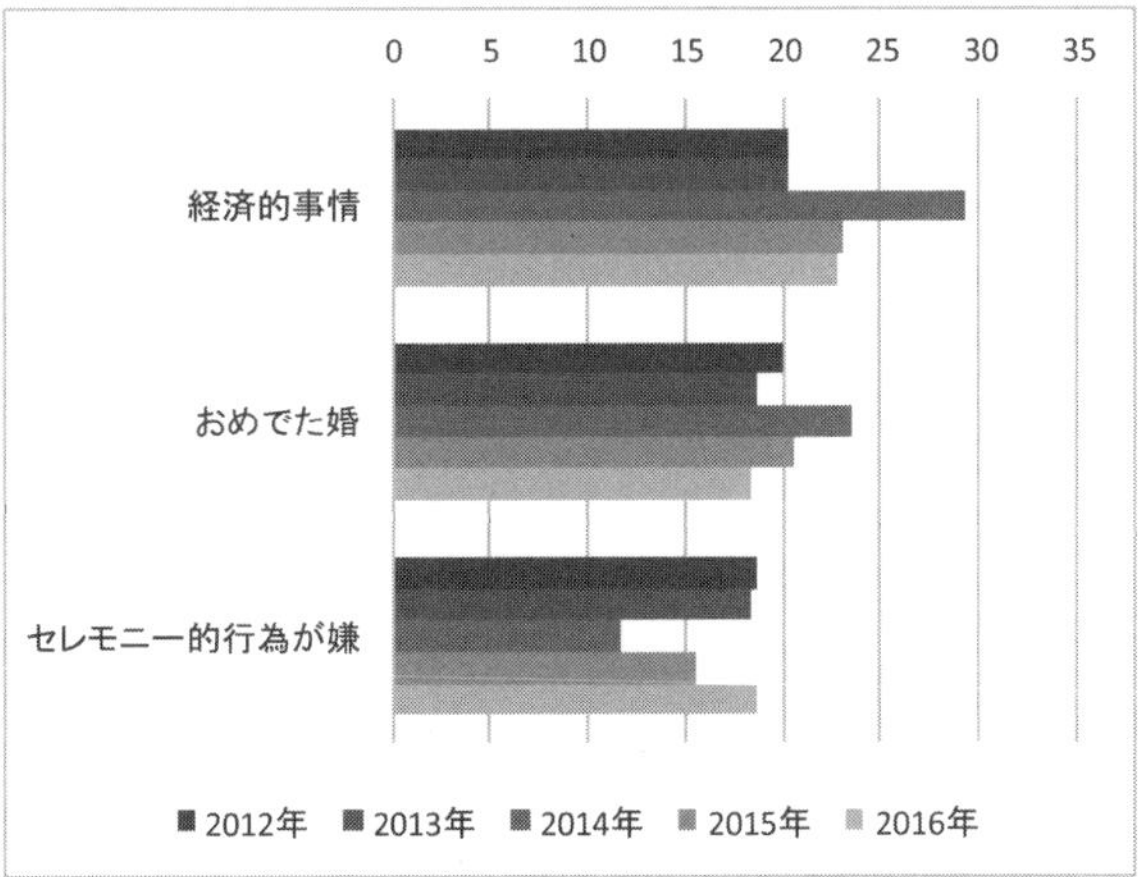

図表12　「ナシ婚」の三大理由・経年変化（株式会社みんなのウェディング）

論調査を実施した。[22] 七五三、成人式、結婚式・披露宴、葬式、法要など質問は多項目にわたるが、質問数からいっても関心の中心は「結婚式・披露宴」と「葬式」である。取り上げる項目を限定しながら、「結婚式・披露宴」の現状把握したい。

「子どもの七五三」「結婚式・披露宴」「葬式」「法要」の四つの行事について、行事を行う場合に「簡素」か「盛大」について聞いたのが図表13で、行事のあり方について、「慣習やしきたりに従った方がよい」「慣習やしきたりにこだわらなくてよい」を尋ねたのが図表14である。

図表13　行事を行う場合（%）

	なるべく簡素	なるべく盛大	答えない
子どもの七五三	86	13	1
結婚式・披露宴	84	15	1
葬式	92	8	1
法要	96	3	1

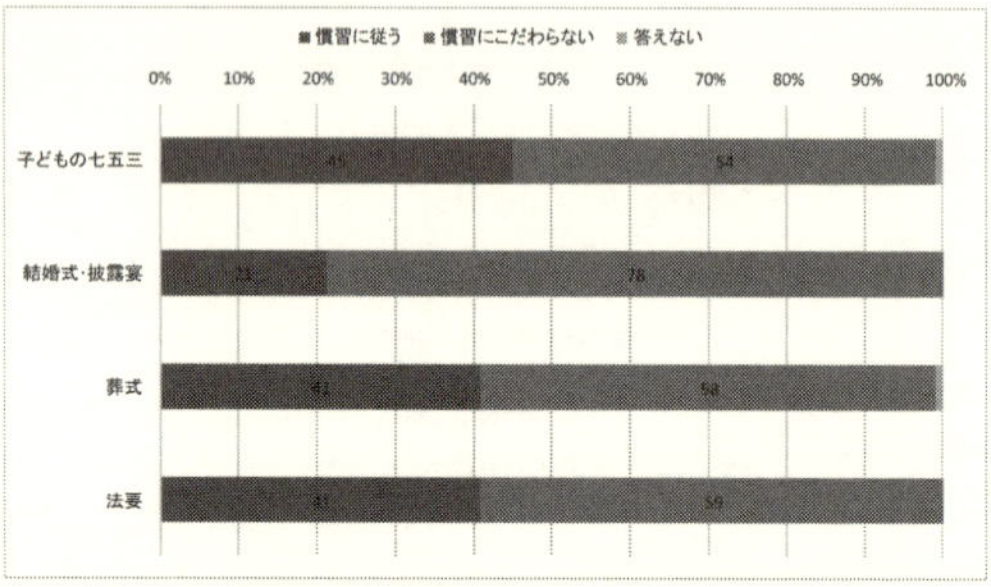

図表14　行事のあり方

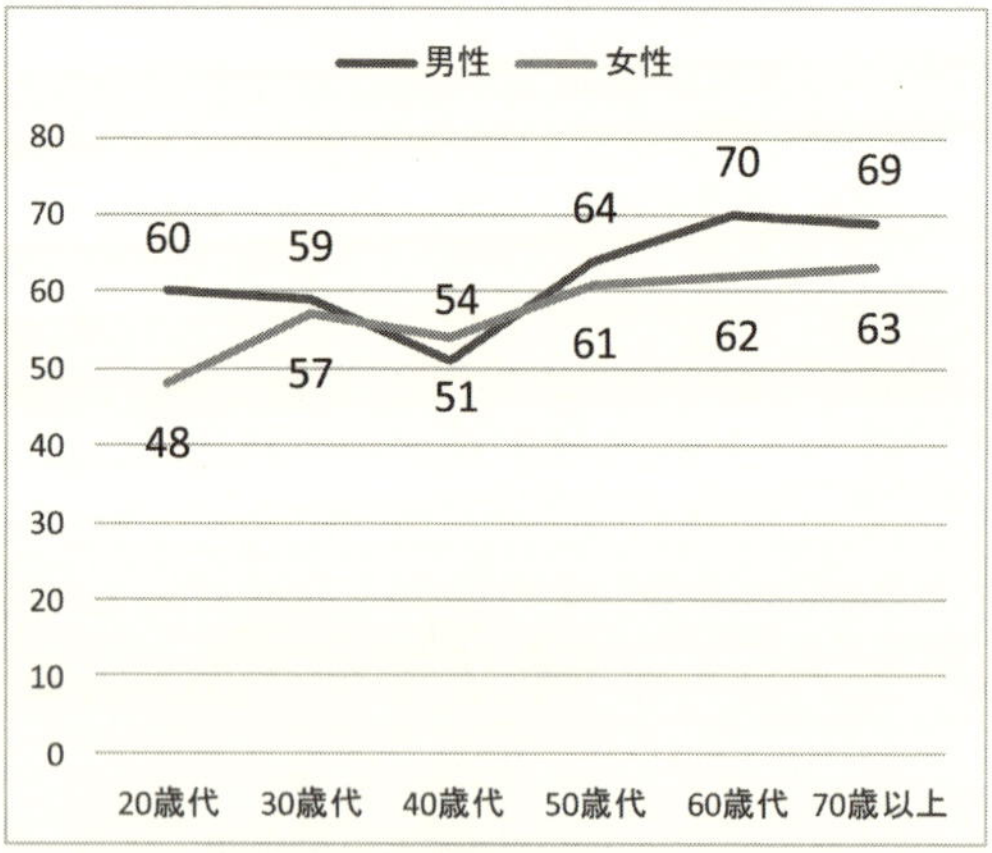

図表15　結婚式・披露宴を行う方がよいか

図表を見てわかるように、行事を行う場合の基本的な傾向は「なるべく簡素」である。四つの行事の中では「結婚式・披露宴」が「なるべく盛大」となるが、図表21をみると、「慣習やしきたりにこだわらなくてよい」が八割ほどで、従来とは異なったやり方への指向性と「盛大」には関係性が認められるだろう。

「結婚式をする人は、結婚式・披露宴を行う方がよいと思いますか」という質問に興味深い傾向が示されている。平成に入ってからのチャペル式ウェディングの興隆など、新婦が結婚式や披露宴の選択の主導権を握ってきたが、調査結果によれば、二〇歳代女性の行事への意向がきわめて低い。二〇歳代女性の結婚願望が低いわけではなく、行事そのものへの意欲が失われていることがわかる。

右記の図表16・17は、「結婚式・披露宴には、どのような意味があると思いますか。二つまで選んでください」の結果である。四つの選択肢を年代別に並べたためにやや見にくくなっているが、いくつか特徴が見られる。第一に、どの選択肢も女性の方が男性よりも回答率が高い。とくに顕著なのは二〇歳代の男女で、二〇歳代の男性が「夫婦となることを誓い合う」（四五％）であるのに対して、二〇歳代の女性は六三パーセントと著しく高い。「両親などに感謝の気持ちを伝える」についても、二〇歳代男性が五三パーセントであるのに対して、二〇歳代女性は六五パーセントと一〇ポイント以上高い。他方で、「結婚を親戚・友人・同僚などに伝える」「二つの家が親戚になったことを確認する」は女性が男性を下回っている。二〇歳代女性は、結婚式・披露宴に参加してもらう人についても消極的で、結婚が「二人」の間だけで成立すればよいという傾向が確認できる。

　図表18～21は、結婚式を行う際の形式に関する二つの質問の結果である。戦後になって結婚式と披露宴が結婚の定番になるに従って、人並みとしての結婚式が増えていったことは前述した。この点は回答者の年齢によって確認することができる。

　「今、結婚式を行うとしたら、どのような形式で行いたいか。「既婚」の方は、実際に行った結婚式の形式をお答えください」の結果を一見してわかるのは、神

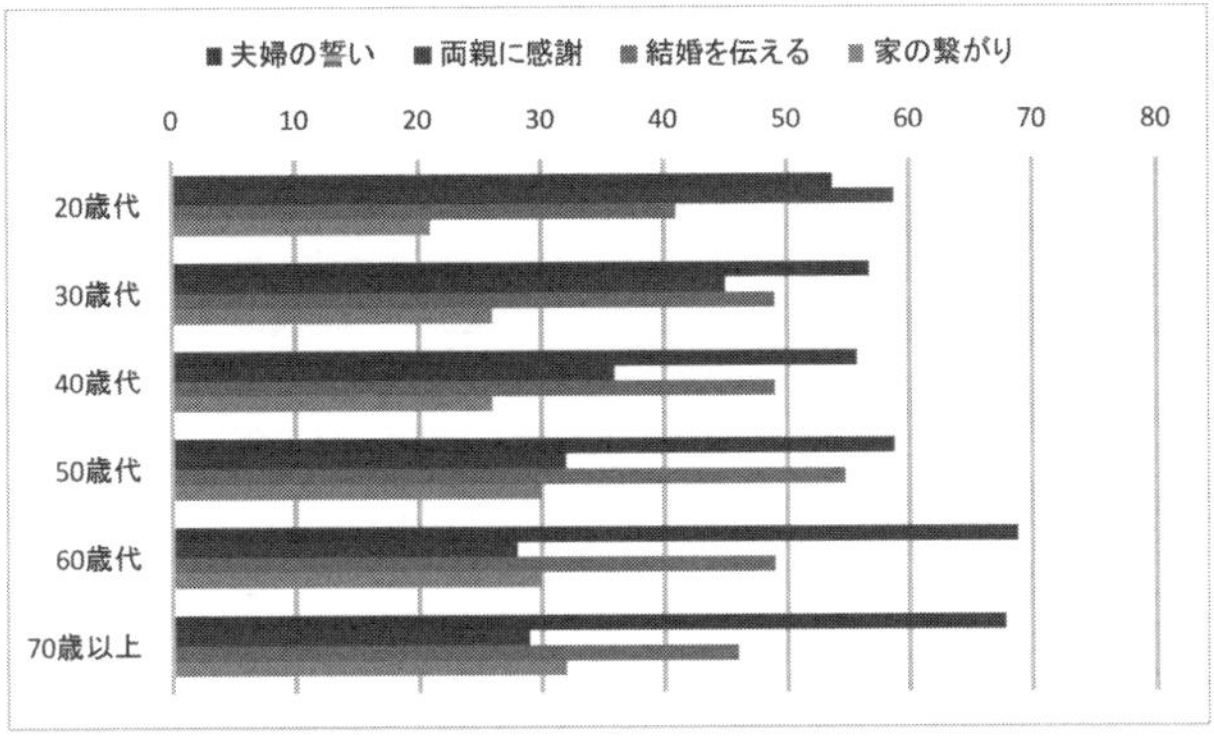

図表16　結婚式・披露宴の意味（男）

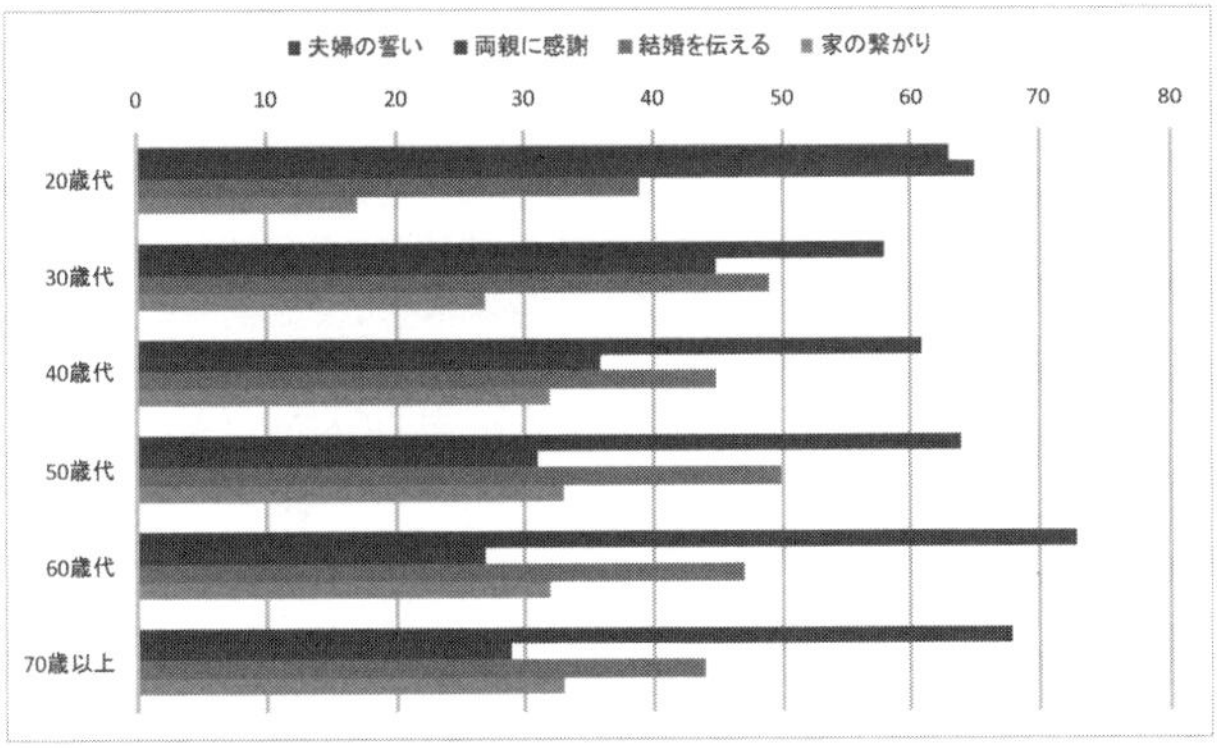

図表17　結婚式・披露宴の意味（女）

前式結婚式の年代別から明らかなように、神前式の減少とキリスト教式への移行である。とくに女性の指向性の高さが顕著である。この調査結果からは、「ナシ婚」の増加は確認できない。

　最後に「結婚式で、神職や牧師らによるおはらいやお祈りなど、宗教にもとづく儀式を行うべきだと思いますか」の結果を示しておく。回答で圧倒的に多いのは「どちらでもいい」であった。結婚式の主導権を握っていると考えられる女性の二〇歳代でも四人に三人が「どちらでもよい」と答えている。

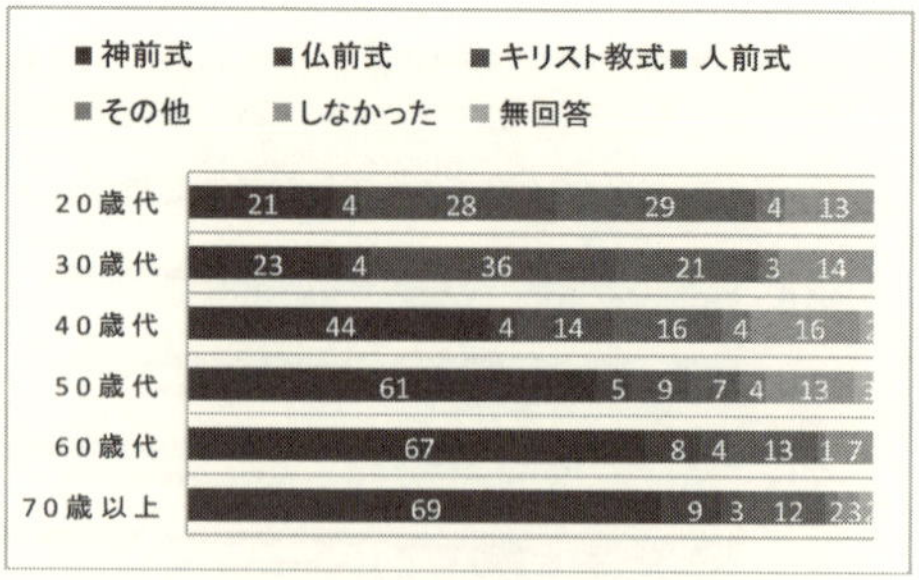

図表18　希望する結婚式の形式（男）

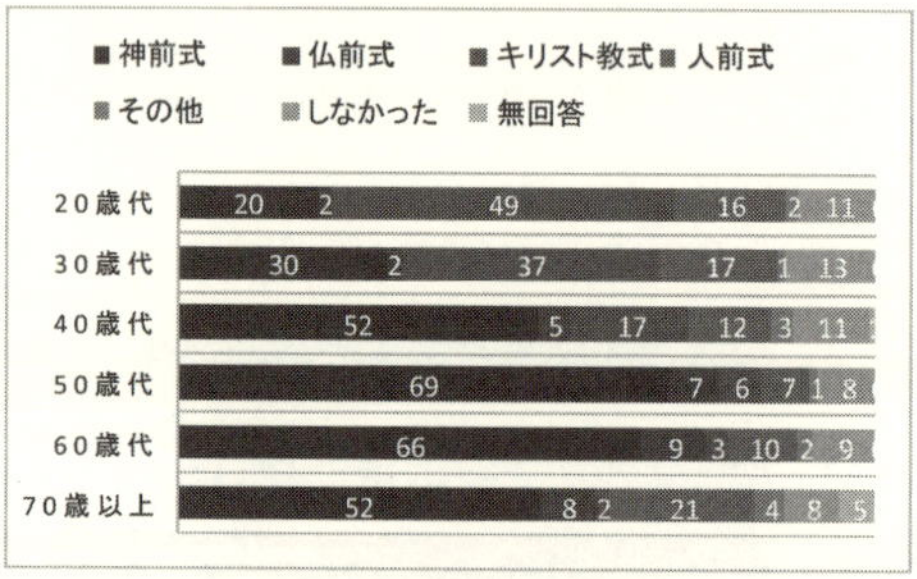

図表19　希望する結婚式の形式（女）

　儀礼文化の縮小は、近年では葬儀関係も同様であるが、すでに述べたように、冠婚においては二〇年ほど早くはじまっていることを考えると、その深刻さはかなりのものである。死者儀礼に関する深刻で多様な変化に関しては、本論の扱う範囲外であるので、稿を別にしたい。

　婚姻数の減少は、当然ながら挙式数の減少に繋がる。さらには、後述するように、生活様式や経済的な問題で挙式自体を行わない「ナシ婚」の増加が指摘されている。先にも見たように昭和の終わり頃までは五パーセントだった生涯未婚率は、その後急上昇している。家族社会学者の山田

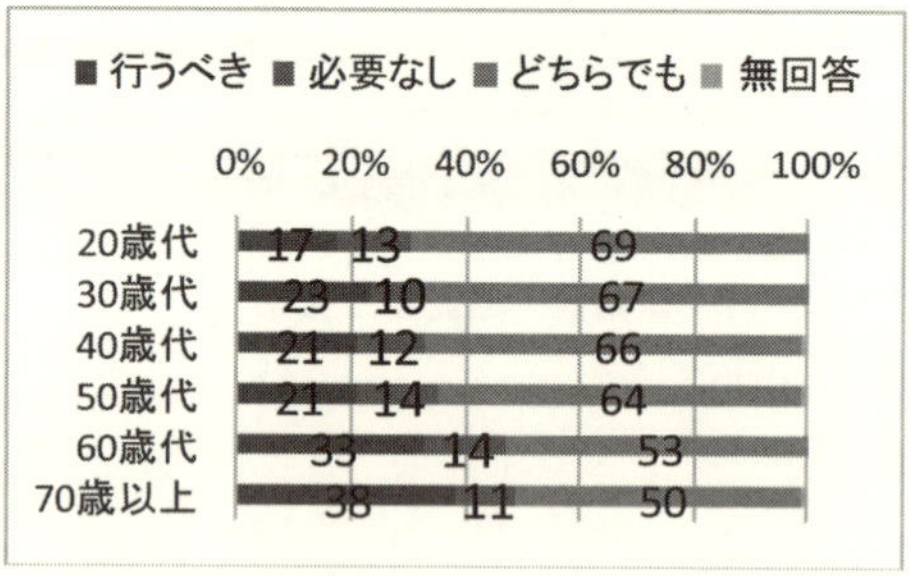

図表20　宗教儀式を行うべきか（男）

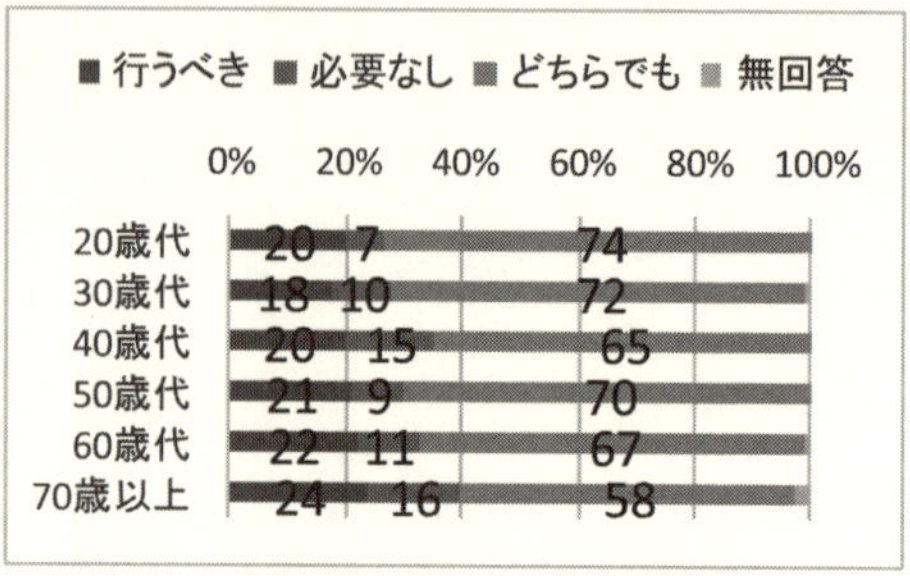

図表21　宗教儀式を行うべきか（女）

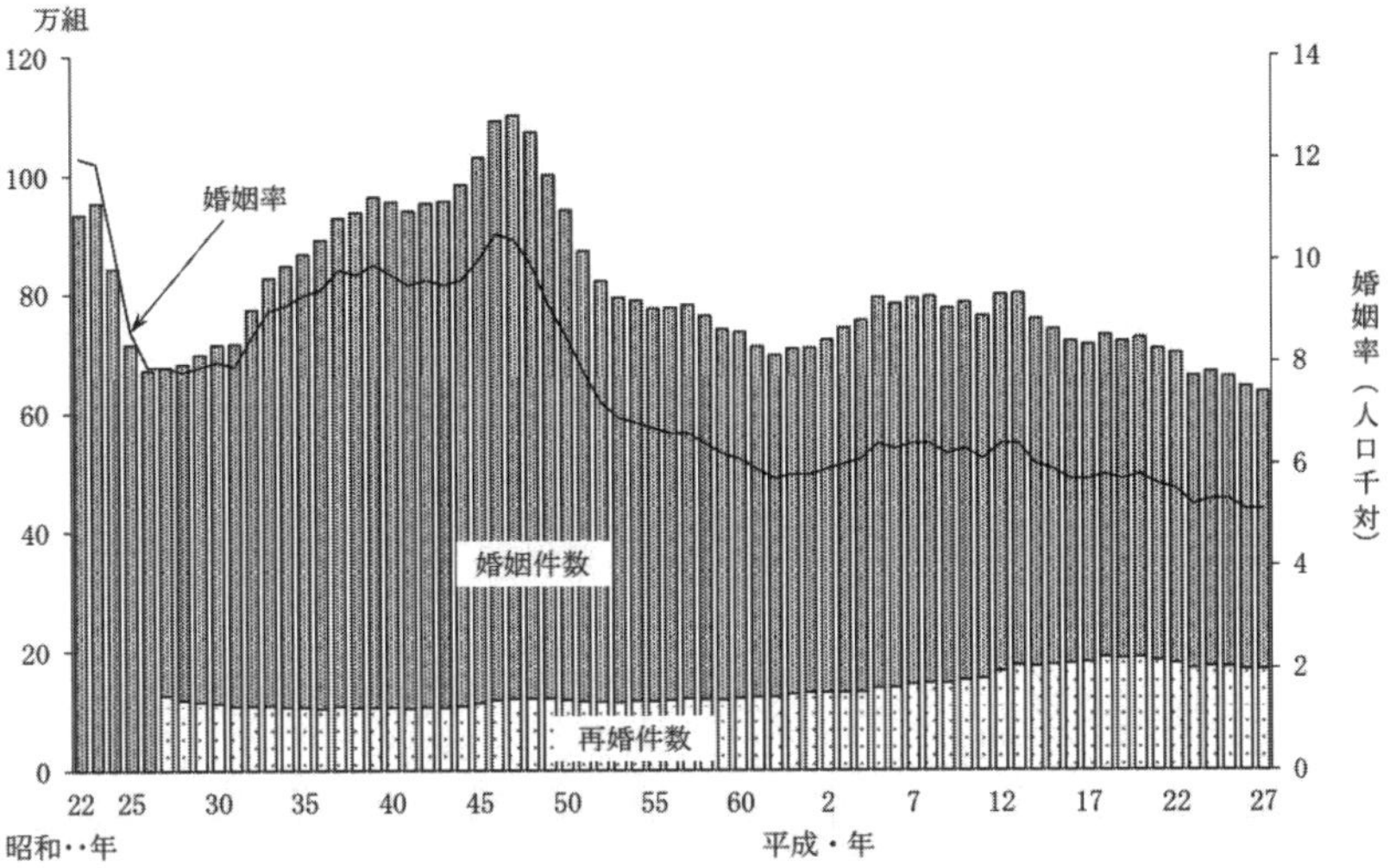

図表22　婚姻件数と婚姻率の推移（厚生労働省）

昌弘は将来生涯未婚率が二五パーセントになると予測している。[23]

なぜ結婚しないのか

そもそもなぜ結婚しないのだろうか。近年、晩婚化・未婚化は社会的問題であり、多くの研究者が関心を寄せている。研究者間の認識は概ね同様であるが、力点の置き方や説明が異なっている。以下、専門の異なる研究者の見解を要約しておく。

マーケティングを専門とする社会学者の大橋照枝は、今から見れば、その時代の、女性の主張を前面に出すような解釈をしている。男性との賃金格差はほとんどなく「女性一人がラクに経済的に自立できることによる。つまり、かつて永久就職といわれた、結婚の経済的メリットが大きく低下した。また家事・育児・介護を女性の仕事と暗黙裡に期待する嫁の立場が、３Ｋ（きつい、きたない、暗い）を嫌う若い女性には全く魅力がない。……有史以来、男性が妻をめとることで、無償で家事・育児・介護を任せられた「結婚というシステム」が、今ゆらいでいる」[24]と考える。

大橋の著作はバブル景気が崩壊し低迷期に入った平成五年に刊行されているが、バブル期の社会理念を強く反映した考察であるように思える。少子化に関して、女性がわがままになって生まなくなった、と乱暴な議論がされることがあるが、大橋の議論は現在でも女性や社会の一部に支持されている価値観である。

家族社会学者の浅野富美枝は、世論調査で「いずれ結婚するつもり」が九割前後いることを前提に、結婚したくてもできない要因を二点指摘している。第一の要因は出会いの場の減少である。浅野によれば、昭和六十年代までの職場には女性労働者のみに適用される結婚退職制があり、職場結婚した女性が「寿退社」することで新たに未婚の女性が入社した。未婚の女性の定期的な参入により職場は配偶者との出会いの最大の場として機能した。ところがその後の働く女性の増大と男女平等を求める声の高まりにより、「職場結婚」は減少していくことになった。第二の要因は若年層の経済的貧困である。若年層の非正規雇用の増大と低収入化が進む現在、将来の見通しが立たないとして結婚をあきらめる男性がいる。他方女性は希望する仕事に就いた場合、家庭と仕事との両立が依然として厳しく結婚に慎重になる傾向があると述べている。(25)

近年、家族の変容に関して、現象を表すための造語を用いて積極的な発言をしてきた家族社会学者に山田昌弘がいる。「希望格差社会」「パラサイトシングル」「婚活」は彼の造語である。山田は結婚難に関しても、著作で頻繁に考察している。山田の考察は、いろいろな要因にも配慮しながら、経済的要因が大きいという指摘である。山田は近著の『結婚クライシス』（東京書籍、二〇一六年）で、男女が「結婚しない」「結婚できない」「結婚したくない」状況を「結婚クライシス」と呼んだ。結婚クライシスの背後には、「人々が感じている「今後、中流生活が送れなくなるかもしれない」という「中流転落不安」が存在しているという主張である。

山田はどのようは状況の若者が結婚していないかを具体的に説明している。結婚していない男性の第一タイプは「結婚拒否タイプ」である。収入があるにもかかわらず自分の趣味の追求がしたいために独身を続けている男性で、女性にもてるタイプが多く実際に恋人がいるが結婚に踏み出さない。「親と同居して、収入の大部分を使えるパラサイト・シングル男性なら、収入の大部分が趣味に使える。車が好きなら高級車に乗れる。ダイビングにも行ける。趣味のプラモデルもいくらでも買える。家にいれば、家事は元気な母親が全部やってくれる。しかし、結婚すれば、日本では妻に財布を握られるので、趣味に使えるお金はほとんどなくなることを知っている。それを恐れ、結婚を先延ばしにするのである。(26)」このタイプは独身男性の中でも少数派である。

結婚していない男性の中での多数派は「結婚をあきらめているタイプ」である。一九九〇年代から雇用の非正規化に従事する若者の増大によって、結婚難の状況が全国的に広まることになった[27]。経済的社会的状況から結婚についての自信を失うことになった。

他方で女性に関しては、特定のタイプを見いだしにくいという。男性の場合には、学歴、収入、安定した職業が結婚に大きく働く要因であるが、女性にはこれといった基準はみつからない。山田によれば、女性がOKで、相手もOKな男性に出会えるかどうかが鍵で、そのためには二つの要素があるという。ひとつは結婚可能性のある男性に出会う人数が多い場合、いまひとつは自分がOKを出す範囲が広い人、であるという。つまり、相手に求める条件の少ない女性は結婚の可能性が高い、ということになる。

最後に、研究者とは一線を画して、マーケティング会社の代表を務める牛窪恵の説明を要約して、若者がなぜ結婚しないかに関する考察を終えたいと思う。アンケート調査と若者の生の声を合わせて、研究書とは異なった分析を展開している[28]。

牛窪は若者から恋愛を遠ざけている阻害要因を五つにまとめている。第一は「「超情報化社会」がもたらした功罪」ので、デートの約束もエッチ画像も「いつでもどこでも」のコンビニ感覚、セックスと恋愛への幻想は失われ、裏切らないバーチャル恋愛に比べてリアル恋愛は重い。第二の要因は「「男女平等社会」と「男女不平等恋愛」のギャップとジレンマ」で、若者はいまだに昭和の男女の役割に縛られている。第三の要因は「超親ラブ族の出現と恋愛意欲の封じ込め」で、母と娘、母と息子はどちらもデート感覚、親は子ども離れができない。物わかりの良い親と不況下で進んだ家庭回帰の中で、子離れできない親と母親への過剰な配慮が恋愛意識を封じ込めている。

四番目の要因は「恋愛リスクの露呈と若者達のリスク回避」である。ストーカー、デートDV、できちゃったらというリスク、そして離婚という不良債権はすべて自己責任とされる。こうしたリスク回避が結婚から若者を遠ざけることになる。最後の要因は、山田昌弘が展開した希望格差社会の論理で、低収入や非正規の男性は恋愛しにくい、というものである。

上記の説明では、中心的要因としては指摘されていないが、「恋愛」という観点も晩婚化や未婚化の要因として挙げることができるだろう。昭和三十一年生まれの山田は、自分の結婚期の時には、男女が二人で歩いていれば、当事者も周囲も二人は結婚すると思っていたと述べたことがある。実態かどうかは別にしても、戦後の男女の関係を考え

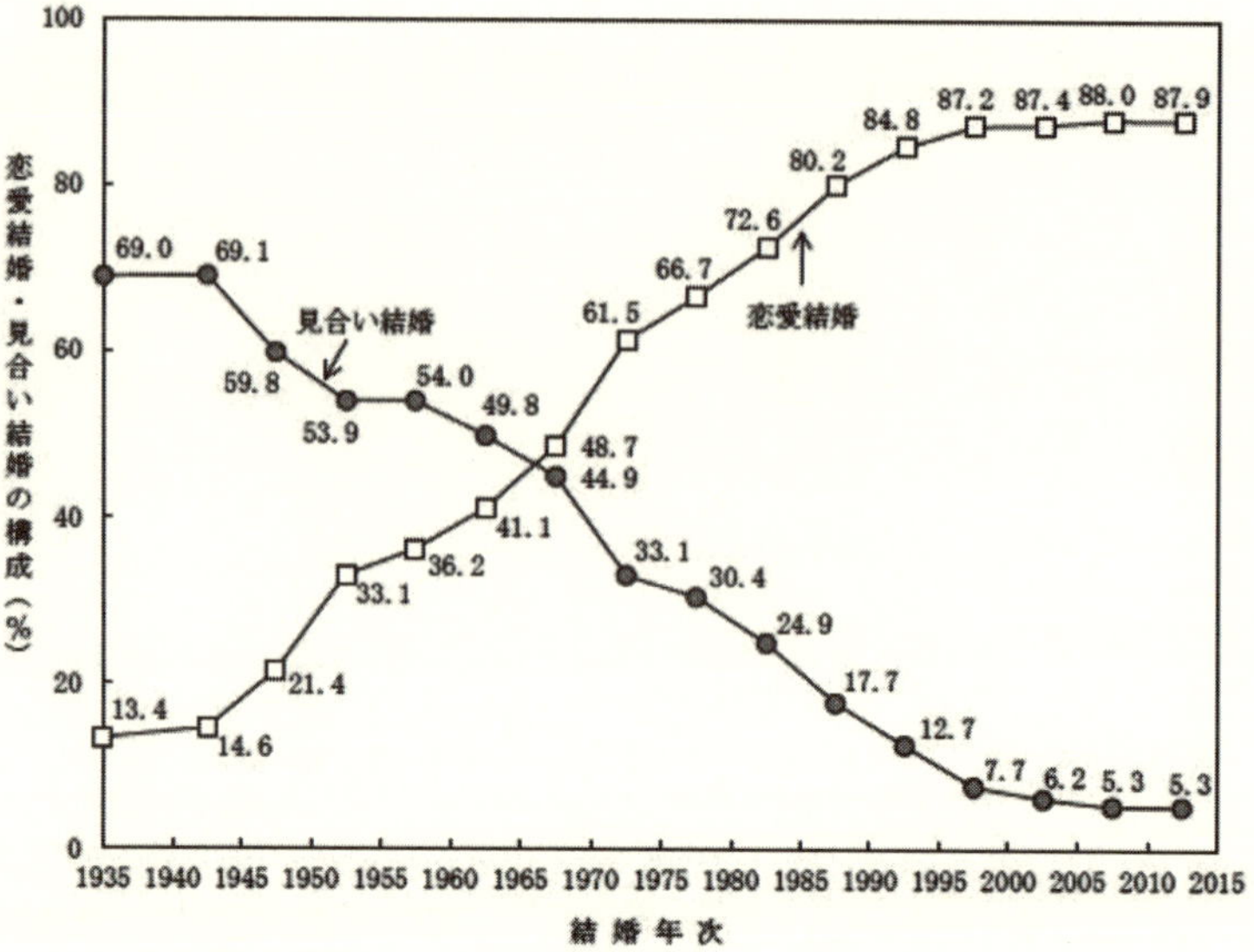

図表23　結婚年次別にみた、恋愛結婚・見合い結婚構成の推移（第15回出生動向基本調査（結婚と出産に関する全国調査2015））

たときに、山田の言説はかなり納得のいくものであるように思える。そもそも結婚に至るまでに、どの程度の〈愛情〉が必要なのか、という問題が浮かんでくる。見合い結婚の場合には、必ずしも愛情や好意がなかったとは言い切れないが、他者を介して条件が整えば結婚に至るシステムが存在した。

他方で、他者による結婚への仲介が弱まり（日本社会における地域社会や親族構造の脆弱化による）、自らが愛情を頼りに結婚しようとすると、とたんに結婚は困難なものとなる可能性がある。さらに、性交渉の自由化が進むと、結婚の成立に向けた力は弱くなっていく。

時代のうねりの中で・リスク社会における儀礼文化

こうしてみてくると、結婚式の変化や結婚式そのものの減少は、戦後の家族構造の変化の一部であることが理解できる。さらには、地域社会の変容、産業構造の変化、情報化、高度消費化という世界的な社会変動と深く関わっている。

山田昌弘はこの時期の特徴的な変化を六点にまとめて指摘している(29)。①親と同居する成人した未婚者の増大、②離婚数の増加、③できちゃった婚の増加、④フリーターの増加、④引きこもりの増加、⑤不登校の増加、である。

山田昌弘の指摘の背景には、一九九〇年代頃を境にして近代社会は新しい局面に突入したとする欧米の社会学者の指摘が存在する。[30]

彼らは用いる用語や表現は異なっていても、現代社会が向かう方向性については一致した見解を示している。それは、社会の不確実性が増大し不安定になる、というものである。ここでは、ギデンズの『暴走する世界』をベースにして、本論に関わる部分を簡単に紹介することにしたい。

ギデンズによれば「世界のほとんどの地域において、グローバリゼーションは、伝統的な生き様と文化を揺るがす圧力と緊張を醸成しつつある。伝統的な家族は、危機にさらされ、変容を遂げつつある。[31]」これまで私たちを制約し、その一方で社会や文化を安定させてきた制度や組織はグローバル化の影響で脆弱さを増すことになった。そして現在、たしかに「私たち一人ひとりの人生には、過去とは比べものにならないくらい、幅広い「選択の自由」が保証されており、それゆえに人生は機会と危険に満ち満ちるようになった。[32]」私たち一人ひとりが危険に直面する、というギデンズの表現に違和感を覚えるかもしれないが、個人が何の緩衝材にも守られることなく、社会や匿名の他者と向き合う状況はリスク以外の何物でもないであろう。

「グローバル・コスモポリタン社会は、伝統が終焉したのちに実現する社会でもある。…伝統的な流儀で伝統が生きながらえることは、ますますむずかしくなる。ここでいう伝統的な流儀とは、儀式性や象徴性を盾にして伝統的しきたりを守ること、すなわち伝統が「真理」であることを盾にして伝統を守ることを意味する。[33]」伝統は、家族、血縁といった集団、地域社会、共同体を特徴付けるものであった。儀礼は何らかの集団を母体にしてその意味を形成し、存続が可能となった。今、グローバル化の中で壊れつつあるのはそうした集団である。伝統は我々個々人や集団に連続性を与え、一貫性と正当性を担保してきたが、もはや伝統や儀礼にそうしたことを期待することは難しくなっている。

ギデンズは一章を家族の問題に割いている。「変容を迫られる「家族」」という章の冒頭でギデンズは次のように述べる。「世界で進行中のありとあらゆる変化のうち、私生活―性、人間関係、結婚、家族など―にかかわる変化ほど重要なものはない。[34]」「伝統的な家族において結婚は、あって当然のことと見なされていた。結婚は、大部分の男女が通過すべき人生の節目のひとつとされていた。結婚しない男女は、いささかの軽蔑の念を持って疎んじられた。適齢期を過ぎた独身の女性に対してはとくにそうだったし、結婚しないまま歳を重ねる独身男性に対しても、同じくそうだった。…「あなたは結婚していますか」という質問よりも「あなたはだれかと関係がありますか」という質問の方が、いまではいっそうの迫真性を帯びるようになったのである。[35]」あらためてギデンズに言われるまでもなく、今や日本では当たり前の光景である。

山田の指摘を全面的に支持するわけにはいかないが、というのは山田が指摘する①から⑤も時間的な経緯を見ると増加一辺倒ではない事実が存在するからであるが、一九九〇年代からの急速な神前式からチャペルウェディングへの移行と、おそらく一九九〇年代半ばからの「ナシ婚」の登場と増加は、たんなる経済的問題ではない人々のライフスタイル、恋愛観、結婚観、家族観、社会観の変化に影響を受けていることは明らかである。

ギデンスやバウマン、ベックの言い方にならって、現代社会がリスク化した社会だとすれば、儀礼文化が有するリスク回避、リスク低減の機能は人々によって求められるものだと理論的には考えられても、実際には、株式会社みんなのウェディングの調査結果のように、「セレモニー的行為が嫌」という意見が強く示されている。

「セレモニー」の忌避は、結婚式がたんなる「形式」上の行為であって、二人の愛情を正確に表現するものではないという意味合いが含まれているのだろう。「セレモニー」ではない、本来の儀礼としての結婚式が理解されるために、儀礼の意味の変容がなぜ生じたのかを明らかにすることは、現代社会を理解するための重大な課題である。

最後に、現在の結婚式の挙式形式を「ゼクシィ結婚トレンド調査２０１７」を元に産出すると次のようになる。「ナシ婚」を三割とすると、「神前式」一二・九パーセント、「キリスト教式」三七・四パーセント、「人前式」一六・八パーセント、「仏式」〇・四パーセント、「その他」一・五パーセント、「無回答」一・二パーセントである。

注

（１）石井研士『日本人の一年と一生　変わりゆく日本人の心性』）春秋社、平成十七年）参照。

（２）『日本民俗大辞典　上』吉川弘文館、平成十一年、九三一頁。

（３）行政が新成人を招いて行う成人式は埼玉県蕨市が昭和二十一年十一月二十二日に行ったのが初めであるとされる。蕨市では「終戦直後の混乱と虚脱感が大きかった、当時の蕨町青年団が、二〇歳を迎えた成人者を招いて、今こそ、青年が英知と力を結集し、祖国再建の先駆者として自覚をもって行動すべき時と激励し、前途を祝しました。その趣旨と意義が高く評価され、昭和二十三年七月、国民の祝日として成人の日が制定されました。」と説明している。(https://www.city.warabi.saitama.jp/hp/menu00004600/hpg000004590.htm)

（4）男女一五～七四歳一、一五〇人（全国）、インターネット調査、期間は平成二十五年十二月二十七日～二十九日。

（5）石井研士『結婚式―幸せを創る儀式』（日本放送出版協会、平成十七年）。

（6）宮地治邦「戦後十年の神道界を顧みて」『神道宗教　第十号』昭和三十年、三七頁。

（7）明治記念館は平成十四年に開館五五周年を記念して、開館から記念館で挙式した夫婦に、結婚式当時の写真とエピソードを募集した。応募が五二九点あり、記念館に一ヶ月展示され、その後一五冊のアルバムにまとめられた。結婚して多年を過ごした夫婦の回想であるが、いかに結婚式が思い出深いものであったかがよく理解できる。

（8）『女性』昭和四十年十月十三日号。

（9）週刊読売、昭和三十四年四月十九日号。

（10）『文藝春秋』昭和四十年四月号。

（11）『女性セブン』昭和四十一年八月三日号。

（12）朝日新聞、昭和五十一年二月二十四日。

（13）読売新聞、昭和五十一年三月二十一日。

（14）読売新聞、昭和五十一年三月二十一日。

（15）梅田玉姫殿 川野洋司支配人（『モノ・マガジン情報号』No.426、平成十三年）。

（16）マリアージュ 彦根玉姫殿 宮本良孝副支配人（『モノ・マガジン情報号』No.426、平成十三年）。

（17）『モノ・マガジン情報号』No.426、平成十三年。

（18）毎日新聞、平成五年一月二十四日。

（19）『モノ・マガジン情報号』No.426、平成十三年。

（20）市川孝一「結婚式」『大衆文化事典』弘文堂、平成三年。

（21）平成十一年五月二十五日、大阪夕刊。

（22）紙面は平成二十四年四月七日。クロス集計など詳細は『読売クオータリー　2012夏号』。

（23）山田昌弘「「家族」難民：生涯未婚率25％社会の衝撃」朝日新聞出版、平成二十六年。

（24）大橋照枝『未婚化の社会学』日本放送出版協会、平成五年、八頁。

（25）伊集院葉子他編『歴史のなかの家族と結婚』森話社、平成二十三年、二一二～二一三頁。

（26）山田昌弘『結婚クライシス』東京書籍、平成二十八年、一四〇頁。

（27）同、一四〇～一四一頁。

（28）牛窪恵『恋愛しない若者たち』ディスカバー・トゥエンティワン、平成二十七年。

（29）山田昌弘『希望格差社会』筑摩書房、平成十六年。

（30）研究者名と主要な著書を挙げるが、大半が翻訳されている。アンソニー・ギデンズ『暴走する世界』（ダイヤモンド社、平成十三年）、W・ベック、A・ギデンズ、S・ラッシュ『再帰的近代化』（而立書房、平成九年）、ジグムント・バウマン『リキッド・セダニティー液状化する社会』（大月書店、平成十三年）、ジグムント・バウマン『個人化社会』（青弓社、平成二十年）、ウルリヒ・ベック『危険社会』（法政大学出版局、平成十年）、『世界リスク社会』（法政大学出版局、平成二十六年）、ボードリヤール『不可能な交換』（紀伊國屋書店、平成二十四年）

などが代表的な論者と著作である。
(31) 同、七頁。
(32) 同、六二頁。
(33) 同、九一頁。
(34) 同、一〇八頁。
(35) 同、一二二～一二三頁。

(國學院大學教授)

明治維新と国学者
――京都一力亭主人杉浦治郎右衛門を例に――

松本久史

はじめに

　様々なところで引用され、よく知られていることであるが、和辻哲郎は平田篤胤について、

篤胤の神道説は、宣長の長所である古典の文学的研究と関係なく、宣長の最も弱い点、即ちその狂信的な神話の信仰をうけつぎ、それを狂信的な情熱によつて拡大して行つたものである。それは当時の儒学者からは怪妄浮誕の説と認められて居り、国学者のうちでさへも奇説として斥けられてゐた。しかも篤胤はその狂信的な情熱の力で多くの弟子を獲得し、日本は万国の本である、日本の神話の神が宇宙の主宰神であるといふやうな信仰をひろめて行つた。この篤胤の性行にも、思想内容にも、極めて濃厚に変質者を思はせるものがあるが、変質者であることは狂信を伝播するには反つて都合がよかつたのであらう。やがてこの狂信的国粋主義も勤王運動に結びつき、幕府倒壊の一つの力となつたのではあるが、しかしそれは狂信であつたがために、非常に大きい害悪の根として残つたのである。

（和辻哲郎『日本倫理思想史』下巻　岩波書店　昭和二七年　六七八～六七九頁）

と、述べており、「狂信的」な平田国学が近代に害悪を及ぼした、という終戦直後の和辻の評価は、現在においても完全に払拭されたとは言い難い。しかし一方では、生前からその評価は「毀誉相半」でもあった篤胤は、近年では『仙境異聞』などの幽冥界の探究の業績が、民俗学や妖怪学の先駆者として積極的に評価されるようになり、新たな篤胤像が形成されつつある。

　この間に至る、昭和戦後期の国学研究は、国学者個別の伝記や業績を緻密に研究していく、いわば「紀伝体」的な

業績の蓄積はみられるものの、主流は、和辻のような日本思想史上のイデオロギー分析（批判）であった[1]。一般的には戦後直後の国学評価が、数十年にわたりそのままの形で持続していったのである[2]。

本稿は、国学の研究史を概観して、現在あらたな「国学像」が形成されつつある研究動向を述べたうえで、そのケーススタディとして、幕末維新期から明治二十年代にかけての具体例を提示し、より一層の国学研究の深化を促すことが目的である。そのために、従来、著名ではあるが国学者としては認識されていなかった人物、杉浦治郎右衛門の著述・思想を取り上げることとする。

Ⅰ　平成における国学研究の概況

（1）国学研究の新しい段階
――近代国家の制度面から――

平成に入ると、現代に繋がる国学研究の新たな潮流が生まれてきた。阪本是丸は、

これまで明治維新以降の国学や国学者といえば、もっぱらその「没落」や時代錯誤性、復古・反動制のみが強調され、見るべきほどの成果はないというのが一般的であった。だが、筆者はそうした見解に少なからぬ疑問をかねて抱いていた。というのも、近代天皇制国家が他の近代的立憲国家と際立って異なっている最も重要な特徴は、それが近代国家には稀な「祭政一致国家」として創出され、漸次形成・整備されていったことにあり、そしてその創出・形成は国学者の存在を無視して語ることはできないと筆者は考えているからである」（阪本是丸『明治維新と国学者』大明堂　平成五年序文）。

と、矢野玄道や角田忠行などの平田派国学者が、明治初年の大学・皇学所設置に参画し、国学による教育構想を抱いていたことや、神祇官行政における福羽美静など津和野派国学者の主導力について論じている。また、武田秀章の『維新期天皇祭祀の研究』（大明堂　平成八年）は、孝明天皇の葬儀や山陵整備からはじまり、「祭政一致」を成り立たせるために不可欠な、明治初年の近代皇室祭祀の成立に国学者が寄与していることを示した。

続いて、明治十年から二十年代までの国学の展開を対象とした研究として、藤田大誠『近代国学の研究』（弘文堂　平成一九年）は、特に明治十五年以降、高等教育・研究機関を中心に展開された学問を、「近代国学」と規定して、木村正辞や小中村清矩など、江戸の実証的国学の流れをくむ国学者に注目し、国学は近世までその役割を終えたわ

けではないと論じ、明治中期における活動とその意義を明らかにした。齊藤智朗『井上毅と宗教』（弘文堂　平成一八年）は、「明治国家形成のグランドデザイナー」とも称される井上毅の大日本帝国憲法制定過程における国学者の影響を論じた。

これらの諸研究は、明治維新から憲法制定にいたる明治前・中期において、国家の骨組みともいえる制度の形成、つまり法制・行政（神社を含む）や学校教育などに、「国学者」の参与が不可欠であったことを明確に示しており、従来の単純な没落説や、近世国学の思想を無媒介に昭和戦前期のイデオロギーと短絡的に結びつけて批判の対象としてきた国学理解に反省を迫ったものと評価できよう。

筆者もこのような研究動向を受け、幕末維新期における国学を概観し[3]、新たな国学像を模索・提起しようとしている。

(2) 国学研究の新しい段階
――基本史資料の整備から――

平成十年代には、奇しくもほぼ同時期に国学研究の新たな境地を開く事業が開始された。

まずは、平田国学の再検討である。国立歴史民俗博物館館長（当時）の宮地正人を代表とした平田家文書群の調査・研究（平成一三年〜）が開始され、史料目録および日記・書簡等の記録文書の翻刻が刊行された。並行して平成一六年一〇月には、国立歴史民俗博物館にて特別展「明治維新と平田国学」が開催され、一般の人々にまで新たな平田国学像が提示された[4]。

宮地の研究に参画した研究者たちの関連する研究書としては、遠藤潤『平田国学と近世社会』（ぺりかん社　平成二〇年）は、近世宗教・神道史の大きな文脈のなかに平田国学を位置付けた。吉田麻子『知の共鳴』（ぺりかん社　平成二四年）は、近年の歴史学界で注目されている「書物の社会史」との関連で、篤胤の著述の出版とその受容形態の分析をおこない、平田国学の受容層への考察を深めた。中川和明『平田国学の史的研究』（名著刊行会　平成二四年）は、地域の平田門人について丹念な調査と分析を行い、平田国学の広範な地域的受容形態を明らかにしている。

一方、国学の始祖と称されながらも、その実態についてあまり論じられてこなかった荷田春満の学問の再検討も始まった。國學院大學の創立百二十周年記念事業の一環として、荷田春満関係資料を蔵する東羽倉家文書の調査・研究（平成一四年〜）と、『新編　荷田春満全集』（全一二巻　おうふう　平成一五〜二二年）の編纂・刊行、史料目録等の作成が行われた。この事業に参画した研究者の成果としては、松本久史『荷田春満の国学と神道史』（平成一七年　弘文堂）は、春満を起点に、宣長以前の国学の展開を分析・考察し、渡邉卓『『日本書紀』受容史研究』（平成二四年　笠間書院）においては、春満の日本書紀神代巻研究を含めた、近世国学と日本書紀の関係を論じた。一戸渉『上田秋成の時代』（平成二四年　ぺりかん社）では、上田秋成とその周辺の国学者に注目して、春満以来の京阪を中心とした国学の展開を論じている。

これらの新たな成果はいずれも、文献のみならず、その他の史資料（一次資料）にも基づき、総合的・実証的に国学の「実像」に迫るものであり、従来の活字化された全集のテキスト分析にとどまりがちであった篤胤・春満の学問についての理解の再検討を求めるものである。[5] ようやく、いわゆる「国学の四大人」全てについて、基礎史資料に基づいた実証的研究が可能になったのである。さらに、近年では平田家資料と現地資料の双方を踏まえて、平田国学を幕末維新期の国家レベルの政治史の動向と地域とに結びつけた、宮地正人『歴史の中の『夜明け前』』（吉川弘文館　平成二七年）が刊行され、歴史学界において高く評価されている。幕末維新期研究の中に平田派国学者たちの動向を考慮して行く必要性がますます高まってきているのである。[6]

新たな国学研究の潮流は、著述の編纂意図やその主張の分析のみにとどまらず、国学の受容者（読者）層の分析にまで踏み込んでおり、政治・社会史的な面での幕末・維新期における国学者の動向が明らかになりつつある。つまりは、国学を受容した幅広い階層の人々が、国学の思想を背景として、現実社会の中でいったいどのような実践をしたのかが明らかになりつつあり、国学研究が点から線、そして面的理解へとダイナミックな進展を見せはじめているといえるだろう。

Ⅱ　「国学」の名称と明治時代

昭和戦前期に山田孝雄は国学の目的として次のように述べている。

> 国学の目的はわが　大日本国を正当に理解することにある。この　大日本国を正当に理解するといふことは先ず国家組織の要素から考へると
> 天皇　国民　国土
> の三に分けて観察し、更に之を一括して、
> 国家　国体
> として見なければならぬ。そこでそれらの観察の方面の差によつてそれぞれの学科が必要となるのである。しかし、いづれについても、わが国家といふ意識を忘れては決して国学とはいはれない。（山田孝雄『国学の

本義』国学研究会出版部　昭和一四年　一四五～一四六頁
傍線・強調は松本、以下同様）

ここには、明治以降に成立した、主権・国民・領土を構成要件とする近代的国民国家を念頭に置いた、「国家の学」としての「国学」、という山田の認識をみる。しかし、「国」という語は歴史的もしくは文脈上において、その示す範囲は異なっている（「お国言葉」などの用例からも理解されよう）。たとえば、古代の令が規定する「国学」は、中央の学校である「大学」に対する、地方に設置された学校を指している。時代は下り、近世においても元禄期に成立した山本常朝『葉隠』にみえる「国学」は、具体的には佐賀藩・鍋島家の事績を学ぶことを指しているのであり[7]、これらの「国」は現在の「地方」という意味で用いられている。

また、山田孝雄を含めた明治から昭和戦前期の研究者たちは、享保期成立の荷田春満『創学校啓』にみえる「国学」に、その呼称と学問としての発端を見るのが定説化していた。しかし、近世のいわゆる「国学の四大人」は、自己の学問について、「古学」・「本教学」等を使用し、「国学」という名称を積極的に用いなかったことも知られている[8]。たとえば、国学の大成者である本居宣長による、

物学とは、皇朝の学問をいふ、そも〳〵むかしより、たゞ学問とのみいへば、漢学のことなる故に、その学と分むために、皇国の事の学をば、和学或は国学などいふならひなれども、そはいたくわろきいひざま也、みづからの国のことなれば、皇国の学をこそ、たゞ学問とはいひて、漢学をこそ、分けて漢学といふべきことなれ、（本居宣長『うひ山ぶみ』（『本居宣長全集』第一巻
筑摩書房　昭和四三年　七頁））

と、単に「学問」というべきであるという主張に端的に表れている。

さらに、幕末維新期においても、藩校などでの学科の名称に「皇学」が多く用いられていることを、牟禮仁は論じている[9]。明治十五年に至っても、同年設立された日本古典の教育機関の名称は、帝国大学古典講習科・皇典講究所・神宮皇學館であって、必ずしも「国学」という名称が優勢であったとは言い難い。

それでは、なぜ呼称としての「国学」が定着していったのであろうか。その画期の一つとなったのは、明治二十三年、皇典講究所を母体に設立された「國學院」の存在がある。同年七月の「國學院設立趣意書」には、「茲に國學院を設立して専国史・国文・国法を攻究し、わが国民の国家観念を湧出する源泉となし」と記されている。藤田大誠の指摘するように、近代国学は近代国家の諸制度形成と密接な関係性をもって成立していることを考慮すれば、まさに

憲法・議会の成立と「國學院」の設立がほぼ同時期であることは、大きな意味を持ち、「国学」の呼称の定着に寄与したことは疑う余地がないであろう。

他にまた、「国学」を選択せしめた大きな要因としては、平田派国学者たちの学統認識が考えられる。幕末維新期の国学の状況として、本居宣長没後の近世後期（ペリー来航以前まで）の国学は、鈴屋派の時代であったといえる。養子の大平・実子の春庭・孫の内遠は、全国に数多くの門人を擁し、ネットワークを形成していた。それに対し、生前（天保十四年まで）の篤胤の門人は、五〇〇人余にすぎない。門人が急増するのは、慶応年間～明治四年の間であり、それらはすべて篤胤「没後」門人として扱われているが、その数は四千人余りに上る。この幕末・維新期こそが平田派の時代といっても過言ではない。かれらは、篤胤の『玉襷』に示されているように、自らに繋がる学統の祖として春満を尊崇しており、平田派自らが版本として流布させた『創学校啓』（気吹舎蔵板では『荷田大人啓文』）に、「国学」と記されていることは、明治二十年代に「国学」の名称を定着させるにあたって、重大な意味を持っていたと考えられるのである。

Ⅲ 『国学入門』とその作者

（1）『国学入門』について

明治維新直後の国学に関連する書物の中で、端的に『国学入門』と題された明治二年五月刊行の版本がある。本書は、漢詩体のいわゆる往来物の形態をとり、内容は天地の開闢から桓武天皇に至る皇統を記しつつ、その間の事跡を適記しながら、最後に学問の階梯として、『古事記』・『万葉集』から読み始め、六国史、律令格式を学ぶべきことを解く。その後に『孝経』、『小学』から始め、四書六経などの漢籍を読み、さらに、洋学も皇学の扶翼とすべしと主張し、和魂漢才の大事さを説いて締め括っている。本書の跋文は松菊頑夫、すなわち木戸孝允である。なお、『皇学入門』と題された内容の同一な異本もあり、それには松菊頑夫の跋文はない[10]。

以前より筆者は、同書を架蔵していたが、若年向けの啓蒙的な小冊子であり、特に目新しい主張が盛り込まれているわけでもなく、特段の注意を払ってこなかった。しかし、あらためて、明治維新と国学者を考えるという本稿のテーマを考えた際、なぜそのような小冊子に、わざわざ木戸が跋文を寄せたのかに注目したところ、非常に興味深い事実が次第に明らかになってきたのである。

（2）書誌と出版について

本書には、近代における「皇学」・「国学」の呼称につき研究した牟禮仁による先行研究があり、書誌学的な考察が加えられ、概要および成立過程についても論じられている（「資料翻刻　皇学入門」『皇學館大学神道研究所紀要』二一（平成一七年三月）。それによれば、当初は『皇学入門』の題で出版されたが、すぐに『国学入門』と改題、松菊頑夫の跋が付され、出版されたと推測されている。たしかに、『国学入門』本文中には三箇所、「皇学」の語が用いられているが、「国学」の語は見えず、当初の書名が『皇学入門』であったという牟禮の指摘は妥当である。

『国学入門』には見返し・跋文・刊記に多くのバージョンが存在する。牟禮は、A（見返しあり）・B（見返しなし、奥付あり）・C（見返し、奥付なし）三種に大きく区分し、成立の順は、A~Cであろうとする。また蔵板印が「下京弐拾四番組」から「須賀廼舎」変化するのは求版（別の第三者が出版の権利を買い取ること）して刊行したのではないかと推測している。なお、明治二年五月の刊行の当初からすぐに『国学入門』に改題された理由は不明であるとしている。牟禮の指摘の通り、『国学入門』多くの異本があり、刷りがかなり摩滅した本も見受けられ、少なからぬ部数が印刷・刊行されたのであろう。[11]

（3）作者は誰か

それでは、作者は誰なのか、まずは、本文の内容の分析から考察する。一見、本書の神代の叙述は、記紀に依拠しているように見える。しかし、例えば、虚空から造化の三神が現れたという記述は記紀には見えず、これは篤胤の作成した『古史成文』に依拠しているのではと推測される。以下、記紀と記述が異なるいくつか特徴的な箇所を比較してみたい

①造化三神の記述

・『国学入門』本文

古天地未生　大虚空有神　天御中主神　高皇産霊神
神皇産霊神　為造化之首

・『古史成文』（『新修平田篤胤全集』第一巻　名著出版　昭和五十二年所収）

古天地未生之時。於天御虚空成坐神之御名。天之御中主神。次高皇産霊神。次神皇産霊神

なお、記紀においては「虚空」から造化三神が生じるという記述は見られない。

②「三貴子」出生の記述

・『国学入門』本文

後生日之神　曰天照大神　次生月之神　曰月夜見尊
亦素戔嗚尊

・『古史成文』

因洗給左御目而。所成坐神之御名者。撞賢木厳之御魂。天疎向津比売命。亦御名天照大御神。復因洗給右御目而。所成坐神之御名者。月夜見命。亦御名健速須佐之男命。凡二神矣。

記紀ともに三神が出生し、二神ではない。

③忍穂耳尊の妻の記述

・『国学入門』本文

天照大神子　曰忍穂耳尊　娶玉依姫命　生瓊瓊杵尊

・『古史成文』

此神。御合産巣日神之御女。天万栲幡千幡比売命。亦名万幡豊秋津師比売命。亦名火之戸幡比売命之児。玉依毘売命

記紀ともにオシホミミノミコトが娶ったタグハタチヂヒメの異名を「タマヨリヒメ」とする記述はない

以上のように、神代の箇所における『国学入門』本文の特異と思われる記述は、すべて『古史成文』に依拠していることが明白であり、本書の作者は間違いなく、篤胤の国学を学んでいると理解できるのである。また、学問の階梯についても、古事記、万葉から始めよという点は四大人の流れをくむものであるが、特に儒書の重視、洋学の受容、和魂漢才の主張は篤胤に従ったものであると理解できる。

さて、本書の著者について牟禮仁は、『皇学入門』、すなわち『国学入門』の作者を残念ながら不詳としていたが（牟禮前掲書）、先行研究において、宗政五十緒が、

「神書・歴史類」では、まず有名な岩垣松苗著の『国史略』の再版・中本。日本歴史書として明治初期のベストセラーである。祇園町、万亭主人の杉浦治郎右衛門著の『国学入門』もみえる。」（宗政五十緒「京都における近代の出版―明治元年から昭和二十年に至る」京都出版史編纂委員会編『京都出版史　明治元年―昭和二十年』日本出版協会京都支部　一九九一年　一三頁）

と、指摘しているように、杉浦治郎右衛門が著者であると考えられる。すなわち、明治七年刊行の『御維新以来京都新刻書目便覧』には、「国学入門　杉浦治郎右衛門著　全（価）八銭　一」と記されている。

著者である杉浦治郎右衛門とは、竹田出雲『仮名手本忠臣蔵』で大星由良助が遊興したことでも著名な、京都祇園

の茶屋、一力亭の九代目主人である[12]。

一力亭は幕末維新期には勤王の志士や維新政府の役人たちも多く遊んでおり、大久保利通の側妻の「お勇」、は治郎右衛門の娘である。治郎右衛門の維新後の事績としては、長州藩出身の第二代京都府知事、槇村正直[13]の京都改革に積極的に協力したことが知られており、近代初の小学校として知られる京都の番組小学校や、芸妓などのための検黴所、女紅場などの設置にかかわり、京都博覧会に合わせて「都をどり」を創設している。教育振興・殖産興業策を通じて京都の復興を図り、いわば近代、ひいては現代に至る京都祇園町を作った人物ともいえるであろう[14]。

これらの治郎右衛門の履歴を踏まえれば、なぜ『国学入門』の跋文を木戸孝允が書いたのかは理解できよう。おそらく治郎右衛門は幕末の桂小五郎時代から直接の面識があったと考えられるとともに[15]、木戸の庇護を受けていた槇村との関係も相まって、木戸が跋文を執筆したのであろう。

（4）杉浦治郎右衛門の学問（国学）の考察

その著述

管見の限りにおいて、杉浦治郎右衛門は『国学入門』のほかにも、

- 『改正暦和解』（明治七年）
  版本、一冊、著者「須賀廼舎主人」版元、中西嘉助
- 『伊勢両宮参拝案内略記』（明治二三年）
  活版、一冊、「須賀舎主人」名、版元、中西嘉助
- 『太陽暦起原解』（明治二三年）
  活版、一冊、「杉浦為充」名、版元、中西嘉助
- 『神代暦日私考』（明治二五年）
  活版一冊、「杉浦為充」名、版元、中西嘉助

以上の著述がある[16]。なお、『国学入門』の異本にも蔵板印のある、「須賀廼舎主人」とは、奥付の住所が同一であることから、杉浦治郎右衛門為充その人であることがわかる。他に、『太陰暦起原解』の著述のあることが『神代暦日私考』に言及されているが、未見である。これらの出版は全て中西嘉助（現存する中西松香堂の創始者）が版元になっている。嘉助は治郎右衛門の義弟であり、両者は深い関係にあった[17]。

著述には暦書が多いという特徴があるが、伊勢参宮の案内書などは、明治五年に「都をどり」を創設するにあたり、伊勢音頭「亀の子踊り」を伊勢古市に見学、参考にしたとされることとも関係している可能性もあろう[18]。

これらの著述は、いずれも瞥見したところ、『国学入門』同様、平田国学の影響が濃厚である。以下、いくつか実例

を挙げてみよう。

・内宮祭神　天照大神について

天照皇御大神は。則天原を所治食て。常しへに今も世を天照し給ふ。天津日の大御神に坐しますなり。扨高天原といふは。神典にみえたる如く。天上のことにてあれど。今の詞に高天原といへは。則天ツ日の国を白せり。其天ツ日を。大御神の所治食す御国と定め給へば。其天ツ日は。皇国も異国も只一ツにして隔なければ大御神は皇国のみの大御神にましまさず。異国までもあまねく照たもふ大御神にましますれは。天地かぎり四海万国。一日もこの大御神の現御蔭を蒙らでは。えあらぬわざなる物をや。……中略……然れば此伊勢の内宮の御神は。皇国の人は更にもいはず。其余の国々。天地の間万の国々。天ツ日の御蔭を蒙る限りの国々の人は。皆其御徳御蔭を尊ふとみ。拝み奉らではかなはぬ御神にましますを。すべての外国には神代の正しき伝説なきが故に。今に至るまで其子細をえしらずして過来ぬるを。皇国には此子細正しく神典に伝はりて明らかなれば。この御徳御蔭を。誰かは仰ぎ尊ふとみ奉らざるべき。（『伊勢両宮参拝案内略記』一丁ウ〜二丁オ）

・外宮祭神　豊受大神について

そも〳〵皇国は万国の本つ国。祖国にして顕れてこそしられね。万の根元は皆皇国より始まれる事にて日神月神の。神代に皇国に生出給ひて。四海万国に御蔭を敷施したまふ如く。此豊受ノ大神の御蔭も同し御事にて。万国の人ども命をつぐ。其国々の食穀も。みなこの大神の御霊より生出る物なり。ゆめ〳〵此御蔭をおろそかにおもひ奉ることなかれ（同書二丁ウ〜三丁オ）

このように、日本が万国の祖国であり、優越しているという考え方は本居宣長以降の国学者に見られ、冒頭取り上げた和辻哲郎が指摘した通り、平田篤胤にその傾向が顕著である。伊勢両宮の祭神についての治郎右衛門の説明も、篤胤とほぼ同様に皇国中心主義を主張しているといえよう。しかし、それだけに止まらず、神宮祭神の神徳が外国にも及んでいるのだという考え方は、近世までは禁止されていた僧尼のみならず、外国人にも参拝を許可していった明治以降の趨勢にも合致していることにも留意すべきであろう。(19)

・暦に関する考え方

凡そ暦ハ日月の行度を測り。五行の情を採て時日を定め。国家百業に。徳を授くる。御政教にして。さらに方位日取等の吉凶を断す可きものにあらず。世の人野

巫の僻説に惑ふこと勿かれ（『改正　暦和解』凡例）

と、暦が「御政教」であり、私のものではないとの立場をとっている。歴史的に、改暦を伴う暦の問題は単に学術・技術面にとどまらず、国家観・世界観を伴ったものであったことに留意する必要があるだろう。[20]

• 太陽暦の起源について

太陽暦は。皇国に起原すること。平田篤胤大人の。本《ママ》朝無窮暦。弘仁歴運記考。春秋命歴序考。赤縣太古伝。太昊古歴伝。三暦由来記。太昊古易伝。三輪田元綱大人の地球歴運。十九舎紀法。等の書に参攷してこれを撰す。（『太陽暦起原解』序文）

太陽暦は決して西欧起源ではなく、皇国に起源があるということを、篤胤だけではなく、篤胤門人の三輪田元綱の暦書も参考にして主張していることが窺われ、興味深い。なお、三輪田は京都等持院のいわゆる足利将軍木像梟首事件の首謀者の一人であり、面識があった可能性もあろう。

• 天地開闢以来の年数　以下の通り記述されている（『神代暦日私考』より）

高皇産霊大神
治世　一万八千年
伊佐那岐大神
治世　一万八千年
須佐之男大神
治世　三千三百年
大国主大神
治世　千六百八十七年
瓊瓊杵命
治世　千五百三十一年
火々出見命
治世　五百八十年
鵜草葺不合命
治世　二百八十九年
以上、神代合計四万三千三百八十九年

右の紀年数はおおよそ、篤胤の暦書の紀年と一致している。これらは、近現代の科学的見地からはいかにも荒唐無稽な数字に思えるが、篤胤が『霊能真柱』で展開した天地開闢から太陽、地球、月の成立に至る宇宙観を時間軸から裏付ける意図があり、平田国学の論理においては整合性を有しているのである。まさに治郎右衛門は、篤胤のコスモロジーを忠実に受容し、人々へ発信していったと言えるであろう。

・『天朝無窮暦』との関係性

同書は、篤胤生前には刊行されず、幕末維新期において も写本で流通していた[21]。篤胤の秋田退去処分の原因ともさ れるが、否定的見解もある[22]。治郎右衛門の暦書は右の様に『天朝無窮暦』および他の『弘仁歴運記考』・『春秋命歴序考』など、篤胤の暦書関係の著述を参考にし、ダイジェストしたものであり、日本には天地開闢以来の暦が実存し、この暦を神々が万国に流通させ、現在の太陽暦が成立したという暦史観を示しているが、これは『天朝無窮暦』などの篤胤の暦観を祖述したものである[23]。しかし、平田派の中でも、暦書はかなり深く篤胤の著述を読み込んだ者でなければ理解が困難であり、治郎右衛門の理解がかなり進んでいたことを示唆しているのである。

おわりに

(1) 国学の裾野を考える

『夜明け前』に見るように、維新後にその思いが遂げられずに挫折した国学者もいたが、実際に国学は、幅広い人々に受容され続け、明治維新から開化期、民権運動をへて、憲法制定・議会開設の明治二十年代までその影響は及んでいったと考えられるのである。杉浦治郎右衛門もその一人であり、幕末維新期、明治前期の京都で活躍し続けた人物であった。いわば隠れた平田門人・国学者がどれくらいいたのか、現在のところはわからないが、思いもよらぬ人物が国学に深く影響されていた可能性を探ることは明治近代史を考察する上で必要なことなのではないだろうか[24]。

(2) 『国学入門』の作成意図

当初の書名に「皇学」を用いたことは、同じく京都に設置された「皇学所」との影響関係も推測されるが[25]、木戸孝允の跋文が付された際に『国学入門』に改題された理由は明確ではない。当時、呼称としては「皇学」・「国学」共に交換可能であった状況を示しているだろう。ともあれ、明治二年五月という刊行年、および蔵板印に「学校掛」と記されていることから、直後の番組小学校の設立に密接な関連性があろう。治郎右衛門は区長として小学校設立（二十四番組小学校、のちに三十三番組小学校）に尽力しており、本書を小学校の教科書として用いることを企図していたと思われ[26]、木戸に跋文を求めた意図もそこにあったであろう。しかし、実際の番組小学校の道徳的教導には、儒学・心学が用いられており、明治四年八月の「小学校課業表」[27]に記された各教科の教科書にも『国学入門』の書名は見られず、同書が採用されたと言う形跡はない。なかば公的な教科書として用いることが断念されたある段階で、「学校掛」から治郎右衛門個人の「須賀廼舎」名の蔵板印に変更され、個人的な著述として位置付け直されたのかもしれない。しかし、全国を見渡すと、筑摩県、[28]豊橋藩[29]などの学校に『国学入門』は教科書として採用されており、治郎右衛門の意図は決して無為ではなかったのである。なお、本書を採用したこれらの地域は平田国学の影響の強い地域でもあり、[30]明治初年の教育史の中での国学を考える際、本書の普及は注目されよう。

（3）暦書の制作意図

おそらくは、明治五年十二月の太陽暦への改暦が直接の契機であり、太陽暦が決して西洋由来のものではなく、我が国固有の暦であることを主張したものと考えられよう。ここに、平田篤胤の学問が近代において、必ずしもアカデミックなレベルではないところでも受容されている事例を見る事が出来る。

明治前期における平田国学は、内尊外卑に凝り固まった「狂信的国粋主義」ではない。治郎右衛門の刊行した暦書には、人々にとっては慣れ親しんでいない太陽暦を受容し易くするために、『天朝無窮暦』等の平田派暦書が根拠として用いられているのである。やみくもに近代化・西洋化を否定せず、柔軟に受け入れていこうという治郎右衛門の姿勢が看取されるのである。さらに注目すべき点は、暦書が改暦からかなり時期が経った頃にも新たに出版されていることである。近世国学の思想的な影響力が、かなり後年まで持続していることは、治郎右衛門個人の資質なのか、一般性を持つのか否かは今後の課題である。

（4）今後の展望と課題

杉浦治郎右衛門は、明治天皇東幸にともなう京都の衰退に抗して、槇村正直と協力し、殖産興業・教育振興策を推進した。現在の、いわゆる「祇園」の町を形成したのも彼の尽力が不可欠であり、海外の人々にも、京都らしさ、さらには、日本らしさまでをもアピールしているのである。その事績からは、維新という変革と京都の伝統とを調和させた人物であったといえるだろう。

『国学入門』を端緒に、彼の著述を繙くことにより、国学を学んでいたことが明らかとなった。「気吹舎門人帳」にも記載されず、篤胤の正式な門人ではないが、その思想的なバックボーンは間違いなく平田国学であり、しかも、時流に乗った俄か学問ではなく、深く篤胤の学問を理解していたことも著述の内容から明らかである。

四千数百名の平田門人の背後には、さらに数多くの隠れた受容者が存在し、広く活動していったはずである。それらの人々を発掘し、社会的活動の動機や思想との関連性を解明することが今後とも重要であろう。宮地正人が紹介した東濃・南信の平田派の人々が生きた幕末・維新期の姿の分析をはじめとし、本稿はささやかな試みであるが、国学が近代日本に与えた社会的影響力の実態が、今後ますます明らかになり、ゆたかなものになっていくことを期待したい。

註

（1）和辻の篤胤批判は、その直前の満州事変以降の「国学熱」ともいえる国学への注目の大きさが反映していると考えられる。昭和戦後期の国学研究の概観は、桂島宣弘「幕末国学の再検討のために――「比考」としての言説構造の転回をめぐって――」（『立命館大学人文科学研究所紀要』五九　一九九三年一〇月）も参照。

（2）筆者は拙著で國學院大學日本文化研究所の国学研究を中心に、昭和戦後期の国学研究を概観したことがある（松本久史「國學院大學日本文化研究所における国学研究の歩み」『荷田春満の国学と神道史』弘文堂　平成一七年所収　参照）。また拙著序論においても戦後国学研究史の概観を試みている。

（3）維新期には、維新政府の基本的国家方針としての「神武創業」という概念を大国隆正門下の国学者、玉松操が構想し、復興された神祇官において、神仏判然（分離）令をはじめ、国家的祭祀制度の確立を志向した際にも、福羽美静などの国学者が参画している。さらには明治三年（一八七〇）から開始された大教宣布運動には国学者が数多く参加し、平田篤胤以来の幽冥思想に依拠して国民教化活動にあたった。また、幕末期から各地で国学を教授する藩校が増え、維新政府の大学構想では国学が主要な地位を占め、明治二年には京都に皇学所、東京に大学が設置されるにいたったが、漢学者との対立が先鋭化する中、結局政府は洋学を採用することになり、構想は頓挫した。また、大教宣布運動も神道界の意見の分裂を原因に明治十五年（一八八二）、神官と教導職が分離することによって終息したが、明治期を通じて教派神道の教師や神社の神職として活動した国学者も数多い。明治十年代以降の国学は「国家有用の学問」としての意味合いが強くなり、国学者は法制・行政に関る古代の事跡の考証をすすめ、憲法制定にかかる資料の提供や、行政および皇室制度、神社などの国家制度の形成に寄与した。（宮地正人他編『明治時代史大辞典』吉川弘文館　平成二三年の松本久史執筆「国学」の項より）

（4）成果として、宮地正人編「平田国学の再検討」（一）〜（四）『国立歴史民俗博物館研究報告』一二二（平成一七年三月）・一二八（平成一八年三月）・一四六（平成二一年三月）・一五九集（平成二二年三月）がある。

（5）近年では、小林威朗『平田篤胤の霊魂観』（平成二八年弘文堂）のように、篤胤の思想の内在的な理解を追求するため、全集本ではなく草稿本からテキストの成立と思想の変化を追っている研究もあらわれている。

（6）平成二十年代後半以降の幕末維新期の平田派研究は、宮地正人らの研究成果を踏まえ、三ツ松誠、天野真志、小田真裕などの歴史研究者によって、緻密な研究が展開している。

（7）御家来としては、国学心懸くべき事なり。今時、国学目落に相成候。大意は、御家の根元を落ち著け、御先祖様方の御苦労・御慈悲を以て、御長久の事を、本付け申す為に候。（中略）釈迦も孔子も、楠も、信玄も、終に龍造寺・鍋島に被官懸けられ候儀、これ無く候へば、当家の風儀に叶ひ申さざる事に候。（中略）国学得心の上にては、余の道も慰みに承るべき事に候。能々了簡仕り候へば、国学にて不足の事、一事もこれ無く候。（『葉隠』聞書一　冒頭部　日本思想大系二六『三河物語　葉隠』岩波書店　一九七四年　二一六頁　※本文の一部、松本が書き下し）

（8）大正期に河野省三により『創学校啓』の草稿本が紹介され、そこには「国学」ではなく「倭学」と記されていることが明らかとなり、実際には春満は「国学」の名称を用いていない（河野省三『国学史の研究』昭和一八年　畝傍書房　一五二～一五四頁）。

（9）牟禮仁「皇学四大人から国学四大人へ」『皇学館大学神道研究所紀要』一九　平成一五年三月。

（10）『国学入門』は、石川松太郎監修『往来物大系』第五〇巻（平成五年　大空社）に影印版が所収され、同書の注記には「神代より桓武天皇の平安遷都に至るまでの歴史を、神道の立場から説き、最後に国学入門の手引きを記した往来。国学に入る際には、和学はもとより、漢学・洋学の書籍についても学習することを推奨しているのも特色の一つである。5字1句、2句1行を基本とし、全452句からなる」とある。

また、『皇学入門』については、往来物の研究家である小泉吉永のホームページ「往来物倶楽部」の同書解題に、「皇学入門【作者】杉浦挂作。【年代】明治二年（一八六九）刊。［京都］蓍屋嘉助（中西嘉助・松香堂）ほか板。【分類】教訓科。【概要】大本一冊。五字一句の『実語教・童子教』形式で、「入学ノ幼童ニ皇道ノ大意ヲ教」えた教訓書。「上世神皇道、万機先神事、自余政為後、以武建国基…」から始まり、「…今為入門童、書皇学一端、日々勤習読、必勿敢妄失」と結ぶ五言四五二句の文章で、神代から平安朝までの皇国史や、皇学入門者が学ぶべき典籍（『古事記』『万葉集』『六国史』等）や学問の順序（皇学・漢学・洋学）を説き、「イロハ」によらず「五十音」を学ぶべきとする学習心得にも言及する。本文を楷書・大字・六行・付訓で記す。見返しに「下京二拾四番組学校挂杉浦著蔵」と記す。また、裏表紙見返しに「皇学入門詳解、追刻」と案内するが、出版の事実については未詳。」（小泉吉永「往来物倶楽部」http://www.bekkoame.ne.jp/ha/a_r/B4ka.htm）とある。

（11）牟禮は『国学入門』を六種（A1～3、B、C1～2）に細分しているが（「資料翻刻　皇学入門」一五一頁）、さらに書誌的考察の必要性もある。A類に区分される拙蔵本（仮に甲とする）では「下京二十三《ママ》番組」の蔵板印が見返しにあり、牟禮の分類では、A2とA3の間に位置するものと思われる。また別の拙蔵本（乙とする）は、

A3とほぼ同様であるが、匡郭上部の「官許」の文字のない見返しを有し、跋文・奥付がない。牟禮の分類に従えばA3の次、B・C以前に位置付けられるはずだが、Aより成立が下るB・Cともに跋文があり、跋文のない乙はC以降の成立とも考えられ、確証を得ない。

(12)『日本人名大辞典』(講談社)では「杉浦治郎右衛門(すぎうら-じろうえもん)1820-1895 明治時代の実業家。文政3年9月28日生まれ。京都祇園の茶屋一力(いちりき)の主人。槇村正直の助けをえて、明治3年日本最初の検黴治療所、6年婦女職工引立会社(女子教育機関、のちの遊所女紅場(にょこうば))を設立し、祇園の復興につくした。5年第1回京都博覧会では「都をどり」の催しの創設に協力した。明治28年2月24日死去。76歳。山城(京都府)出身。本名は為充。」とあり、『京都大事典』(淡交社 昭和五九年 五三二頁)には、「祇園一力の九代目主人。明治維新以後、京都府知事槇村正直の協力を得て、衰退した祇園の復興に尽力。明治三年全国にさきがけて検黴治療所を祇園社神幸道の南側に建て、同六年婦女職工引立会社(のちの遊女女紅場)を設立、花街の婦女の職業教育機関を作った。また都をどりの創設にもつくした。隠居して治郎左衛門と称した」と記述されている。

(13)槇村正直(まきむらまさなお)一八三四-九六 幕末・維新期の長州藩藩士、明治時代前期の官僚政治家。安之進・半九郎などと称し、正直は諱。天保五年(一八三四)五月二十三日長州藩士羽仁正純の次男として生まれ、十六歳で槇村満久の養子となった。幼時、剣・砲術を学んだのち相州警衛にあたったこともある。同藩の諸役をつとめて、文久三年(一八六三)、当職所筆者役となり、翌年には密用方聞次役に就任。その年おこった蛤御門(禁門)の変の前後、一時上京したが、のち、帰藩して、家督を相続。また慶応二年(一八六六)の幕長戦争では大島口へ出動。王政復古後、新政府の徴士などから権大参事、ついで明治八年(一八七五)京都府権知事から同十年に府知事に昇進。この間、京都の御用商人小野善助らの東京転籍希望をめぐり、それを認めなかったため、司法省により、府知事のまま、短期間であったが拘留されたこともあった。しかし、四年間の府知事時代、京都の教育と産業の振興につとめ、のち元老院議官、行政裁判所長官も歴任した。二十年男爵。二十三年貴族院議員。二十九年四月二十一日没。六十三歳。墓は、東京都港区の青山墓地にある。(『国史大事典』吉川弘文館の記述)

(14)番組小学校設立に治郎右衛門が貢献したことは、「然ルニ当学区ハ従来遊郭ノ地ニシテ興学甚ダ困難ナリシモ、其時ノ町年寄タル故杉浦治郎右衛門氏ノ斡旋甚ダ力メタリシト、時ノ府知事槇村正直氏為メニ出張シテ府令ノ主旨ヲ説キ、興学ノ思想ヲ喚起シ他区ニ率先セシメバ、本区ノ風ヲ望ミテ他区ハ弁ヲ要スルニ及バズト百方懇諭措カザリシヲ以テ杉浦治郎右衛門氏、其旨ヲ奉ジ百難ヲ排シ、明治二年七月、現今校舎玄関敷地ニアリシ旧町会所ニ修繕ヲ加へ、其月ノ二十二日開校ノ式ヲ挙グルニ至レリ。」(『京都市弥栄尋常小学校沿革史』(弥栄中学校所蔵文書)京都市『史料 京都の歴史』第一〇巻 東山区 平凡社 昭和六二年 一九七頁)との記述がある。

また、祇園町の整備については「明治二十年の数字によれば、祇園新地および膳所裏の一年間の収益は、十八万円近くになり、他を大きく引き離している。ちなみに島原はわずかに四千円で、凋落著しい。

　当時、祇園の活況のかげには、万亭主人杉浦次《ママ》郎右衛門の存在が大きく働いていたものと思われる。彼は政界人・財界人とも親しく、明治期の公共事業や大々的な祭典行事などには、祇園町を率いて常に協力的姿勢を示しているのである。」(京都市『京都の歴史』8　古都の近代　昭和五〇年　学藝書林　二九四頁)との評価がみられる。

(15) 禁門の変で遭難した桂小五郎を芸妓幾松(後の木戸夫人の松子)が助けたというエピソードは広く知られている。一力亭も薩長志士の会合の場であり、両者は以前から直接の面識があると考えるのが自然であろう。

(16) 現在、これらは。「国立国会図書館デジタルコレクション」http://dl.ndl.go.jp/ で閲覧可能である。

(17)『出版文化の源流　京都書肆変遷史』(京都府書店商業組合　一九九四年　三九四頁)参照。

(18) 明田鉄男『維新　京都を救った剛腕知事』(小学館　平成一六年　一六五頁)参照。

(19)『伊勢両宮参拝案内略記』の奥付には、施本所(発行元)として、下京区寺町通四條南の「神宮京都本部」が記されている。詳細は不明であるが、神宮の崇敬・参宮を勧奨する組織であったと考えられ、治郎衛門が中心的な人物であったことが推定される。

(20) 近世の貞享改暦に当たっては、垂加神道家としても知られる渋川春海が主導している。

(21)『天朝無窮暦』の書写費用は、全七巻で三両とされており(「平田篤胤著作書写価格表」「平田国学の再検討(一)」『国立歴史民俗博物館研究報告』一二二　一七五頁)、広く流通した書ではない。

(22) 吉田麻子は、平田家の日記等の記述から、秋田追放の要因となった書物を『大扶桑国考』ではないかと推測している(『知の共鳴』一二七〜一三五頁　第三章第四節「篤胤の江戸退去と書物」)。

(23) 天朝無窮暦とは。掛まくも阿夜に畏き。我が天皇命の皇祖。伊邪那岐大神の。天地万の道を創め給ひし当昔より。神ながら世に授けおき給へる真暦を。後に大国主神。殊に宜しく調し給ひて。大御国に遺し給ひ。然て赤縣州の戎を始め。諸蕃の国々へも。布及ぼし賜へりし本暦の。固より有来れる随に。筑紫の日向の。高千穂宮に御坐して。天下しろし看せる。天津日高彦火瓊々杵尊の大御代より。其天朝に用ひ給ひて。日本書紀の紀年。日次月次に載させ給へる暦を謂ふ。(『天朝無窮暦』序文『新修平田篤胤全集』第十三巻　名著出版　昭和五二年　一〇一頁)

(24) たとえば、足尾鉱毒事件で著名な田中正造も篤胤没後門人であった。宮地正人『幕末維新変革史』下巻(岩波書店　二〇一二年)の第四十九章「田中正造と幕末維新」には、幕末維新期の正造の思想と実践が叙述されている。

(25) 皇学所に関わった平田派国学者、矢野玄道旧蔵の書物が蔵される大洲市立図書館矢野玄道文庫に、『皇学入門』が所蔵されている。

(26) 他にも、歴代天皇の事績が桓武天皇の平安京遷都で終わっていることは、天皇東幸に対する治郎右衛門の思いが込められていることも考えられる。『国学入門』では「延暦十三年　宮遷山背国　詔改作山城　号称平安京　告伊勢神宮　永定不遷都」と記されている。

(27) 京都府教育会編刊『京都府教育史』上　昭和一五年　二八二頁。

(28) 明治五年九月の「筑摩県学校課業表」の第三級（学年）の「読書」の科目に「国学入門」が見える（長野県教育史刊行会編刊『長野県教育史』第七巻　史料編一　昭和四七年　六六七頁）、稲垣忠彦「郷学校の普及と学習内容」『帝京大学文学部紀要　教育学』一一二三　二〇〇三年）も参照。

(29) 明治三年八月に開校された豊橋藩の「皇学校」の「豊橋藩皇学校開校次第」に、用いられる教科書として「国学入門」が見える。（岸野俊彦「史料紹介　豊橋藩『時習館文庫目録』・尾張藩『明倫堂献納書』」（『名古屋芸術大学研究紀要』三七　二〇一七年）。

(30) 筑摩県に属した南信の伊那郡は幕末維新期平田派の一大拠点であり、豊橋藩には京都皇学所にも出仕した門人の神職、羽田野敬雄がいる。

（國學院大學教授）

明治の皇室と服制

刑部芳則

はじめに

明治天皇と美子皇后（昭憲皇太后）は、はじめて洋服を着た天皇と皇后であった。先代の孝明天皇が安政期に幕府が諸外国と結んだ通商条約の破棄を望む攘夷論者であったことからすると、天皇と皇后の洋装化は「服制の明治維新」といえる。天皇と皇后を中心とする皇室の服制は、江戸時代まで世間とはかけ離れた「殿上人」や「雲上人」などと呼ばれた宮中の限られた人たちが着る服装を指すものと思われがちである。

しかし、天皇や皇后が和服を続けていたなら、いつまでも洋服を着なくてもよいこととなる。天皇に仕える官僚や軍人はもとより、一般人にも広く洋服を着せるには、皇室の洋装化が不可欠であった。天皇と皇后の洋装化には、洋服を着ることを正当化する意味が込められていた。天皇や皇后の洋装化は、外国を嫌う公家や女官が多かったこともあり、簡単ではなかった。どのような過程を経て皇室の洋装化が図られたのか、その事実を確認することは、日本の洋装化を考える上で重要な作業である。

これまで筆者は、明治維新期の「洋服・散髪・脱刀」について、政府内で薩長藩閥を中心とする藩士出身の官僚たちが主導権を握るために必要不可欠であったことを指摘し、天皇が出席する公式儀礼の場で用いられる最高の礼服である大礼服制の制定および展開過程について考察した[1]。また明治一〇年代後半の女性の洋装化の限界についても明らかにし、そこでの課題点が明治二〇年代後半以降の衣服改良運動、大正時代の服装改善運動へと発展していくことを検討した[2]。さらに明治天皇の服装については、その服制の変遷を追いながら国民に対してどのように見せる演出をしていたかについて論じ、明治宮殿内の天皇および皇后をはじめ、宮内省官員や女官たちの服装についても明らかにした[3]。

本論では、そうした研究成果を踏まえながら、明治天皇と美子皇后の洋装化を中心に皇室の服制について検討し、それらが宮中内に限られたものではなく、時間をかけながら全国の男女の洋装化に影響を与えたことを述べる。まず大礼服の制定前後の状況を考察し、天皇よりも官僚たちの洋装化が先行していたことを述べる。その上で天皇の洋装化が不可欠となったこと、さらに皇后のそれも必要視されたことを明らかにする。最後に、皇室の服制は、全面的な洋装化ではなかったことについて論じる。

一　洋式大礼服の誕生

日本人が幕末から洋服を着ていたことはもとより、明治を迎えてすぐに洋服や散髪を実行したなどという印象を抱いていたとすれば、それらはまったくの虚像である。この虚像は、多くのテレビドラマなどでは実像として実写化されるため、今でも誤った認識を持つ人が少なくない。その背景には、家政学の服飾史研究者たちがそうした虚像を実像のように信じ、疑いも持たず単純に服装の変化だけを書いてきたことが大きいだろう[4]。

政府官僚や官員たちが洋服や散髪を実行するようになるのは、明治四年七月一四日の廃藩置県を迎えてからである。それ以前は、海外渡航する場合か、軍事調練や戦時に用いる軍服に限られていた。そのことを維新政府が服制として規定したのが、明治三年一一月五日の「非常並旅行服」である[5]。「非常」とは非常時に官員たちが着る軍服に相当する服、「旅行」とは海外渡航のときに着る服を指す。新政府の発足後から政府に提出された服制に関する意見書や、政府内で検討が重ねられた服制案でも、洋服は軍服に限定されている[6]。

幕末から開港地では洋服店が見られるが、それも外国人たちのものであり、いずれも居留地や唐人街と呼ばれる場所に構えていたことを見逃してはならない。外国人居留地の近所にあった築地の大隈重信邸は、明治三年頃に「築地梁山泊」と呼ばれた。その理由は、大蔵省や民部省などで時代を先取りして政策を進めようとする官僚たちが集まって議論を繰り返したからだ。

しかし、そこに集まる彼らの服装は羽織袴、結髪に帯刀である[7]。羽織袴・結髪・帯刀は、藩士たちにとって平民たちとの差を示す意味を持っていた。だが、それに固執する限り、彼らの上に位置する華族（公家と諸侯）たちとの身分差をなくすことはできなかった。宮中の儀礼で用いる衣冠は、公家たちの身分を示す装束であった。藩士たちは衣冠を着るのに苦労したが、洋服を着るのも楽ではなかった。

苦渋の選択の末、洋服・散髪・脱刀の断行に踏み切る。洋服・散髪・脱刀は、外見から身分階層を除くことができた。[8]

廃藩置県を経た、明治四年八月三日に儀礼を除いて天皇への羽織袴での拝謁が許可され、九日から官僚や官員の仕事着として洋服着用、散髪や脱刀を任意とした。官庁において机と椅子の使用、官民ともに靴のまま参庁することも認めた。[9] この許可が決まった三日、参議木戸孝允は散髪を実行している。[10] この段階から官僚や官員たちの洋服・散髪・脱刀がはじまるのである。

こうした改革は廃藩置県後に政府の中枢を担う参議大久保利通や木戸孝允など少数の人物が決めたことであり、事前に知らせられていない者たちからの反動が予想された。その反動を抑えるため、明治四年九月四日には在京の華族たちに「服制変革の内勅」が出された。華族に示したのは、洋服着用に対する反対論者が少なくなかったからだろう。

朕惟フニ風俗ナル者移換以テ時ノ宜シキニ随ヒ国体ナルモノ不抜以テ其勢ヲ制ス、今衣冠ノ制中古唐制ニ模倣セシヨリ流テ軟弱ノ風ヲナス、朕太慨之、夫神州ノ武ヲ以テ治ムルヤ固リ久シ、天子親ラ之カ元帥ト為リ衆庶以テ其風ヲ仰ク、神武創業、神功征韓ノ如キ決テ今日ノ風姿ニアラス、豈一日モ軟弱以テ天下ニ示ス可ケンヤ、朕今断然其服制ヲ更メ其風俗ヲ一新シ、祖宗以来尚武ノ国体ヲ立ント欲ス、汝近臣其レ朕カ意ヲ体セヨ。[11]

平安時代から袖が大きく膨らんだ衣冠を用いてきたが、これは軟弱なものであり嘆かわしい。我国は武をもって治めてから長い時間がたっており、現在では神武天皇や神功皇后のような元帥姿を見ることができない。一日も早く軟弱な姿を示さないようにするため、服制を改革して祖先からの尚武の国のあり方を立てたいと思う。この気持ちを理解して欲しいという。

神武天皇や神功皇后の時代に用いられていた「筒袖」「細袴」に戻ることを説明し、どこにも洋服を採用すると記していないのが要点である。そうすることで洋服に反対する者たちの主張を封じようとした。明治天皇の「服制変革の内勅」は、天皇が洋服を着ることはもとより、官僚や官員たちの洋服・散髪・脱刀姿を正当化するものであった。

この内勅から一年後の明治五年一一月一二日に文官大礼服・非役有位大礼服・小礼服（燕尾服）が制定された（写真1）。同日付で衣冠、翌六年二月には狩衣・直垂・浄衣が祭服として残された。文官大礼服は勅任官・奏任官・判任官とで装飾が違った。勅任官は上衣前面に桐唐草紋があるが、奏任官と判任官にはそれがない。勅任官の桐が五七、奏任官と判任官の桐が五三、勅任官と奏任官が金モール、

写真 1-1　文官（奏任官）大礼服
（内海忠勝）

判任官が銀モールである。袖には官等を示す「等級標条」という線をつけた。

非役有位大礼服は四位以上が勅任文官大礼服の唐草のないもの、五位以下が奏任文官大礼服の唐草がないものとした。大礼服には舟形の正帽（勅任官は白毛、それ以外は黒毛）を被った。装飾のない小礼服（燕尾服）にはシルクハットを用いた。さらに明治六年二月二〇日には皇族大礼服が制定された。上衣前面に菊紋を金モールで装飾したものだが、非役有位大礼服と見間違えられるため、明治九年一〇月一二日には菊唐草紋様に改正されている。(12)

大礼服制によって宮中の儀礼における天皇との距離は、皇族、勅任官、奏任官、判任官、非役有位四位以上、非役有位五位以下という新たな序列が生まれた。世襲門閥制による身分制度から能力重視の官等制度に移行したのである。廃藩置県後に位階を基準にした衣冠などの礼服が否定され、官等にもとづく洋式礼服が採用された。薩長藩閥を中心とする官僚たちにとって洋装化は不可欠であったといえる。

写真 1-2　非役有位（四位以上）大礼服
（毛利元徳）

二　明治天皇の洋装化

政府官員が洋服を着ても、天皇が従来の装束を着ていたのでは意味がない。参議大久保利通が、そのように考えて明治天皇の洋装化を推進しようとしていたことは想像に難くない。実際、大久保は宮内卿に就任し、天皇の生活改善を図ろうとしていた。だが、大久保は自身の人事問題で宮内卿就任が難しくなると、片腕的存在である旧薩摩藩士吉井友実に託す。明治四年七月四日、吉井は宮内大丞に就任すると、同月末に華族の侍従や当番大丞たちを罷免にし、士族の侍従を登用している。[13] 宮中改革を行うため、その障害となる華族を排除したのである。

八月八日と九日には、横浜で天皇が使用する机・椅子・ランプ・西洋馬具などを購入した。[14] 九日から官僚や官員たちの洋服・散髪・脱刀を許可し、官庁で机や椅子を使用することを認めた措置に対応したものと考えられる。同月一八日には、天皇は馬車に乗って芝の延遼館まで行き西洋料理を食べている。これは宮中で肉食が禁止されていたことによるが、一二月一七日にはそれも解禁となった。[15]

天皇の洋服と洋食は並行して段階的に進められたのである。[16] 明治五年二月七日付で麝香間祗候松平慶永が中御門経之に宛てた書翰では、衣冠姿で参内する者が減り、天皇も洋服を着ていることを伝えている。[17]「服制変革の内勅」を出した天皇が洋服姿で出御したため、その姿を見て洋服に袖を通す官僚たちが増えたことがうかがえる。

しかし、宮中で天皇の洋服姿を見られる者は限られている。文明開化という時代の変化を理解させるには、天皇の洋服姿を多くの人たちに見せなければならない。そこで明治五年五月から七月に西国巡幸（大阪・京都・兵庫・下関・長崎・熊本・鹿児島）が行われた。

この巡幸に向けては、天皇が着る御正服が仕立てられた。文官大礼服と同じ詰襟の燕尾服で上衣左右に菊葉紋が三個、両袖に菊葉紋が一個、金糸で刺繡されている。洋服でありながら和服のように平面的に見えるのは、菊葉紋様が金モールではなく、刺繡方法も金糸を立体的に交差させず、一方向に並列的に縫っているからである。

御正服には側面に金の鳳凰が装飾された毛のない舟形の御正帽を被った。御正服姿の天皇の写真は、椅子に座ったものと、馬に跨ったものの二種類が確認できるが、どちらも御正帽を被っている（写真2）。なぜ御正帽を被っているのかといえば、天皇の髪型は依然として公家特有の結髪であったからだ。前近代的な結髪と近代的な洋服姿は、文明開化を正しく理解していることにはならない。この中途半端な姿を隠す必要があった。御正帽の内側の中央には、髷で帽子を固定するための楕円形の金具がついている。[18]

さらに天皇は顔に化粧もしていた。なぜ散髪と素顔は実践できなかったのか。その理由は宮中の表と奥の違いにある。天皇が洋服を着て洋食を食べるのは、小御所や御学問所などが置かれた表と呼ばれる空間であり、日常生活を過ごす奥では和服と和食を続けていた。毎朝、天皇の化粧や髪は女官が担当した。改革に抵抗する女官の元凶を明らかにするのは難しいが、彼女たちが天皇の生活習慣を変えることの障害になっていたことは間違いない。

そのことに気づいていた吉井友実は、明治四年八月一日に女官を罷免したが、十分な効果は上がらなかった。そこで翌五年四月二四日、孝明天皇のときから仕える有力な三六人の女官を罷免した[19]。宮中奥の改革も段階を踏みながら行ったのである。改革に対する反動を極力抑えようとしたのかもしれない。二度にわたって女官を罷免したことにより、天皇が御正服を着て西国巡幸に行くことが可能になった。だが、天皇の化粧と髪を変えることはできなかった。髪は切ってしまうと、伸びるのに時間がかかる。表で洋服、奥で和服と着替えるようにはいかない。

写真２　明治天皇の御正服

明治天皇が髷を切って散髪になるのは、明治六年三月二〇日頃といわれている。命婦樹下範子は「御上が御散髪におなり遊ばしました時は、本当にビックリ致しました、朝御表へ御出ましの時は綺麗に御髪を結うてござつたのに、入御になりますと、スッカリ御散髪になつてしまうて居られたので、御側近くて、ものも申されませぬから、御互に袖を引いたり、目くばせしたりして、驚きました、中には涙をこぼして居る人もございました」と語っている[20]。表に出たときは結髪であったが、奥に戻ってきたときには散髪になっていたという。まさに突然の出来事であった。なかには涙をこぼす女官もいたようだから、彼女たちから事前に了解を得ることは難しかっただろう。

ではなぜ、この段階で急に天皇の散髪を断行したのか。その理由は、明治六年三月に御軍服正服の雛型が完成したからである。御軍服正服と略服は、七月から九月にかけて調製された。御軍服正服は金の飾り紐と菊紋金ボタンの肋骨服で、襟から裾回りと袖には金モールで菊唐草紋の刺繍がなされ、肩には総のあるエポレットをつける。白ズボンの側線、白毛のついた舟形正帽の上部縁にも金モールで菊唐草紋が刺繍されている。被服構成から見ると、立体的な洋裁技術が随所に見られる[21]。

御軍服正服に天皇が袖を通すと、九月には内田九一によって御真影が撮影されている（写真3）。椅子に座りながら、正剣を前についている。御正帽は被らず、隣の机の上に置いてある。すでに天皇は散髪であり、化粧を落とす代わりに髭を生やしている。平面的な御正服を着て猫背に座る姿と、立体的な御軍服正服を着て胸を張って座る姿とでは、見る者に与える印象は大きく変わる。後者は前者では不十分であった文明開化に加え、天皇の質実剛健という印象を与えることができた。御軍服正服姿の御真影は学校、軍隊、県庁などに下賜されるが、宮中で天皇の姿を見ることのできない人たちに洋服と散髪の必要性を伝えていたのである。

写真３　明治天皇の御軍服正服

明治政府は太陽暦を採用し、明治五年一二月三日を明治六年一月一日とした。これにより太陰暦では九月二二日に行われていた天皇誕生日である天長節は一一月三日となった。明治六年一一月三日の天長節からは大礼服の着用が義務づけられた。一〇月末までは大礼服を準備していない者に配慮し、直垂の代用を認めていたが、特別な理由を除いて直垂を着て参加することはできなくなる。[22]天長節に出席した右大臣岩倉具視など三五人には、天皇と皇后の御真影が下賜されている。[23]太陽暦を採用してはじめて迎える天長節は、参加者に対して江戸時代までの日本特有の儀礼ではなく、西洋の王室と同じような儀礼を行うことを伝えていた。その場に参加するには洋服が不可欠であった。

三　美子皇后の洋装化

明治六年（一八七三）に撮影された御真影で明治天皇は御軍服正服姿であったが、美子皇后は御小袿姿である（写真4）。「服制変革の内勅」は政府の官僚や官員を対象としており、女性に洋服を着せることは想定していない。明治四年八月に許可された散髪も男性に限られ、女性が髪を短く散髪することは禁止された。第四章で述べるが、洋服は外で働く仕事着という観念があり、男性も自宅では和服で過ごしていた。外で働かず家庭を守っていた女性たちに洋服は必要ないと思われた。

写真4　御小袿（美子皇后）

そうした価値観に加え、日本全体に洋服を普及させるだけの供給力がなかったことが大きい。当時の紳士服は安価な既製服などはなく、高価な注文服に限られた[24]。地域の有力者で資産がなければ、無理して必要もない洋服を買う者はいない。となれば、全国の女性を対象に洋服を普及させるなど時期尚早と判断されてもおかしくなかった。

だが、いつまでも女性が和服では不都合だと感じるようになる。その契機を作ったのが、明治一七年三月二一日に宮内卿に就任した伊藤博文であった。伊藤は、明治四年の岩倉使節団では副使として欧米諸国を巡回し、同一五年には憲法調査のため欧州を訪れている。異国の地で洋服姿の女性は数多く見ていたが、近代的な憲法の制定と議会の創設が近づいてくると、日本でも女性の洋装化が必要だと感じたのである。

そのように考えると、美子皇后の洋服をドイツに注文したことが「伊藤の親独外交」であったという見方にも納得がいく[25]。もっとも、伊藤が望んだ女性の洋装化は、皇后、女性皇族、勅任官や奏任官の夫人、官公立の女性教師など、宮中や明治一六年一〇月に竣工した鹿鳴館に招待される女性に限定していた。その目的は、外国人を接待する席上では洋装が相応しいと判断したからである。

ドイツ人医師トク・ベルツが洋服のコルセットが健康面に問題であると指摘したのに対し、伊藤は「ベルツさん、あんたは高等政治の要求するところを、何もご存じないのだ。もちろん、あんたのいったことは、すべて正しいかも知れない。だが、わが国の婦人連が日本服で姿を見せると、『人間扱い』にはされないで、まるでおもちゃか飾り人形のように見られるんでね」と反論している[26]。

何度も海外渡航した伊藤が洋服の欠点を知らないはずがなかっただろう。そのことを知っていながら女性に洋服を着せようとしたのは、「高等政治の要求」に応えるためであった。したがって、外国人とすれ違うこともない、地方の町や村に住む女性にまで洋服を着せようとは思っていなかった。ここに「鹿鳴館時代」と呼ばれる短期間における女性の洋装の特徴がある[27]。

宮内卿に就任した伊藤は、明治一七年九月一七日、女性勅任官と勅任官夫人には「西洋服装ノ儀ハ其時々達スヘシ」と通達し、必要に応じ洋服での参加を望んだ[28]。その一方で一一月一五日、女性奏任官と奏任官夫人には「場合ニヨリ西洋服装相用ユルモ妨ケナシ」と通達されている[29]。これは勅任官と違って経済的に余裕のない奏任官に配慮し、無理のない範囲で洋服を着ることを求めたといえる。

さらにこの間の一〇月二五日に有爵者大礼服、一〇月二九日に宮内省侍従職・式部職の大礼服を制定した[30]。有爵者大礼服は肩に総のあるエポレットをつけた詰襟燕尾服で、襟と袖の色（公爵＝紫、侯爵＝緋、伯爵＝桃、子爵＝藍、男爵＝萌黄）で爵を区別した（写真5）。宮内省侍従職・式部職の大礼服は、ガウン型で襟から裾の前合せの縁に金モールの菊枝紋が刺繍され、その数で勅任官と奏任官とを区別した。襟と袖が深黒羅紗が侍従職、緋羅紗が式部職であった（写真6）。こうした服制の整備は、宮中と府中とを区別する意味があったと考えられる。

明治一八年一二月には太政官制から内閣制へと移行するが、伊藤が望む皇后の洋装化は進まなかった。後宮を管轄する皇后宮大夫香川敬三から進言を受けた皇后は洋装に前向きであったが[31]、天皇が反対していた。天皇が反対したのには、皇后や女官の洋装に難色を示す侍補元田永孚の進講を受けていたことが大きい[32]。天皇が最終的に洋装化を許容

写真5　有爵者大礼服（伊藤博文）

写真6　宮内省勅任官大礼服（香川敬三）

したのは、伊藤が考える洋装化が宮中や鹿鳴館に招待する女性に限定していることを理解したからだと考えられる。

それに加えて伊藤は女官から協力を得るため、彼女たちの俸給を倍増するなど、ご機嫌を取ることも忘れなかった[33]。伊藤の妻梅子も洋服を着て参内し、女官たちにその必要性を説明するなど、洋装化に尽力した[34]。宮内次官吉井友実は、かつて女官たちの存在によって天皇の散髪に手を焼いた。伊藤は女官たちを罷免するのではなく見方につけたのである。

こうした伊藤夫妻の運動の結果、明治一九年六月二三日に天皇は皇后の洋服着用を許可した。そして「自今ハ場合ニヨリ皇后宮ニ於テモ西洋服装御用可被遊ニ付、皇族大臣以下各夫人ハ朝儀ヲ始メ礼式相当ノ西洋服装随意ニ相用フヘキ」と通達された[35]。皇后の洋服着用はもとより、宮中の儀礼に女性皇族、女性勅任官と勅任官夫人、女性奏任官と奏任官夫人が洋服で参加できるようになった。

皇后が最初に洋服を着たのは、明治一九年七月二八日である。公の場では七月三〇日の華族女学校、八月三日の青山御所への行啓で洋服姿を見せた。八月四日付で吉井友実は伊藤博文に宛てて「過日来皇后陛下御洋服被為召至極天意に被為叶候由、是は誠に意外也、恐縮也」と伝えている[36]。吉井は、天皇が皇后の洋服姿に満足していることを知り、驚いたのである。

伊藤博文は、皇后が儀礼に用いる大礼服などの礼服調製について始動していた。明治一九年七月二五日付で伊藤が香川敬三に宛てた書翰では、外務次官青木周蔵と相談し、平常服だけで礼服類がないのは体裁がよくないため、一二万から一三万円の調製費が必要となるが、ドイツに注文してはどうかと述べている[37]。鹿鳴館の建設費が約一八万円、明治一九年の内閣総理大臣の年俸が九六〇〇円であるから、皇后の礼服費が破格なことがわかる。伊藤は、七月二七日付の書翰で青木から礼服類の注文催促を受けると[38]、二八日に皇太后宮大夫杉孫七郎、二九日に宮内書記官兼皇后宮亮三宮義胤にその旨を伝えている[39]。

ドイツのベルリンで調製された皇后の宝飾品はレオンハルト・フィーゲル、大礼服は裁縫師マックス・エンゲルが担当した[40]。明治二〇年一月の新年式にドイツに注文した大礼服が到着するか心配することもあったが、香川敬三が妻志保子に宛てた書翰では「当年一月朝拝ノ節、皇后宮欧洲大礼服被為召」と書かれており、前年末までには無事に届いたようである[41]。明治二〇年一月一日の新年式に皇后ははじめて洋式大礼服を着た[42]。

明治一九年一〇月から小松宮彰仁と頼子妃とともに洋行中の三宮義胤は、伊藤宛ての書翰で「本年朝拝式には皇后宮西洋風大礼服御着用被為在、式上憮々御盛美の御事と恐察仕候。何分服装之点に於ては開国以来之御更革、内外人の耳目を驚かするの一大盛事、本邦駐箚の公使夫人等速成の御手際には一段驚愕仕候ならんと奉存候」などと述べている。[43] 皇后の洋服姿は我国はじまって以来の変革であり、内外人を驚かすことに違いないと賛辞を送った。

ただし、皇后の洋服姿を絶賛する者ばかりではないため、女性が洋服を着ることを広く理解させる必要がある（写真7）。そこで天皇が洋服を着るときに出された「服制変革の内勅」と同じような「婦女服制のことに付て皇后陛下思食書」が作られた。

写真７　女性の大礼服（美子皇后）

女子の服は、そのかみ、既に衣裳の制なり、孝徳天皇の朝、大化の改新、発してより持統天皇の朝には朝服の制あり、元正天皇の朝には、左衽の禁あり、聖武天皇の朝に至りては殊に天下の婦女に令して新様の服を着せしめられき、当時固より衣と裳となりしかば、裳を重ねる輩もありて、重裳の禁は発しき、されば女子は中世迄も都鄙一般に紅袴を穿きたりしに、南北朝よりこのかた干戈の世となりては、衣を得れハ便ち着て、また裳なきを顧ること能はず、因襲の久しき終に禍乱治まりても裳を用ひず、纔かに上いを長うして両脚を蔽はせたりしが、近く延宝よりこなた中結ひの帯、漸く其幅を広めて全く今日の服飾をば馴致せり、然れとも衣ありて裳なきは不具なり、固より旧制に依らざる可らすして、文運の進める昔日の類ひにあらねば特り坐礼のみは用ふること能はずして、難波の朝の立礼は勢ひ必ず興さゞるを得ざるなり、さるに今西洋の衣服を見るに、衣と裳を具ふること本朝の旧制の如くにして、偏へに立礼に適するのみならず、身体の動作、行歩の運転にも便利なれば、其裁縫に倣はんこと、当然の理りなるべし、然れども其改良に就て殊に注意すべきは勉めて我が国産を用ひんの一事なり、若し能く国産を用ひ得ば傍ら製造の改良をも誘ひ、美術の進歩をも導き兼て商工にも益を与ふること多かるべく、さては此挙却て種々の媒介となりて、特り衣服の上には止らざるべし、凡そ物旧を改め新に移るに無益の費を避けんとするは最も至難の業なりと雖とも、人々互に其分に応じ、質素を守りて奢美に流れざるやう、能く注意せば遂に其目的を達すべし、爰に女服の改良をいふに当りて聊か所思を述べて前途の望みを告ぐ。(44)

律令国家の時代よりも前から女性の服装は衣と裳に分かれていたが、南北朝の動乱期を迎えると衣だけを着て裳を用いることがなくなった。延宝期（一六七三～八一）以降は帯の幅が広くなり現在に至るが、裳がないのは不便である。衣と裳は外国の衣服と同じであり、立礼に適しているだけでなく、動作や歩行にも便利だという。洋服を取り入れるのではなく、古代に戻るという論理は「服制変革の内勅」と一致する。女性の洋服は男性のものより高額なため、なるべく国産品を奨励し、華美を戒め、質素を心掛けることも忘れなかった。

この「思食書」は印刷物が勅任官たちに配布されただけでなく、新聞・雑誌・書籍に掲載された。(45)したがって、この段階で洋服を着る対象は、宮中や鹿鳴館に出席する女性に限っていたが、それ以外の女性の洋装化にも影響を与えることとなる。明治一七年に女性勅奏任官と勅奏任官夫人に洋服着用を求める通達が出されると、その対象外である女子師範学校などで女生徒たちに洋服着用を奨励するところもあったが、「思食書」はそうした動きを後押しした。そして教育者や医学者など有識者の間で洋服の弊害点が指摘され、それをいかに克服するかという衣服改良運動が始動することとなる。

四　公的な洋服と私的な和服

明治五年（一八七二）一一月一二日に洋式の大礼服制が制定されると、同日付で衣冠を祭服とした。翌六年二月には狩衣・直垂・浄衣も祭服として定めている。薩長藩閥を中心とする藩士出身の士族たちにとって、天皇との距離を測る衣冠は不都合であった。そのため、現実的な政治権力とは結びつかない祭祀奉仕の場で用いる服装としたのである。宮中祭祀を行う掌典長や掌典は祭服を着用し、女官たちも白袷に袴や袿袴などを着た。

皇室にとって重要な天皇の代替わりの儀礼でも旧礼服は残された。明治二二年二月制定の皇室典範の第一一条では、京都を即位式および大嘗祭の地と定めた。即位式で天皇は賢所に拝礼して御告文を奏上するときに白い帛の御袍（束帯）を着用し、紫宸殿の高御座に登るときには黄櫨染の束帯に着替える。賢所の儀に皇后は白い帛の十二単、御帳台に登る際には十二単に着替えると決まっていた。(46)

祭服の着用は、祭祀奉仕者に限られた。政府が定める祭日の儀礼で参拝する者や参列者は、文官は大礼服、武官は軍服を着用した。儀礼の場における祭祀奉仕者と参拝者の違いを明確にしたのである。明治八年一二月二〇日には祭典礼式が定められ、殿上の儀礼では祭服に座礼、庭上の儀礼は大礼服に立礼と、空間の違いによって方法が分けられている。庭上の儀礼でも祭祀奉仕者は祭服の着用が義務づけられた。(47)

皇室の服制から完全に和服を排除しなかったのは、洋服に対する抵抗を和らげる意味が込められていたと思われる。従来から祭服の装束として衣冠や狩衣を着ていた神職たちの存在も無視できなかっただろう。宮中の祭祀奉仕を行う役職につけば、常に仕事着として祭服を着ることができ、国家の祝祭日にも祭服で参加できた。「服制変革の内勅」に不満を持つ者にとって、祭祀奉仕者は夢の仕事であったといってよい。

天皇や皇后の日常生活においても和服は消えなかった。明治天皇は毎朝起床すると白羽二重から和服に着替えて侍医の診察を受ける。その後、朝食を食べ終わると、フロックコートに着替えて午前一〇時から一〇時半頃に御学問所へと出御する。ここで上奏文書に目を通したり、大臣らの拝謁を受けたりした。正午から午後一時の間には昼食のため奥に入御するが、午後二時から三時の間には再び表に出御して政務を行う。夜七時半頃には奥に戻り夕食を食べる。(48)

昼は一時的に戻るためフロックコートのままであったが、夜になってから奥では和服で過ごすことが多かった。明治天皇は袴や白足袋を用いることはなく、基本的に白羽二重の着物に羽織姿であった。地方の特産物の着物生地が献上されると、それで女官が縫製した縞や絣の着物に袖を通すこともあったが、そうした姿は侍従たちにも見せなかった。(49) 天皇は、御軍服正服姿の御真影が示されると、その印象とは異なる和服姿を人前で見せることは好ましくないと判断したのかもしれない。

複数の侍従たちの証言によれば、明治二七年・二八年の日清戦争から天皇は陸軍の冬服である黒色の肋骨服を常に着るようになったという。(50) それまでは通常政務のフロックコートと、軍務における肋骨服とを使い分けていた。大規模な対外戦争を経験し、広く国民に質実剛健の姿を示そうとしたと考えられる（写真8）。表御座所に出御するときは、肋骨服に大勲位菊花大綬章の副章、勲八等白色桐葉章、大日本帝国憲法発布記念章を佩用した。(51)

美子皇后や女官たちが明治一九年七月から洋服を着るようになったことは前述した。しかし、洋服に袖を通すのは、皇后が宮中の儀礼に出席するときか、行啓するときに限ら

写真８　明治19年制の御軍服略服

れた。女官たちもそのような場に皇后のお供として同行しない限り洋服を着ることはなかった。皇后は奥では白羽二重の着物に袴を用いている[52]。女官たちも袿と呼ばれる単衣に袴を穿いた。

天皇や皇后が人には見せない宮中の奥で和服を着ていたのは、両者が洋服よりも和服のほうが楽に過ごせるからだ。明治一八年一二月一〇日、奏任官以上が出仕する場合に洋服着用が義務づけられ、病気を理由に羽織袴を用いる場合は掛長から許可を得ることとした。翌一九年五月七日には「高等官及判任官登衙ノ節ハ必ス洋服着用スヘシ」と訓令され、判任官も出勤に際しては洋服を着なければならなくなった[53]。

これによって宮内省で勤務する奏任官や判任官たちも洋服で通勤するようになるが、彼らは自宅に戻ると和服に着替えた。明治二〇年三月一二日付で陸軍少将永山武四郎が農商務次官吉田清成に宛てた書翰では、「小官義近日便船次第に外国行仕候に付、其前一夕御緩話相願度、来十六日午後五時紅葉館へ御貴臨被成下度」、「但、御着服は和洋御随意に願上候也」と書いている[54]。純和風建築の紅葉館は政治家や財界人たちが会合場として利用した。そこで洋行前に夕食を一緒にしようと誘っている。個人的に懇話するため、和服でも洋服でもよいという。そのように書かなければ、官僚や政治家の間では仕事着であるフロックコートなどの洋服で対面するのが当然となっていたのである。

「服制変革の内勅」と「婦女服制のことに付て皇后陛下思食書」は、政治および外交的な要素に配慮し、政府官僚や夫人が参加する場所を想定したものであった。したがって、そのような場に出る仕事着として洋服を着るのであり、それ以外の私的な場では和服でよかった。「内勅」と「思食書」にもとづく天皇と皇后の服装の使い分けは、公的な洋服と私的な和服の違いを示していたのである。

おわりに

明治政府の要職を担うこととなる旧藩士たちは、洋服や散髪を最初から想定していなかった。だが、旧藩主や公家たちが政治運営上の障害となると、旧藩士たちが主導権を握るため、外見から身分をなくす服制改革が余儀なくされた。明治四年七月に廃藩置県が断行され、旧藩士たちが政府要職を占めると、洋服・散髪・脱刀を自由に行えるようになる。そして政府の勅任官・奏任官・判任官という官等に応じた洋式大礼服を制定し、従来の身分制に起因する礼服の機能をなくした。

この服制改革を内外に示すことはもとより、正当化するためには天皇の洋装化が不可欠であった。そのため、廃藩置県後から宮中改革が行われ、明治四年八月には「服制変革の内勅」が出された。だが、天皇の装いを変えることに批判的な女官などの存在が大きく、臣下の洋装化よりも遅れた。明治五年の御正服、散髪、明治六年の御軍服正服、御真影の撮影と、外国の国家元首と同じような天皇像に変えるのには、段階を踏まなければならなかった。

「服制変革の内勅」は、天皇と臣下の距離を再編する政治的な目的から用意されたため、女性の洋装化を対象にしていない。したがって、皇后の洋装化は一〇年以上も遅れた。明治一〇年代後半に皇后の洋装化が必要視されたのは、伊藤博文がいう「高等政治の要求」に応えるためであった。近代的な憲法の制定、議会の創設を前にし、外国の官僚や軍人たちが夫婦同伴で公式儀礼に参加しているのと同じようにしなければならないと感じたのである。

そこで皇后を含め女性が洋服を着ることを正当化する「婦女服制のことに付て皇后陛下思食書」が出されるが、この対象が女性皇族、女性華族、女性勅奏任官や勅奏任官夫人であったことを見逃してはならない。紳士服よりも高額な女性の洋服を一般庶民にまで普及させるのは困難であった。女性皇族、女性華族、女性勅奏任官や勅奏任官夫人に対しても国産品を奨励し、華美になることを抑止している。

皇室の服制改革は全面的に洋服を採用したわけではなく、従来の衣冠や狩衣などを祭服として残した。天皇と皇后も公務を行うため表に出るときには洋服に袖を通したが、私的な空間である奥に戻ると和服に着替えた。これは官僚たちの仕事着である洋服と、私的な部屋着である和服との違いと重なる。

明治一九年には政府官員の仕事着として洋服が義務づけられ、「服制変革の内勅」の主旨が完全に実現した。同年には皇后の洋装化も実現し、翌年には「婦女服制のことに付て皇后陛下思食書」によって女性の洋服着用が正当化された。これらが太政官制から内閣制へ移行し、憲法の制定と議会の開設を控えた時期と重なっているのは偶然ではない。「高等政治の要求」に応える男女の洋服着用は、立憲制が整備される上で不可欠なものであった。

ここを出発点とする女性の洋服はすぐには全国に普及しなかったが、明治二〇年代から衣服改良運動が起こり、そこでの議論および研究成果を踏まえて明治三〇年代には衣と裳からなる着物と袴の着用が高等女学校の通学服として普及する。(55) 大正初期からの服装改善運動を経て、高等女学校ではセーラー服やジャンパースカートを制服や標準服に制定している。(56) 同時期には職業婦人の制服としても洋服が登場する。約三〇年を経て「婦女服制のことに付て皇后陛下思食書」の対象ではなかった女性たちにも、衣と裳からなる洋服が広がったのである。天皇や皇后が実践してきた「服制変革の内勅」と「婦女服制のことに付て皇后陛下思食書」は、時間をかけながら効果をあげた。

註

(1) 拙著『洋服・散髪・脱刀―服制の明治維新―』講談社選書メチエ、二〇一〇年四月、同『明治国家の服制と華族』吉川弘文館、二〇一二年一二月、同『帝国日本の大礼服―国家権威の表象―』法政大学出版局、二〇一六年九月。

(2) 拙稿「鹿鳴館時代の女子華族と洋装化」(『風俗史学』三七、二〇〇七年三月)、同「明治時代の高等女学校と服装論議―女子生徒の着袴―」(『大倉山論集』六四、二〇一八年三月)、同「大正時代における高等女学校の洋装化―セーラー服とジャンパースカートの創出過程―」(『中央史学』四〇、二〇一七年三月)。

(3) 拙稿「明治天皇の服制と天皇像―「見せる天皇」と「見せない天皇」―」(『明治聖徳記念学会紀要』四八、二〇一一年一一月)、同「明治宮殿の服装―表と奥の二面性―」(『悠久』一五四、二〇一八年七月)。

(4) 拙稿「日本近代服飾史の虚像と実像」(『日本家政学会服飾史・服飾美学部会会報』五一、二〇一八年七月)参照。

(5) 『法令全書』明治三年、第八〇〇号。

(6) 拙稿「明治太政官制形成期の服制論議」(『日本歴史』六九八、二〇〇六年七月)、前掲『明治国家の服制と華族』第一章参照。

(7) 前掲『洋服・散髪・脱刀』四一頁、前掲『明治国家の服制と華族』五七頁掲載の写真参照。

(8) 前掲『洋服・散髪・脱刀』第一章、前掲『明治国家の服制と華族』第一章参照。

(9) 『岩倉公実記』下、皇后宮職蔵版、一九〇六年、九二二頁。

(10) 日本史籍協会編『木戸孝允日記』二、明治四年八月三日条、東京大学出版会、一九八五年覆刻版、八二頁。

(11) 「御勅諭草案・服制改正ノ件」明治四年九月四日(「伊藤博文関係文書・書類の部」一一四、国立国会図書館憲政資料室所蔵)。

(12) 文官大礼服、非役有位大礼服、小礼服(燕尾服)、皇族大礼服については、前掲『帝国日本の大礼服』を参照されたい。

(13) 前掲『明治国家の服制と華族』一〇四～一〇五頁参照。

(14)「三峰日記」明治四年八月八日・九日条（宮内庁書陵部宮内公文書館所蔵、識別番号三五三五八）。
(15)『明治天皇紀』二、明治四年八月一八日条、一二月一七日条、吉川弘文館、一九六九年、五二七〜五二八頁、六〇七頁。
(16)拙稿「宮中晩餐会の成立過程」（松尾正人編『近代日本成立期の研究―政治・外交編―』岩田書院、二〇一八年三月）参照。
(17)松平慶永書翰「中御門経之宛」明治五年二月七日（『中御門家文書』上、早稲田大学社会科学研究所、一九六四年、三〇五―三〇六頁）。
(18)明治神宮宝物殿所蔵。
(19)前掲『明治天皇紀』二、明治四年七月二〇日条、明治五年四月二四日条、五〇七頁、六七〇頁。
(20)「樹下範子談」大正一五年八月三日（「樹下範子外談話筆記」宮内庁書陵部宮内公文書館所蔵、識別番号三七四八〇）。
(21)明治神宮宝物殿所蔵。
(22)前掲『洋服・散髪・脱刀』、『明治国家の服制と華族』第二章・第四章参照。
(23)拙稿「明治天皇と昭憲皇太后の御真影―栄典制度としての下賜―」（『明治聖徳記念学会紀要』五三、二〇一六年一一月）参照。
(24)小田喜代治『東京紳士服の歩み』東京紳士服工業組合、一九八五年参照。
(25)梠居宏枝「昭憲皇后の大礼服発注をめぐる対独外交」（『人間文化創成科学論叢』一八、二〇一六年三月）。
(26)トク・ベルツ編、菅沼竜太郎訳『ベルツの日記』上、明治三七年一月一日条、岩波文庫、一九七九年、三五五頁。
(27)前掲「鹿鳴館時代の女子華族と洋装化」参照。
(28)(29)『法令全書』明治一七年、宮内省達無号。
(30)『官報』明治一七年太政官達第九一号、宮内省乙第八号。
(31)前掲「昭憲皇后の大礼服発注をめぐる対独外交」。
(32)「古希之記」（元田竹彦・海後宗臣編『元田永孚文書』二、元田文書研究会、一九六九年、二〇九頁）。
(33)『尾崎三良自叙略伝』中、中央公論社、一九七七年、一八六頁。
(34)前掲「鹿鳴館時代の女子華族と洋装化」参照。
(35)「宮廷録事」（『官報』明治一九年六月二九日）。
(36)「吉井友実書翰」明治一九年八月四日（伊藤博文関係文書研究会編『伊藤博文関係文書』八、柏書房、一九八〇年、二〇九頁）。
(37)「伊藤博文書翰」明治（一九）年七月二五日（「香川敬三関係文書」二〇八七六〔前掲「昭憲皇后の大礼服発注をめぐる対独外交」参照〕）。
(38)「青木周蔵書翰」明治（一九）年七月二七日（伊藤博文関係文書研究会編『伊藤博文関係文書』一、柏書房、一九七三年、七二頁）。
(39)「伊藤博文書翰」伊藤梅子宛、明治（一九）年七月二九日（山口県光市伊藤公資料館所蔵〔前掲「昭憲皇后の大礼服発注をめぐる対独外交」〕）。
(40)「独逸へ御注文ノ皇后陛下御服装品代価支払一件」外務省外交史料館所蔵（六門―四類―一項―一七号）。
(41)「明治一九年御発翰写」香川敬三書翰、香川志保子宛、

明治一九年一二月二八日（「香川敬三関係文書」〔前掲「昭憲皇后の大礼服発注をめぐる対独外交」〕。

(42)『明治天皇紀』六、明治二〇年一月一日条、吉川弘文館、一九七一年、六七五頁。

(43)三宮義胤書翰、伊藤博文宛、明治二〇年一月一日（伊藤博文関係文書研究会編『伊藤博文関係文書』五、柏書房、一九七七年、一九五頁）。

(44)「婦女服制ノコトニ付テ皇后陛下思食書」（「井上馨関係文書・書類の部」七〇七―七、国立国会図書館憲政資料室所蔵）。

(45)『郵便報知新聞』一八八七年一月一九日（郵便報知新聞刊行会編『郵便報知新聞』五九、柏書房、一九九二年復刻版、七六頁）、『女学雑誌』四八、一八八七年一月（『女学雑誌』臨川書店、一九六六年復刻版、一六〇頁）、菊池香鬚『時勢走馬燈―一名親父肝潰誌―』駸々堂、一八八七年、四六～五一頁。

(46)拙稿「Dress Up in the Meiji Restoration: A Perspective on Official Dress」(Kyunghee Pyun and Aida Yuen Wong『Fashion, Identity, and Power in Modern Asia』palgrave macmillan, 2018, 10) 参照。

(47)「祭祀奉仕ノ者ハ祭服ヲ着シ礼服参拝ノ者ハ脱履坐拝ヲ要セス」（「太政類典」第二編第二六一巻、国立公文書館所蔵、二A―九―太四八四）、「神官以下諸祭典ノ節礼式」（同上）。

(48)「石山基陽第二回談話速記」宮内庁書陵部宮内公文書館所蔵、識別番号三七四四六。

(49)同右、「高倉寿子談話筆記」宮内庁書陵部宮内公文書館所蔵、識別番号三七四八九。

(50)「子爵藪篤麿談話速記」昭和三年五月二二日（堀口修監修・編集『「明治天皇紀」談話記録集成』三、ゆまに書房、二〇〇三年、一八頁）、「慈光寺仲敏談話速記」昭和二年二月二三日（同上、二五六頁）、「子爵斉藤実談話速記」昭和四年三月二七日（同上『「明治天皇紀」談話記録集成』五、ゆまに書房、二〇〇三年、一四一頁）、日野西資博『明治天皇の御日常』新学社教友館、一九七六年、一七九～一八〇頁。

(51)前掲「石山基陽第二回談話速記」。

(52)小川金男『宮廷』日本出版共同株式会社、一九五一年、二七頁。

(53)「官中奏任官以上出仕ノ節ハ洋服ヲ着セシム」（「公文類聚」第九編第二巻、明治一八年、国立公文書館所蔵、二A―一―類二二七）、「内閣各局高等官及判任官登衙ノ節必洋服ヲ着用セシム」（同上、第一〇編第七巻、明治一九年、二A―一一―類二五三）。

(54)永山武四郎書翰、吉田清成宛、明治（二〇）年三月一二日（京都大学文学部日本史研究室編『吉田清成関係文書』二、思文閣出版、一九九七年、三四九頁）。

(55)前掲「明治時代の高等女学校と服装論議」。

(56)前掲「大正時代における高等女学校の洋装化」。

（日本大学商学部准教授）

「おみくじ」の起源と諸相

太田正弘

はじめに

「おみくじ」は、漢字で書けば「御御《おみ》くじ」、或いは宛字で「御神《おみ》くじ」で、「御神酒《おみき》」・「御神輿《おみこし》」などと同じく、「くじ」に「お」と「み」を二重につけた丁寧な言ひ方であつて、本来の言葉は「くじ」である。その「くじ」には、「鬮」と「籤」の二字が使はれる。しかし、この二字、鬮は「鬪《たたか》ひ取る」、籤は「数取《かずとり》」の義で、本来、「くじ」の意味ではないが、我が国では、「くじ」と読まれてゐる。しかし、共に画数が多い漢字なので、「孔子《くじ》」と宛字されることがあつた。

「占ひ」や「くじ」によつて神意を伺ふと云ふことは、古くから行はれてゐたが、あらかじめ定められた吉凶と文章を引いた数字によつて、それを知ると云ふ、「おみくじ」は、大陸の影響で始まつたものであることは間違ひないであらうが、その時期は、はつきりしない。「観音籤」と云ひ、元三《がんざん》大師によつて始められたと云ふ「元三大師御籤」と云ひ、それは仏教系（観音信仰）で、日本に於いては天台系である。しかし、我が国に於いては、当時、神仏習合の時代であつたこともあり、社寺双方で用ゐられてゐたが、それに対し、遅れて和歌で占ふ「歌占《うたうら》」系などが現はれる。しかし、いづれにしても「占ひ」であるから、易（八卦）の影響を受けてゐる。

江戸時代には、「おみくじ函」より振出した、串に書かれた数字（文字の場合もある）、又は「賽子《さいころ》」を振つて出た数字（同上）によつて、「おみくじ本」の内容を誰か（例へば寺の住職）に読んで説明をして貰ふか、自ら読んだもので、一枚物の「おみくじ札」は、江戸後半期に始まつたものと思はれる。しかし、「おみくじ」は現在の様な手軽なものではなく、厳粛・鄭重なもので、以下に述べる様に、それは戦前に於いてもさうであつた。それが、今日の様な手軽な占ひとなり、各社寺で種々の「おみくじ札」が出される様になつた。

「おみくじ」の起源

「占ひ」や「くじ」によつて、神意を伺ふと云ふことは古くからあるが[1]、我が国に於いて、今日の様な、引いた番号によつて吉凶を占ふことは、いつから始まつたものであるか、はつきりと示すことは出来ないが、大陸の影響であることは間違ひないであらう。

南宋後期（鎌倉中期）の『釈門正統』に、「百籤は震旦の天竺寺より、百三十籤は越の円通寺より出づ」（原漢文）、と記してゐる[2]。その「百籤」の一つである『観音百籤占決諺解』（貞享四年序、刊）に、「本朝に伝来して所々に之れ有りと雖も世間に流布することは濃州大慈山小松寺の正本を以つて規矩となす」（原漢文）と記し、翌貞享五年の年記のある佚名「元三大師」系の版本（中澤伸弘氏蔵）にも、

右、此百籤者、以濃州大慈山小松寺之正本、校正焉

と記してゐる。小松寺は現岐阜県関市に所在[3]。

又、『東叡山寛永寺元三大師縁起』下[4]には、天海僧正が戸隠山《とがくしやま》（現長野県内）に在る観音籤を元三大師の影像の前に置き、一心に祈つて籤を引くと吉凶を知らせる、と云ふ夢を見た。そこで戸隠の御籤と同じ観音籤を寛永寺（現東京都内）に置いた、と記されてゐる。即ち、「元三大師御籤（鬮）」は、「戸隠山観音籤」が元だと云つてゐる[5]。元三大師とは、天台座主（延暦寺）十八世良源（慈恵大師）のことで、平安前期の人である。正月三日に亡くなつたので、「元三大師」と呼ばれてゐる[6]。

しかし、この元三大師と云ひ、後述の「歌占」の安倍晴明・顕昭と云ひ、假託であつて、真の作者も成立年も不詳である。そこで天海（江戸前期の天台僧、慈眼大師）が始めたか否かは別として、「おみくじ」は、我が国に於ては江戸前期頃より始まつたのではないか、と一般に思はれてゐる。

この起源説に対して、司東真雄氏は「天台寺什物の応永銘『観音籤』考」[7]の中で、天台宗山門派の祖、円仁（慈覚大師）が平安初期、唐から請来した中に駱賓王（初唐の詩人）撰の『判一百條』があり[8]、これが「百籤」のことではないかと云ひ、円仁の住んだ比叡山横川の首楞厳院に伝はり、のち、ここに住んだ良源（元三大師）が、『判一百條』をもとに、観音の託宣として籤を伝へ、これが「観音籤」と云はれる様になつたと推論し、「これらから推して、天台寺の応永銘観音籤（後述）の原本は、円仁請来の『判一百條』そのものの写書（ママ）と断じたいのである」としてゐる。

そして、『戸隠山三所大権現略縁起』（天保十五年奥書）[9]に、

「奥院百籤函筒記曰」として、

天竺霊（ママ）観音籤頌一百首籠、捨入信州路戸隠山顕光寺本院御在所者也、応永第二三月日　釈有賢置之

と見え、[10]岩手県二戸市の天台寺に、同じ応永十六年銘の「おみくじ函」と、その中に、当時の「串」八十八本が残存してをり、「おみくじ函」の銘文は次の様にある。[11]

天竺霊感観音籤一百

伝聞、茲籤於東土占減（滅）否、頗多霊験矣、仍以唐本謄竹簡、而奉捨入于八葉山天台寺、只恐布烏（ママ）焉諸訣之乎

右占時者、即先誦経咒、焚香礼拝、求絶疑情、致信心、三度取当観察諸吉凶、専二度可用之也

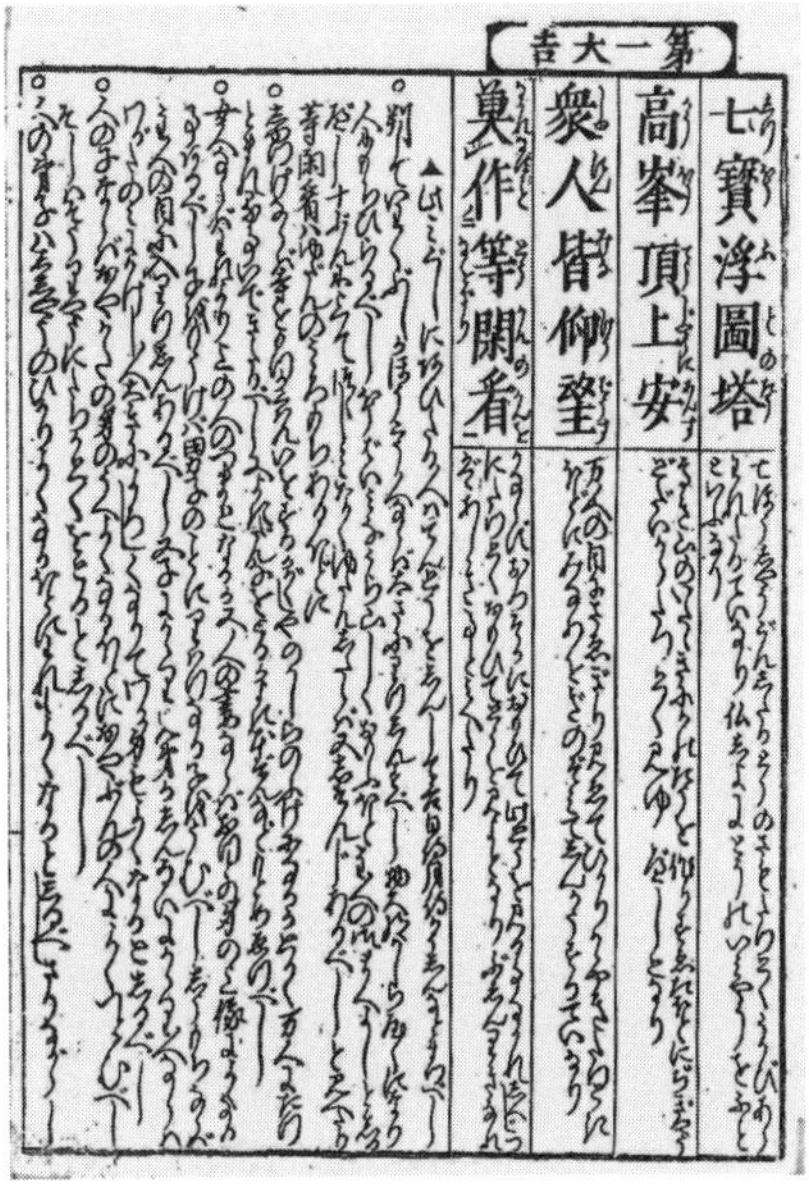

図１　『観音百籤占決諺解』（「第一大吉」）

応永十六禩己丑卯月八日

願主沙門白雲道山謹白

右の「串」には、番号と次に記す「観音籤」系と同じ五言四句の籤句、及び吉凶が記されてゐる。

但、戸隠山のものも天台寺のものも、「天竺霊（感）観音籤」とあるので、司東真雄氏の推論の如く、『判一百條』が元ではなく、支那の天竺寺が元であらう、と思ふ。その元はともかくとして、室町中期の応永二年・十六年に、既に「天竺霊感観音籤」があつたことを知ることが出来る。

その普及状況に就いては、貞享元年序の『雍州府志』巻四、「真正極楽寺」（真如堂、天台宗）の項に、

此ノ像（元三大師像）ハ元三大師ノ之所ニ自雕刻一スル也、毎月三（ママ）日十八日二十八日開帳、取レノ鬮ヲ之人、常ニ不レスル絶ヘ、此ノ鬮ハ中華ニ所レ用、観音百籤ノ之法ナリ也、宗門ノ徒、謂テ慈恵一ヲ為ニ観音ノ化現一ト、故ニ用レ之ヲ、依以テ観音百籤ヲ附一託スル之ヲ者ナリ也

と見え、この鬮は「中華に用ひられる観音百籤である」と云ひ、慈恵（元三大師）を観音の化現とする、と述べてゐる。

又、享保十七年刊の『修験故事便覧』巻二に、「鬮《クジ》」の項があり、「神社仏閣ノ宝前ニ各鬮ヲ安置セリ」と見える如く、江戸中期には、各社寺に普及してゐたことを知ることが出来る。

さて、「おみくじ本」の書名が「観音籤」系と「元三大師」系の占ひの元は、五言四句の籤句（「頌」とも見える）であるが、その第一の籤句は共に、

七宝浮図塔　高峯頂上安　衆人皆仰望　莫作等閑看

で（図1参照）、以下百番まで、一部差異はあるが（後述）、大凡同じである。しかし、沖縄に伝はる『観音霊籤』[12]の第一は、

天開地闢作良縁　日吉時良萬物全　若得此籤非小可
人行忠正帝王宣

の如く七言四句である。勿論、これも大陸から伝つたものであり、江戸時代に輸入された唐本に挟込まれてゐた「福主霊籤」（後述）も七言四句であるが、右の『観音霊籤』の籤句とは違ふ。尚、現在の台湾の寺廟で出される「霊籤札紙」（おみくじ札）も七言四句であるが、一様ではなく、数種ある様である。

江戸後期の著述家（家業薬舗、のち禄仕す）、山崎美成の随筆『三養雑記』（天保十一年刊）の巻一に、「観音籤　関帝籤　福主霊籤」の項があり、（「福主霊籤」に就いては後述）、その中に、

吾邦《くに》にハいにしへ慈覚大師の観音籤を将来ありしよりこのかた、いづれの神仏にも堂社にも、たゞ観音籤をのミ用ゆるならひとなれり。（振仮名を殆ど略した）

と、「観音籤（元三大師籤）」は、慈覚大師（円仁）が伝へたもので、神仏に関りなく、殆どの社寺で用ひられてゐる、と記してゐる。

以上、現在も我が国に於いて通用してゐる「観音籤」（「元三大師籤」）の元に就いて、支那浙江省の天竺寺（上天竺寺）であらうと、述べてきたが、『仏説灌頂七萬二千神王護比丘呪経』巻第十『仏説灌頂梵天神策経』（イ『仏説大灌頂神呪経』、「大正新脩大蔵経」第廿一巻所収）に、

梵天王、仏に白して言はく、人民、心中に疑惑ありて決すること能はず。今、仏の威神力を承け、一百偈頌の神策をなさんと欲す。世尊の聴許を願ふ。仏、善哉善哉と言ふ。梵天王、仏の威神を承け、一百偈頌を萬姓に示して疑ひを決し、人の吉凶を知らしむ。今、偈頌を以つて説く卦に曰はく、（以上要旨）

として、五言の偈頌を列ねてゐる。その始めの四句は、次の如くである。

若聞仏呪経　百魅皆消形　舎宅得安穏　県官不横生

所が、その五言の数は、七百九十ある。「一百偈頌」とすると、一偈頌は七、九となるので、この七百九十がどの様にして一百偈頌になるのか不詳である。その偈頌を列ねたあとに、

人、此の神策法を為さんと欲する時は、竹帛に此の偈

を書き、五色の綵を以つて嚢を作り、之に（竹帛を）盛り、若しトはんと欲する時は、三策を探り取り、七策に至りて審定、疑ひなし。（要旨）

と、策を「おみくじ函」ならぬ、「おみくじ袋」に入れると記してゐる。右の「策」は竹札、「帛」は絹地、「綵」は綾絹。

右の記載によれば、「一百偈頌」籤は天竺発祥と云ふことになるが、「策」や「帛」が当時の印度にあつたのであらうか。

又、『占察善悪業報経』巻上（「大正新脩大蔵経」第十七巻所収）には、

吉凶を占はんとする時は、木を小指の如く一寸に刻み、其の四面を平らにし、両頭を斜めに漸去す。（以上要旨）

とあり、四面なのに、「其の輪相は三種の差別あり」とし、又、

木を刻みて十輪と為し、此の十輪に依り、十善の名を書記し、次に十悪を以て、十善に対して書し、（要旨）

と、木を刻んで十面を作る?ことを記してゐる。これは、「おみくじ本」（二）の項に記した、棒状の「賽《さい》」である。

「おみくじ」の作法

「おみくじ」は、現在では神社、或いは寺院で受けられる手軽な占ひとなつてゐるが、今日の様な簡便な扱ひは割と新しいことで、本来は厳粛・鄭重なもの、と云ふより煩瑣な程であつた。このことに就いては、前項に引用した室町時代の天台寺の「おみくじ函」の銘文にも、「占ふ時には」として記してゐるが、江戸時代の「おみくじ本」には種々のことが記されてゐる。

例へば、『観音百籤占決諺解』には、「此の占を求めんと欲する人は法華経普門品三巻を誦し、正観音・千手・十一面等の真言、各の三百三十反を唱へ、礼拝三十三度、然る後、籤を取る可き者なり」（原漢文）と記し、「元三大師」系の「おみくじ本」には更に、「御籤をとらんと思はゞ先身を清め手を洗、口漱ぎ、香をたき至心に観世音を念じ」た上で、前記の如く行ひ、又、更に「おみくじ函」を「三度頂戴して、次に記す願文を読、其事を念じて箱よりふり出すべし」（後略、『元三大師御鬮諸鈔』）、と追加してをり、こんなことが出来るのか、と思ふ程のことを記してゐる。

『安倍晴明うた占』には、

まづてうず《（手水）》・うがいして、此三しやの御がみ御名をとなへ、おくにしるす一しゆのうたを三べんとなへ（下

略）、
「三べんとなへる哥」として、

いにしへの神の子どものあつまりて　つくりしうら《（占）》ぞ
まさしかりける

と記してゐる。又、『天満宮六十四首歌占御鬮抄』（天満宮歌占）には、「此みくじをうつ時、むかふかたの事」として、

春ハひがし　夏ハミなミ　秋ハにし　冬ハきた
このかたにむかひてめをふさぎ、こゝろのうちにて右のてんじんきやう《（天神経）》三ぐハんどくじゆし、なむ大じ大ひのくハんせおんぼさつと三十三べんとなへ、つぎに、
〇ちハやぶる神の子どものあつまりて　つくりし
うらハまさしかりけり
此うたを三べんとなへて、くじを三たびふりて、その出たるくじの一二三四にまかせて、ひきあハせてよしあしをうらなふなり。

と記してゐる。又、『神代正語籤』には、「おみくじ」を引く時に、神前で奏する祝詞が、次の如く書かれてゐる。

掛巻毛可畏《カシコ》岐其《ソレノ》大神能広前尓可恐《カシコ》美可恐美毛白久爰仁願主《ネキヌシ》
某《ソレカシ》我身上尓事有弖其吉凶《ヨシアシ》乎欲知《シラマ》久憑《ヨリ》弖神代尓有来《コ》之御手風《ブリ》
乃随《マニマニ》移世流御籤戴弖其可進《ススムベキ》可退《シリゾクベキ》能可否《ヨシアシ》乎定牟《ン》登寸仰《アウキ》
願《ネガハク》者大御神等《タチ》広厚《ヒロクアツキ》恩頼《ミタマ》賜《タバリ》弖鏡尓影乎移世流加如好《ゴトヨキ》者好
悪《アシキ》者凶《アシキ》登卜合《ウラアハセ》教諭《ヲシヘサト》志賜陪登可畏美可畏美申寿（振假名を適宜略した）

それは、江戸時代のことばかりではなく、例へば、愛知県一宮市の真清田神社では、大正九年十月一日に初めて、「神籤《みくじ》」を拝殿に設置したが、その取扱ひは、「依頼者ある時は神籤箱を正中に置き、祝詞黙奏の上、振出すこと」と、その「社務日誌」に記してをり、昭和十二年初版の『神道大辞典』の「御鬮《ミクジ》」の項には、筒を「神仏の前に置き」と記してゐる様に、江戸期よりは簡略になつたとは云へ、今日の様な気軽なものではなかつた。

それは、「おみくじ」を引く時だけではなく、「おみくじ本」を見る時も、次の様に云つてゐる。

此の書物は身を清め、口を漱ぎ手を洗ひ、三度《みたび》、之《（本）》を頂戴して、之を閲《ひら》くべし。白地《あからさま》に畳の上に直《ぢき》に置くべからず。清器を以つて直し、紙を以つて之に敷くべき也。（『元三大師百籤鈔』、原漢文）

又、「おみくじ」を引く日時として、「元三大師」系の多くの本には、次の様な記述が見える（図2参照）。

みくじ不合《あはざる》時の事
甲乙の日は巳・午・酉の時　丙丁の日は寅・卯・亥・
子の時　戊己の日は丑・卯・辰・巳の時　（以下略）
ぐわんじやうじゆ日

正月とらの日　二月ミの日　三月さるの日（以下略）
不成就日之事
正月　三日　十一日　十九日　廿七日　二月二日　十日　十八日　廿六日（以下略）

この様に、作法だけではなく、「おみくじ」を引いてはいけない時間や、願ひが成就する日、成就しない日、と云ふものがあつた。

「おみくじ本」（一）「観音籤」系と「元三大師」系

歌占本などが出現する前の「おみくじ本」はその書名によつて、「観音籤」系と「元三大師」系の二つに分けられ

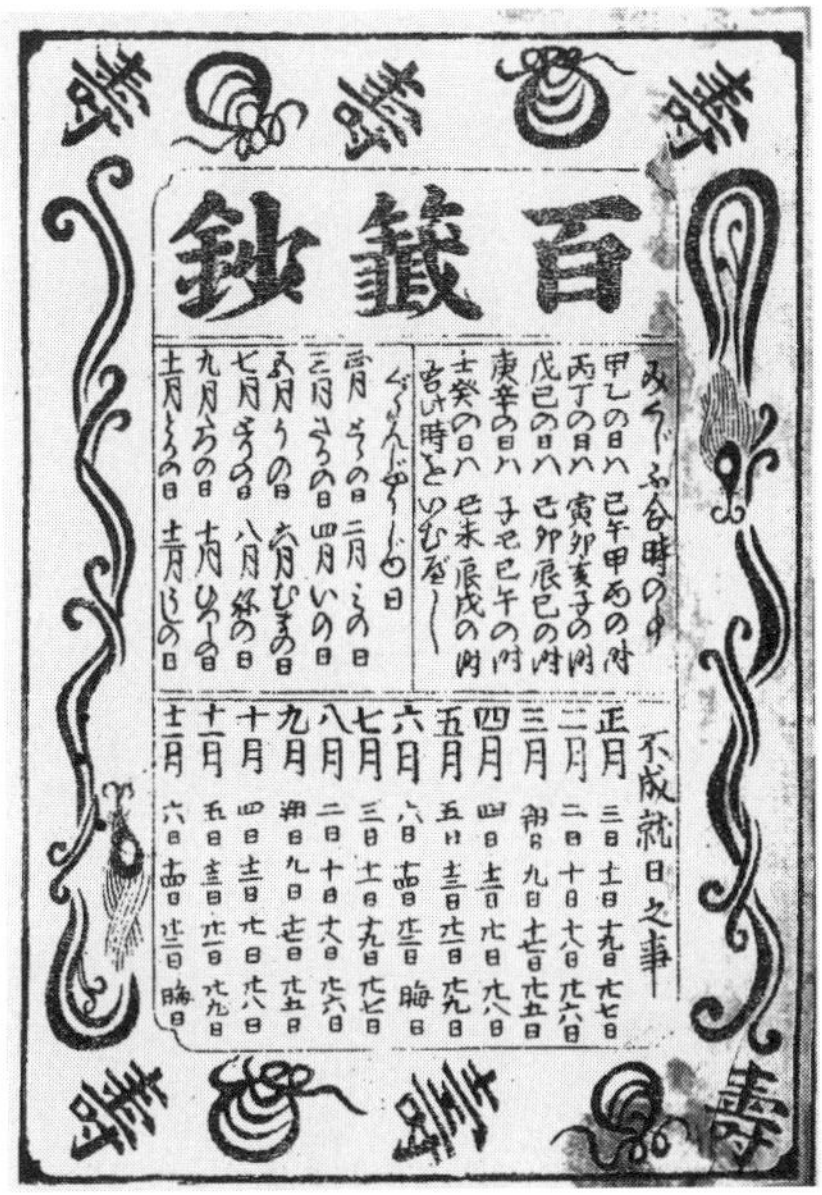

図2　『元三大師御鬮詳解』の見返

るが、その内容は前述の様に、共に百籤（一番〜百番）で、同じ五言四句の籤句を置き、それを解いて説明する点に於いて同じである。只、元の籤句は同じであつても、その解釈が違つたり、精粗があり、絵を添へる、添へないなどの違ひはある。

その籤句は前引の様なものであるが、書写の間に誤写が生じ、所々違ふものがあると云ひ、『観音百籤占決諺解』には、その異同二十五ケ所を挙げてゐる。又、その吉凶にも差異があり、『新版元三大師百籤和解』の「第二小吉」の欄外には、「百籤和解、作半吉、大本御鬮、作前凶後吉」と記してゐる（以下略）。尚、天台寺の第二番は凶である。

現在、確認される「観音籤」系の最古の版本は、

観音籤（天竺霊感観音頌百首）一冊　一任子跋　寛文十年以前刊

であるが、これは寛文十年の「書籍目録」（出版目録）に見えるもので、所在は確認されない（この書名について註(2)参照）。所在が確認される最古の版本は、

観音百籤占決諺解　二冊　拙道著　貞享四年序、刊

で（図1参照）、次に隠元隆琦著『霊感観音籤三十二卦占』（観音籤三十二卦）一冊、原見道純訳、元禄七年序、刊（この「三十二卦」に就いては未見のため不詳）・『霊感観世音吉凶卜籤考』一冊がある。それから、亮潤著『観音籤註』（観

音籤詳解・民用晴雨鬮）一冊、元禄八年序、刊（この「晴雨鬮」に就いても不詳）。その次は元禄十一年の「書籍目録」に見える『観音籤』二冊と、明和年間の「書籍目録」に見える『観音籤口解』一冊（敬雄著）が確認されるが、以後、江戸後半期に「観音籤」系の書名を見ることは出来ない（以上、『国書総目録』による）。

　その「観音籤」系より、や丶遅れて現はれ、江戸中後期を通じて多く刊行されたものは「元三大師」を冠する書名の版本である。「元三大師」系として所在が確認される最初の版本は、

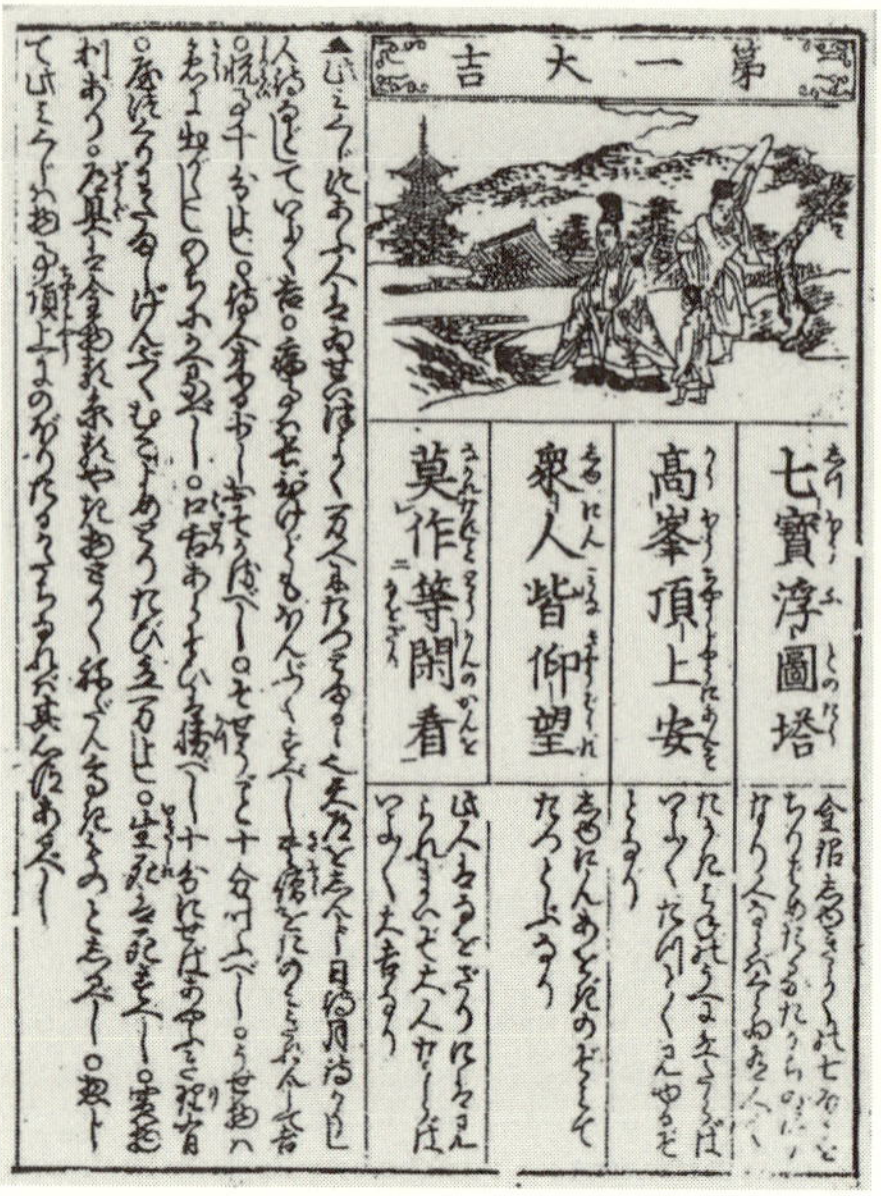

図３『元三大師御鬮諸鈔』（「第一大吉」）

元三大師百籤和解　一冊　天和三年版

であるが、これは再刻本に「原版」として見えるもので、元版の所在は確認されない。所在が確認されるものは、「貞享元年甲子八月下旬」の刊記がある「元三大師」系の佚名本（椿大神社蔵）である。以後、

『元三大師百籤』・『元三大師御籤抄』・『元三大師御鬮』・『註画元三大師御鬮詳解』・『元三大師御鬮抄』・『元三大師御鬮之記』・『元三大師御鬮詳解』・『御籤百籤解』・『元三大師御鬮抄大成』・『元三大師御鬮抄弁解』・『元三大師御鬮諸鈔』（図３参照）・『元三大師御鬮絵抄』・『元三大師御鬮詞伝』（以上、刊行順）・『元三大師百籤判断鈔』（元三大師百籤絵抄）

の書名を知ることが出来る。右の如く一覧して気付くことは、用字が「百籤《ひゃくせん》」「御籤《みくじ》」から「御鬮《みくじ》」と変化してゐることである。

　この「観音籤」系・「元三大師」系の内容は、図１及び図３で明らかな様に、

㈠番号と吉凶　㈡絵　㈢五言四句の籤句（頌とも見える）　㈣㈢の下にその和解　㈤その次に「此みくじにあひたる人は」「此みくじにあふ人は」の如き判示があり　㈥更に「判にいはく」と説明があるもの

である。しかし、㈠㈢㈣は全てのものにあるが、その他はあるもの、ないものがある。そして、その内容にも精粗がある他、上に記した様に異同がある。即ち、㈢の籤句(それも異同があるが)以外は全く同じではない。

さて、この「観音籤」は、大陸のそれを踏襲した名称(書名)であるが、「元三大師――」の名称は何故であらうか。前に引用した様に、天海が元三大師の夢を見た、と云つても、その実態は「観音籤」と基本的に変りはない。

このことに就いて、山田恵諦著『元三大師』も、前述の『寛永寺元三大師縁起』と同じ様なことを記すのみである。又、「元三大師」系の版本の多くには、「元三大師御鬮来由略記」として、

(前略、元三大師)自御《ミつからおん》鏡を取せ給ひ、御顔を御覧有に、御姿、常ならざれバ邪魅魍霊を辟《さけ》給ハんと誓給ひ御座《まします》となり。則、此百籤は震旦国天竺寺より出《いづる》なり。蒙《もう》竊《ひそかに》以《おもんミれハ》七《しち》千餘軸之中に観世音薩埵、無量利益不《ず》可《べか》勝《あけて》計《かそふ》也

とある(『新板元三大師百籤和解』の例、振假名を適宜省いた)が、私は浅学にして、右が何を云はんとしてゐるのか、少く共、「元三大師おみくじ」の起源を語つてゐると、取ることが出来ない。このことに就いては、「おみくじの起源」の項に記した様に、司東真雄氏の推論が当つてゐるかも知れない(但、『判一百條』云々を除いて)。

餘事乍ら、「松会《まつゑ》版」について触れておきたい。『新板元三大師百籤和解』(中澤伸弘氏蔵)の見返に、

(前略)百籤の本をもとめて、(中略)甚しひ哉、一般流布のミくじ本、吉を凶とし、凶を吉とせるの違《たがひ》すくなからず。予深く是を歎息し、諸寺諸山の秘本を得て校正し、其異同を頭書《かしらがき》にあげて、松会氏《まつゑうぢ》に与へて世に公にするものなり。

垷金龍寺沙門黙頑拝題

とある(振假名を適宜省いた。[13]五六頁下段参照)。これは刊記に、

宝永五戊子年十月刻

とあるが、これは宝永五年版にあつたものを、文化十年版にそのまま附したものであらう。即ち、松会版は宝永五年版を云ふのであらうが、柏崎順子編『松会版目録』に見えず、同年版の『元三大師御籤抄』(奥村政信画、東北大学狩野文庫蔵)があるが、多分違ふであらう(未見)。

「おみくじ本」(二)「歌占」系と「神籤」系

安倍清明(晴)うた占　一冊　刊年不明(次の『天満宮六十四首歌占御鬮抄』より古いカ)(図4参照)

はじめに、

易の六十四卦をかたどり、六十四首のわかをあつめ、

図４ 『安倍晴明うた占』（表紙）

をんな・わらんべにもやく(ママ)うらなわんためにつくりて、
うたうらとなづけはんべらん。

と記し、更に、

此うらを世に、くわんをんのうらとなづけて、もてあそぶといへども、あやまりおほく、まづくわんおんのうらとなづくること、こゝろへがたし。

と、「観音籤」の誤りが多いことを述べてゐる。

「観音籤」の五言四句の漢詩に対して和歌、百籤に対して六十四籤と、全く違ふものである。そして、前述の様に、「うらのとりやうの事」などを記し、占ひは一～四の「さい」を用ゐる、とある。普通の賽子《さいころ》は一～六であるから、この「賽」は棒状のものなのか。

そして、「さいを三べんふり」、一一一となつた場合が第一で、そこに記されてゐることは次の様である。(14)

（絵）　吉一一一　をやの子にあふがごとし
▲よろこびにまたよろこびをかさぬれば
ともにうれしき事ぞうれしき

天満宮六十四首歌占御鬮抄（天満宮御鬮記・天満宮天神御鬮絵抄・天満宮天神御鬮占絵抄）一冊（図5参照）

『享保以後江戸出版目録』に、「享保廿年五月刊、一冊、顕昭法師著」とあり。再刻本に寛政十年刊記本、同版で書肆名削除本・刊年削除本がある。尚、『大阪天満宮御文庫国書分類目録』は、書名を『――縁起』とし、「宝永頃初刊カ」とする。この「――縁起」は序文の見出を採つたもので衍であらう。

この歌占は、顕昭法師が太宰府天満宮に詣でた、その夜、菅原道真の夢を見て醒めた所、梅の下枝に小冊があり、それをもとに御鬮を作つたが、古篋に埋もれてゐたものを、菅氏の人に十一面観音の御告があつて、梓に鏤《ちりば》めて（版刷して）流布せしめむものであると、巻頭の「縁起序」にある。顕昭は平安末から鎌倉初めの人で、歌人としても著名であるが、仮託であらう。

顕昭法師の作とか、十一面観音の御告とか、八卦を重ねた六十四籤より成ることなど、「天満宮歌占」であり乍ら、

「観音籤」と易の影響を受けてゐる。

序文のあとに、渡唐天神像があり、「天神経」がある。

そして、そのあとに前引の「此みくじをうつ時、むかふかたの事」とあり、「みくじをうつ」と云つてゐる。

『安倍晴明うた占』と同じく、一一一〜四四四の六十四番で、六十四の和歌と、その解を記してゐる。その一番は次の通りで（図5参照）、

大
一一一
吉

わかれたる子にたづねあふおやのことし
やミならぬ道《みち》にまよふも今ハはや
子にあふさかのせきのあけぼの

とあり、このあとに「此みくじにあたる人ハ」で始まる運勢が書かれてゐる。(15)

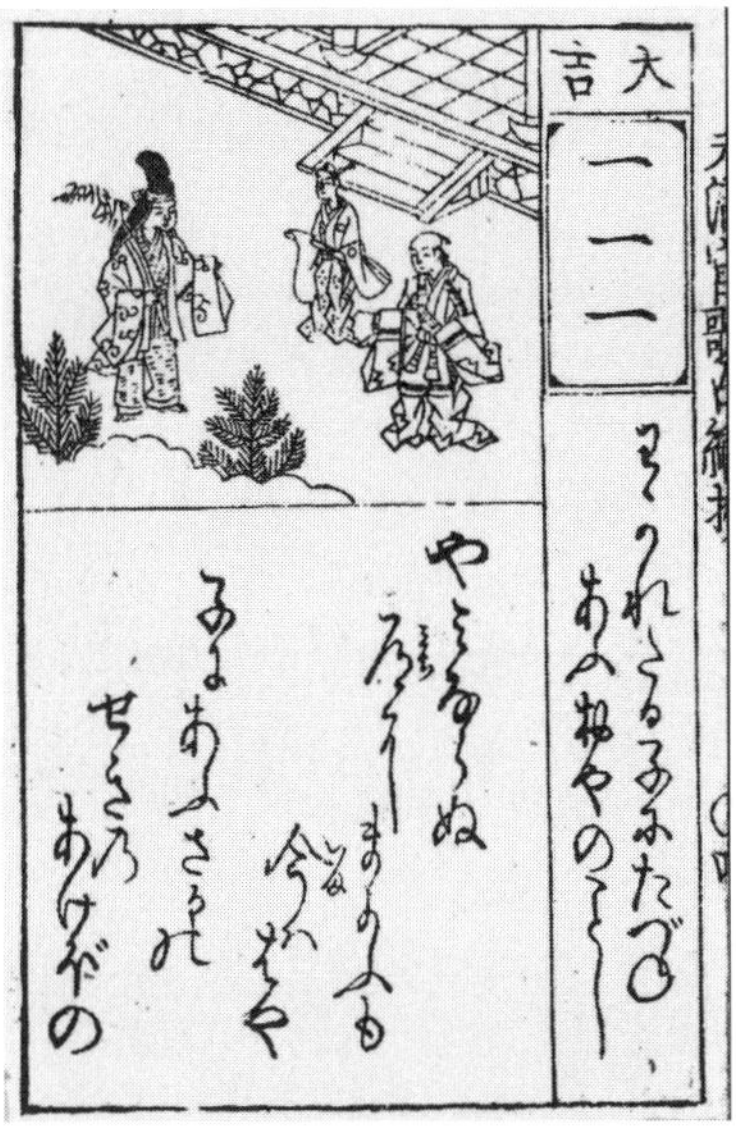

図５『天満宮六十四首歌占御鬮抄』（「一一一大吉」）

この本の中澤伸弘氏蔵本（刊年削除本）の巻末の広告に、「代弐匁五分」とある。又、大阪天満宮本（寛政十年刊記）の見返に、「鬮箱添申候」とあつて、本に「鬮箱」（おみくじ函）が添へられてゐた、とあるから、一〜四の四本の串を入れるのであらうか。

天 神 籤　一冊　延享三年序　安政二年刊

好学堂主人の序文によれば、天神を信ずる浪華の某が、或る時、天満宮（大坂のか）の庭で得たものであると記してゐる。

「うらなひやうの事」は、「木をけづり、さいのごとく四角にして、その六方へ大自在天満神と書て是を三度なげ」、とある様に、これは数字ではなく、「大自在天満神」の一字づつを賽子《さいころ》の一面づつに書いた特別なものである。そして、「天満神」とか「大天神」と出れば、その下を見るべしとし、

是をうらなふとき、○むかしより神の子どものあつまりて　つくれるうらぞまさしかりける　とこの哥を三べんとなへ、天満大自在天神と、をがみ給ひてまつり、しんをとりてうらなふなり。ゆめ〳〵疑ふ事なかれ
（振仮名を略す）

と、前二種の歌占本と同様の歌を称へよ、と記してゐる。

その占ひの文は三十六種となり、次の如く簡単なもので、

その解はない。

大大大　雲のはれたるがごとし
大大自　春のくさのはへ出《いで》たる如し
大大在　月日ともにてらすごとし

○

「観音籤」・「元三大師」系は百本の串を函の中に入れてひくものであるが、右の如く、『安倍晴明うた占』・『天満宮六十四首歌占御鬮抄』は、一～四であり、『天神籤』は賽子の六面に文字を書いてゐる。所が以上より古い、元禄十二年の序文を持つ、『神道名目類聚鈔』（六巻六冊）の巻六に、「御鬮」の項があり、

　竹筒ニ一二三ノ文ヲ記ス串三本ヲ入テ、吉凶ヲ神ニタヾス時、（下略）

と見え（元禄十五年版、振假名を略す）、「串三本」としてゐる。

　それにしても、歌占本にしても、次の神籤本にしても、神社（神道）系であり乍ら、なぜ支那古代の占術である八卦（六十四卦）を用ゐるのであらうか。云ふまでもなく八卦は支那古代の占術を儒家が取入れて、経書『周易』としたものである。八卦は「乾・兌・離・震・巽・坎・艮・坤」からなり、それを互ひに重ねて六十四卦となるのである。

皇足穂命神社神籤　一綴　文政四年序、刊

　信濃国水内郡（現長野市内）の同社神主宮下氏によつて出版（所謂、田舎版）されたもの。「元三大師」系と同じく五言四句の籤句を掲げるが、その文言は全く別である。尚、観音籤の〝本元〟である戸隠山も同じ水内郡である。

　番号は六十四卦により、一から六十四番までであるが、そのあと、なぜか、七十・八十・九十・百番の四番を加へ、籤句に簡単な解説を加へてゐる。その一番は次の如くである（籤句の訓点略。図6参照）。

　神籤第一吉　病ひなかし　失ものいてかたし　待人来るへし

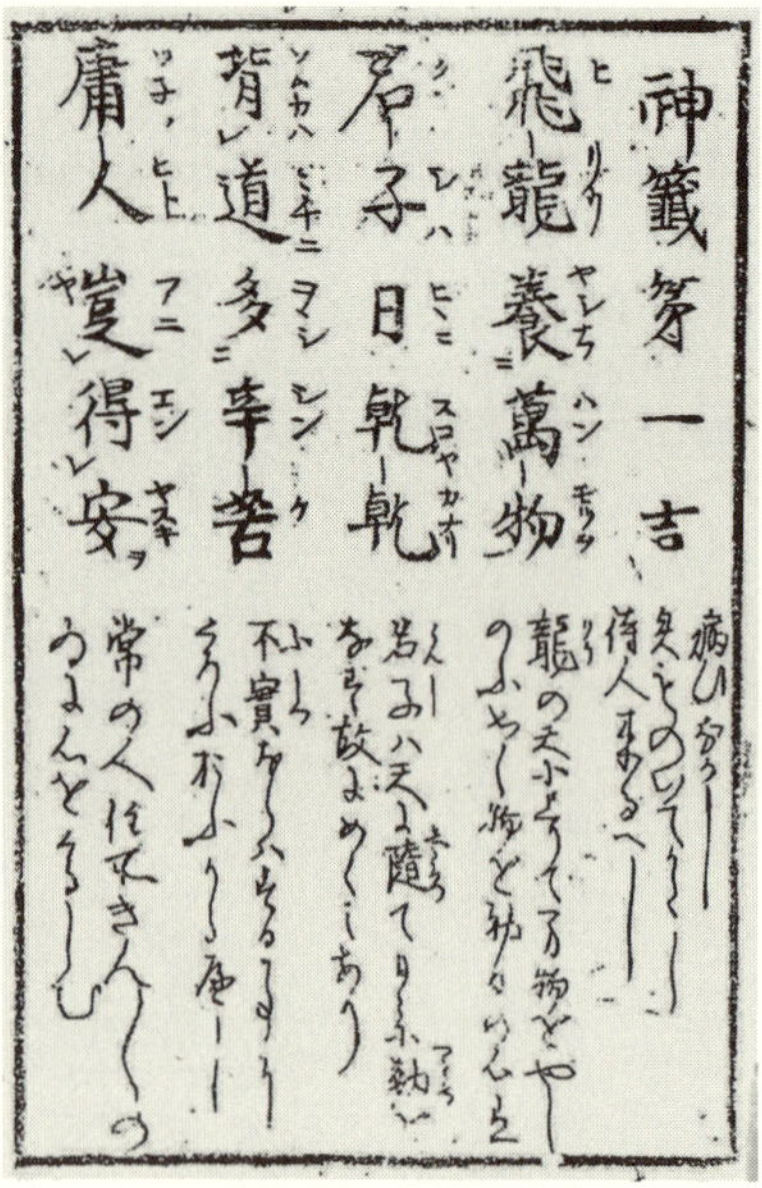

図6　『皇足穂命神社神籤』（「第一吉」）

飛龍養萬物　龍の天に上りて万物をやしのふ如く物を初るの心有
君子日乾乾　君子ハ天に随て日々に勤をなす故にめくミあり
背道多辛苦　不実ならハする事にくろふおふかるへし
庸人豈得安　常の人住所きんく〳〵のゐに心をくるしむ

御嶽山御神籤略作法　一冊　嘉永六年刊

初めに、「御嶽大権現神籤頂戴之作法」として、

神籤頂戴の時は三業を清浄にして礼拝三度、心経三巻、慈救の呪三百返、所願を念し、疑を起さずして誠の心を尽すべし。

と記す。三業とは身・口・意業で、人間の一切の活動を云ふ。跋に「百籤の中に就て、略して十二籤を取り、之を御嶽神籤と名づく」（原漢文）と云ふ如く、その実は「元三大師」系の一から十二番までと同じである。

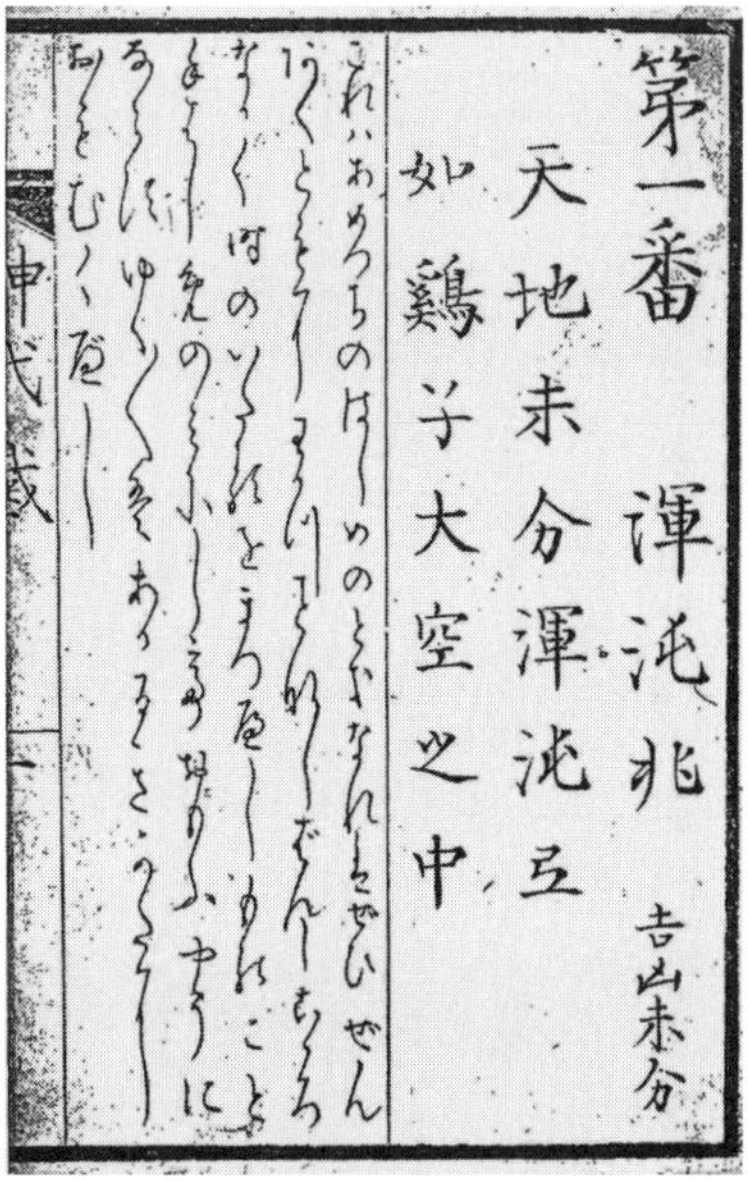
第一番　渾沌兆
吉凶未分
天地未分渾沌弖
如鶏子大空之中
図７　『神代正語籤』（「第一番」）

御嶽神社（現長野県木曽郡王滝村）は、現在では神社であるが、当時は神仏習合で、右の奥附には「御嶽山法務別当自證院蔵版」とあり、跋は「東都山王廟大祝観理院権僧正孝信」が書いてゐる様に、天台宗である。

神代正語籤　一冊　安政四年序、刊

上野国高崎（現群馬県高崎市内）の神職高井心足《うらたり》の著。

これは、記紀神話から八十の話題を取り、それを解釈して、そのあとに「このミくじにあふひとハ」として運勢を記してゐる。本書には「おみくじ」を引く時に神前で奏する祝詞が書かれてゐる（前引）。その第一番は次の様である（図7参照）。

第一番　渾沌兆　吉凶未分
天地未分渾沌弖　如鶏子大空之中　（以下、解略す）

神籤五十占　一冊　明治三年刊

平田門の白幡義篤が編んだもので、序文によれば神社でも「元三大師」系の「おみくじ」を利用してゐたが、神仏分離後に神社独自の「おみくじ」を作るため、出雲の大神に祈願して、一七日の間に神歌のお諭《さと》しを蒙つて、五十首の神歌を得たとしてゐる。その第一号は次の如くで、神歌と、その解と運勢を簡単に記してゐる（図8参照）。

第一号大吉

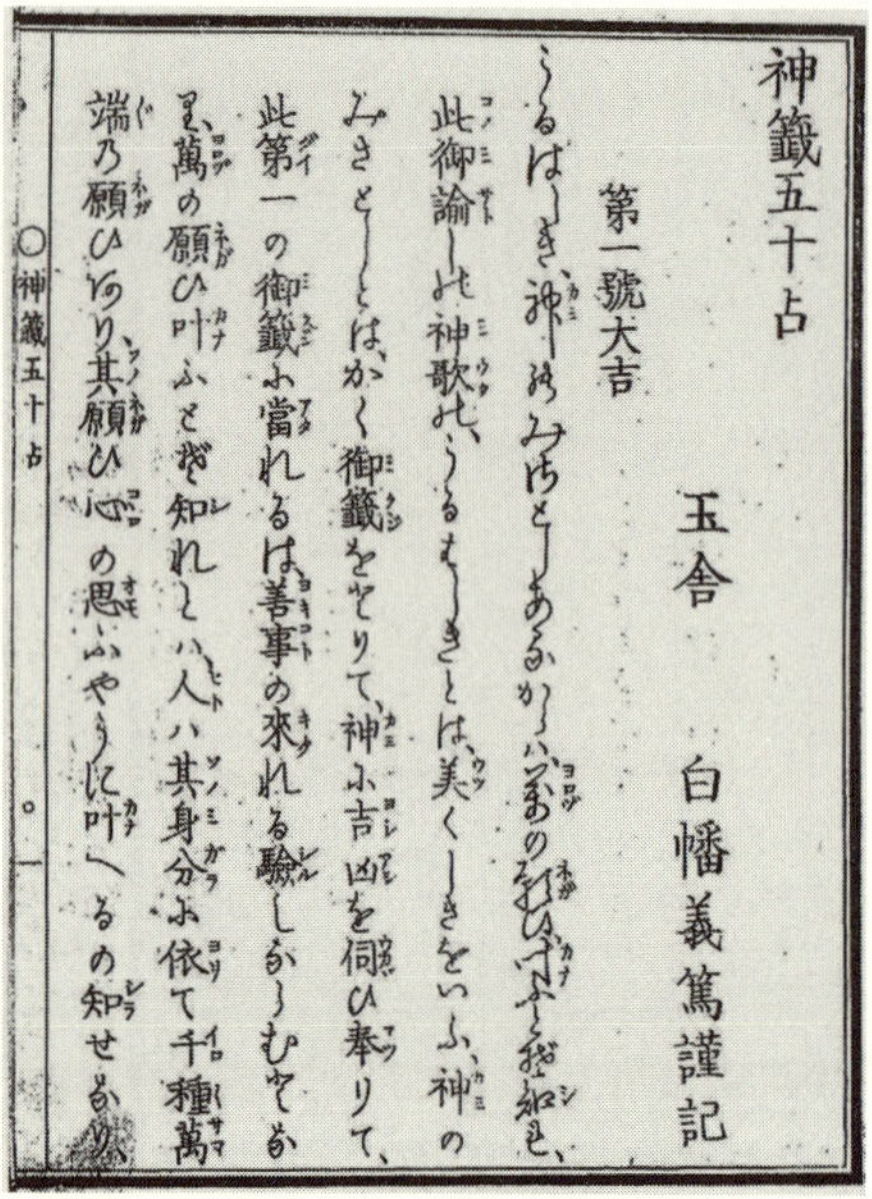

神籤五十占
第一號大吉　玉舎　白幡義篤謹記
うるはしき神のみさとしあるからハ萬の願ひ叶ふと知れ、
此御諭しの神歌の、うるはしきとは美くしきといふ、神の
みさとしとはかく御籤をとりて、神ふ吉凶を伺ひ奉りて、
此第一の御籤ふ當れるは善事の来れる驗しかへむなを
萬の願ひ叶ふと知れとハ人ハ其身分ふ依て千種萬
端乃願ひあり其願ひ心の思ふやうに叶へるの知せなり
○神籤五十占

図８『神籤五十占』（「第一号大吉」）

うるはしき神《カミ》のみさとしあるからハ、萬《ヨロヅ》の願《ネガ》ひ叶《カナ》ふとぞ知《シ》れ、
此御諭《コノミサト》しの神歌《ミウタ》の、うるはしきとは、（後略）
○歓喜《ヨロコビゴト》　可有《アルベシ》　○器財《ドウグ》　神器太刀刀官服類上品
○待接《マチビト》　来《キタル》　○訴詔《ウッタヘゴト》　有利《リアリ》　○遺失《ウセモノ》　可出《イヅベシ》（後略）

この『神籤五十占』は、明治以降、多くの神社で用ゐられた。

○

この他に、所在の知れない神社系のものに次のものが知られる。

稲荷大明神御鬮記　一冊　代一匁六分（中澤伸弘氏蔵『天満宮六十四首歌占御鬮抄』の巻末広告に見える）

金毘羅大権現御鬮記　一冊　代一匁六分（同前）

（補記）本書を入手した。「金毘羅大権現六十四首哥占」ともある如く、歌占本である。天保六年、平安　松栄斎道嘉跋、京　本屋重右衛門刊とある。

弘法大師御鬮記　一冊　代一匁六分（同前）

序でに仏教系のものを記せば次の通りである。

「おみくじ本」（三）医薬系

神方占　前編　一冊　安永八年刊（図９参照）

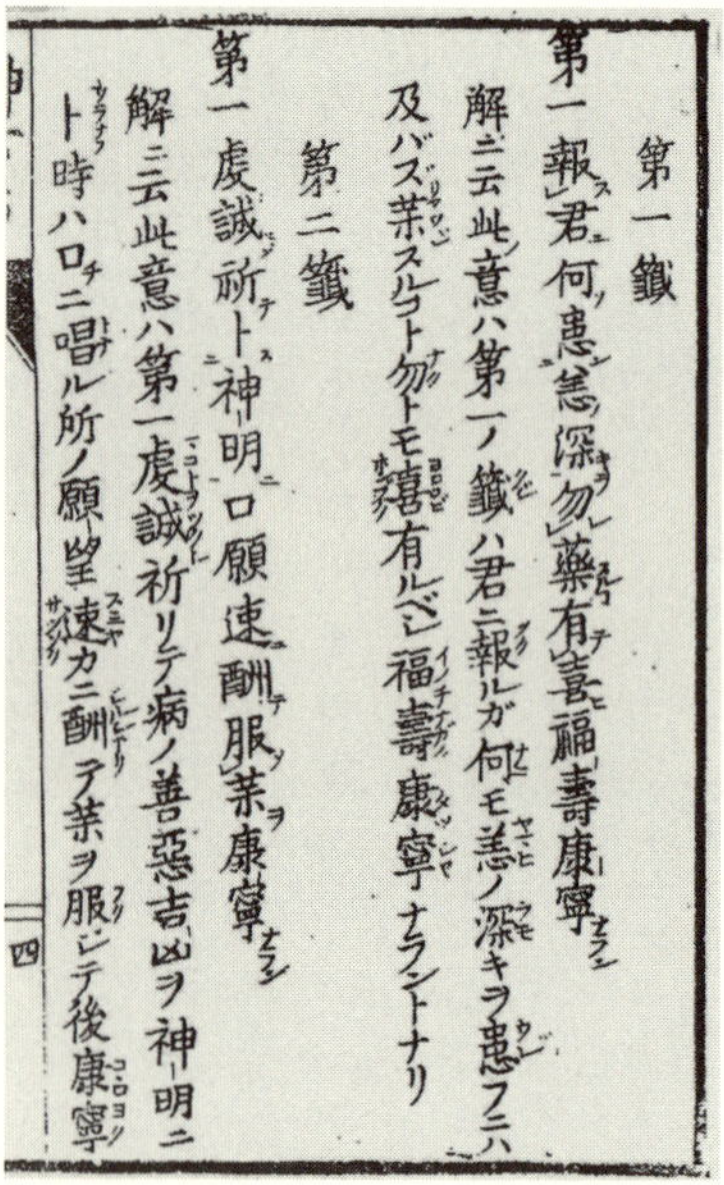

第一籤
第一報君何患深勿藥有喜福壽康寧
解ニ云此意ハ第一ノ籤ハ君ニ報ルガ何モ患ノ深キヲ患フニハ
及バズ藥ヲ服スルコト勿トモ喜有ルベシ福壽康寧ナラントナリ
第二籤
第一虔誠祈卜神明ニ口願速酬服藥康寧
解ニ云此意ハ第一虔誠祈リテ病ノ善悪吉凶ヲ神明ニ
卜時ハ口ニ唱ル所ノ願望速カニ酬テ藥ヲ服シテ後康寧

図９『神方占』（「第一・二籤」）

題簽を欠くが、内題に「呂祖全書治病仙方決疑籤前編」とあり、序は「神方占叙」、更に巻末の後編の広告には、「事物決疑籤神方占後編」とあり、その文中にも「神方占」とあるので、書名を一応、『神方占』とした。

本書は元代の呂洞賓の著を清代の乾隆四十年（安永四年）に増補されたものを源君龍（鱗仲）が訳解して安永八年に刊行したものである。

第一籤から第一百籤までの百番よりなつてをり、「占儀」として、次の如く記してゐる。

先ツ病患《ヤマヒ》ニカ、リテ仙方《クスリ》ヲ求メントト欲スル時ハ占者《ウラナフヒト》盥《テアラヒ》テ口ヲ漱《ソヽギ》テ五十片《マイ》ノ木牌《キフダ》ヲ一処ニシテ心中ニ志願《ネガヒ》ノ趣《ヲモム》キヲ唱《トナ》ヘ目ヲ閉チ無念無心ニシテ右ノ五十片《マイ》ノ中、一片《マイ》ヲ取リアゲ表ノ方ニ書《シルシ》タル数ニ合セテ其ノ籤《クジ》ノアタル所ノ詩解《シノコヽロ》ヲ見テ方ヲ求メ吉凶ヲ知ルヘシ（後略）

図版で示した様に、「第一籤」の籤句は、「君ニ報ズ、何ノ恙ノ深キヲ患ン、薬スルコト勿レ、喜ビ有テ福寿康寧ナラン」（原漢文）で、その解は、

君ニ報《ツグ》ルガ何《ナニ》モ恙《ヤマヒ》ノ深《ヲモ》キヲ患《ウレ》フニハ及バズ、薬《リヤウジ》スルコト勿《ナク》トモ喜《ヨロコビ》有《ホンプク》ルベシ、福寿康寧《イノチナガクタツシャ》ナラントトナリ

とあるが、事例により薬の処方が指示されてゐる。

尚、この本の巻末に、

事物決疑籤神方占後編　嗣出

此書ハ此神方占ノ如ク百首ノ詩ヲ解シテ万事万物ヲ占フコトヲ記《シル》ス、願望《ネガヒ》・待人《マチビト》・走者《カケヲチ》・婚姻《エングミ》・疾病《ヤマヒ》・天時《ヒヨリ》、并ニ射覆《アテモノ》ノ類マテ其部類ヲ分チテ見ヤスカラシム

とある、本書の「後編」の広告が出てゐる。元が漢籍だからなのか、それでも日本で解釈したものなのに、「国書総目録」には、『事物決疑籤』・『神方占』ともに見えない。

「おみくじ本」（四）「法華経」系

「法華経」（『妙法蓮華経』の略称）八巻より、経文を九十六抜出して、それに吉凶を附したもので、その第一は、

各礼仏足　退坐一面

で、吉凶は大上吉である。尚、示す経文は右の如く、四言二句に限らず、五言四句・四言四句の他、自由である。右は、『法華経御鬮霊感籤』（三巻三冊）の例であるが、[16]「おみくじ本」としては、他に『法華経感応御鬮籤』がある。尚、『法華宗御鬮絵抄』の内容は、「元三大師」系である。これらは勿論、日蓮宗で行はれたものである。

「おみくじ本」（五）その他

清（晴）明通変占（清明通変占秘伝・神明通変占）　五巻五冊　貞享三年刊

跋に、此の占は阿部清《（安倍晴）》明が入唐して異国に弘めたもので、異人は之を失はず伝習して、近頃、李文長と云ふ者が再び日本に伝へた。予（長崎住の管天子）が遇《たまたま》これを得て、和解と点を加へて公に附与するものである（原漢文の要旨）と記してゐるが、勿論、事実ではないであらう。

その占文は七言四句で、右に云ふ如く、読みと和解を附してゐる。その一例は次の様で、数字は全てある訳ではない。(17)

父母病《ふぼやむ》　厳父慈母《げんぷじぼ》　恙　無傷《つゝがなくしようなし》

八千　ちゝはゝのわづらい、あしき事なし

八百　応逢官鬼喜相長《をうくわんきにあふよろこびあいちやうず》

七十　おうこうがくわんきのこうにあたらば

七　只請東南医者《たゞこふとうなんいしや》　効《のこう》

吉　たつミの方のいしやのくすりよ

十朝半月便離床《しうてうはんげつすなはちゆかをはなる》

十月《（日）》か十五日のうちにとこをはなるゝなり

「おみくじ函」

「おみくじ」を引く、「おみくじ函」は、今日では授与所などに置かれてゐて、自由に引く例が殆どであらうが、昔は「おみくじ」自体が社寺にあつても自由に引けるものではなかつた様である。

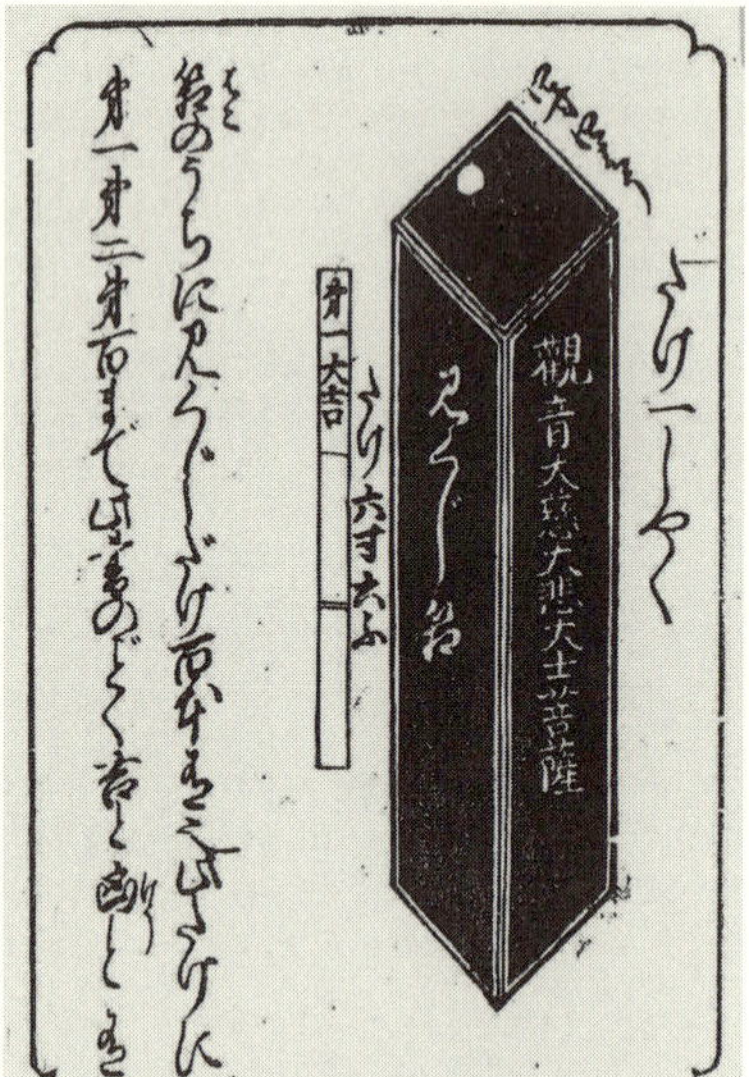

図10　『観音百籤占決諺解』に見える「おみくじ函」の図

江戸時代の「おみくじ本」には、「おみくじ函」の図が載せられ、その寸法、及び中に入れる串（「神籤竹《みくじたけ》」と記すものもある）の寸法と書方が書かれてゐる（図10参照）。これは各自で「おみくじ函」を作るためのものであらう。更に例へば、『元三大師百籤絵抄』の巻末には、次の様に記されてゐる。

同（元三大師百籤絵抄）百《み》籤《くじ》箱《はこ》

此みくし箱は、右の本にならひて、ちいさくこしらへ、為之、本に添へ置くへきものなり。

右の文章、「本に添へ置くべきもの」からは、附録なのか、是非買つて持つべき（別売）なのか、はつきりしないが、前述の如く、『天満宮六十四首歌占御鬮抄』（大阪天満宮本）の見返には、「鬮箱添申候」とあるから、これは附録であらう。

　この様な「おみくじ函」がいつから存在したかは明らかではないが、前述した様に、戸隠山には室町中期、応永二年銘の「おみくじ函」があつたと云ひ、岩手県二戸市の天台寺には、同じ応永十六年銘の「おみくじ函」が遺されてゐる。

　その「おみくじ函」の江戸後期のものが手元にある。桐材に黒漆を塗り、各面の輪郭と文字は朱漆を用ゐてゐる。高21糎・方9糎で、前図の寸法（高一尺・方四寸）より小さい。各面に書かれた文字は次の通り。

（前面）観音大慈大悲大士菩薩
（背面）百　籤　筥
（右面）享和二年壬戊（戌）十一月吉日
（左面）　中山道大宮宿
　　　願主　大熊仙右衛門

大宮（現埼玉県内）近在の寺院で使はれてゐたものであらう。上面の前方に穴があり、中に串が百本入れられてゐる（現在六十一・八十三の二本缺）。串はやはり竹製で、番号と吉凶（大吉・吉・半吉・凶）が記されてゐる。

　「おみくじ函」に入れる串には、「おみくじの起源」の項で述べた様に、応永十六年銘の「おみくじ函」に入れられた串には、番号・吉凶の他に、五言四句の籤句が書かれてをり、戸隠山の「函筒」の銘文にも、「天竺霊観音籤頌一百首籠」とあるから、同じ様に籤句が書かれてゐたものと思はれる。そして、前引の様に「おみくじ本」に示された「おみくじ函」の作り方、及びそこに示された串の書方には、番号と吉凶が記されてをり、上段に記した享和二年の遺例にも吉凶が記されてゐる。そして、現在の「おみくじ函」の串には番号のみが記されてゐる。

　右を考へてみると、元々は中の串に「番号・吉凶・籤句」が記されてをり、この様な形が「おみくじ本」が普及する以前の姿で、「おみくじ本」の普及により「籤句」が省かれ、更に「おみくじ札」が渡される様になつて、串には吉凶も省かれ、番号のみになつたのではないか、と考へられる。

　尚、「おみくじ函」は、木函、或いは竹筒で、自分で作る場合は紙製もあつた様であるが、三河国渥美郡羽田村（現豊橋市内）の八幡宮（神主羽田野敬雄）では、神木の松が枯れたので、それを払つて随身像二軀を求めたが、その枯枝を払つて嘉永七（安政元）年九月に、真鍮の鈴一口と鉄の御鬮筒（五寸、代七匁）を、名古屋の十一屋で求めてゐる（「萬歳書留控」）如く、鉄製のものもあつた様である。

「おみくじ札」

「おみくじ」を引いた結果、渡される一枚物の「おみくじ」を便宜上、「おみくじ札」と呼ぶこととする。

「おみくじ」の結果は「おみくじ本」で、その解釈を知つたのであらうが、図1や3を一枚摺にすれば「おみくじ札」となる。しかし、それは、いつから始まつたのであらうか。

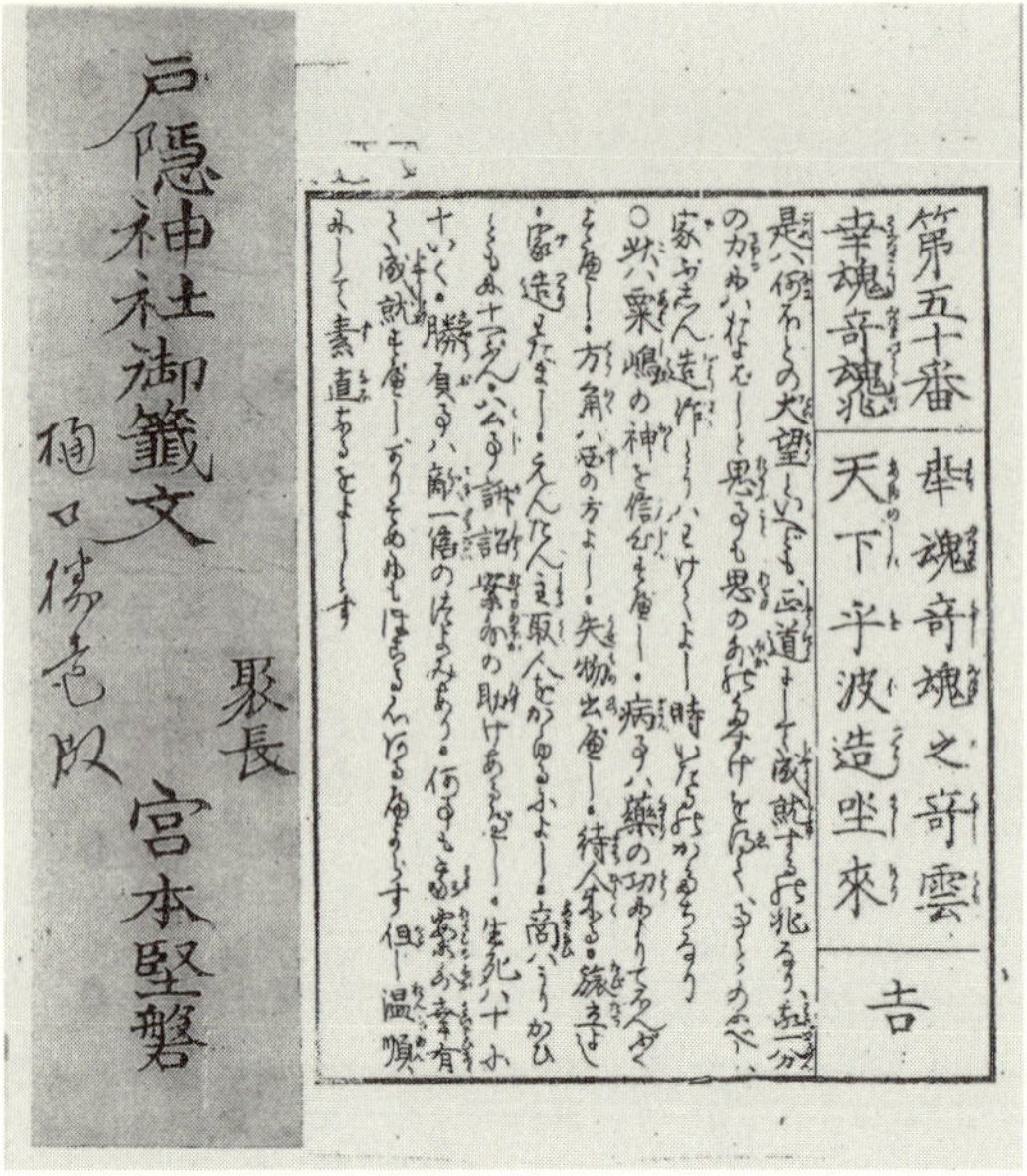

図11　「戸隠神社神籤文」の札と包紙（中澤伸弘氏蔵）

天保十四年序の小寺清之の随筆『老牛餘喘』に、

神の御社にて筒に入れたる串をふり出して、串にかきたるを見て、吉凶を占ふ事あり。これをクジといふ。あがめてミクジともいへり。

と記されてをり、[18] 神社に「おみくじ」のあつたことは分るが一枚物の「おみくじ札」が渡されたか、どうかは記されてゐない。所が、右の天保の次の弘化のこととして、『戸隠霊験譚』[19]の「十五」に、

過し弘化未のとし、[四] 上州世良田の高橋左弁次といふもの、（中略）とし〴〵当山より御籤をうけ来りしに、此としの籤に、

有物不周旋　須防損半辺　家郷煙火裏　祈福始安然

此くじなりければ、（後略）

と見える。これは戸隠に来て引いたものではなく、「とし〴〵当山より御籤をうけ来りしに」とある様に、毎年、廻檀[20]の人によつて配られてゐたものであらう。とすると、弘化四年より前から、「おみくじ札」はあつたことになる。

（右は「元三大師」系の「第四十一番」の札である。）

上段の図版は、その廻檀の時に持参したものであることを物語るものであるが、これは明治初年のもので、内容が「神道系」に変つてゐる。

尚、古書目録に百枚揃の「おみくじ札」の版木（片面二

枚、両面彫刻、二十五枚）が出たことがある（平成十三年、臨川書店）。それは上部に「信州赤穂成田山宝前」とある、「元三大師」系の「おみくじ札」の版木で、「気多茶」の版木一枚が共にあり、その裏に「天明四甲辰仲冬　長春寺什物　二十二世　広如代」とあると云ひ、この版木が「おみくじ札」版木と同時のものの如くに記してゐるが、「赤穂《あかほ》」は明治二十二年に、赤須村と上穂村が合併して出来た村名であるので、右の版木もそれ以降のものとなる。その「赤穂成田山」は、現長野県駒ケ根市に所在の天台宗長春寺のことである(21)。

　受取つた「おみくじ札」は、本来、残される様なものではなく、本に挟込まれるなどして偶然に残つたものである(22)。

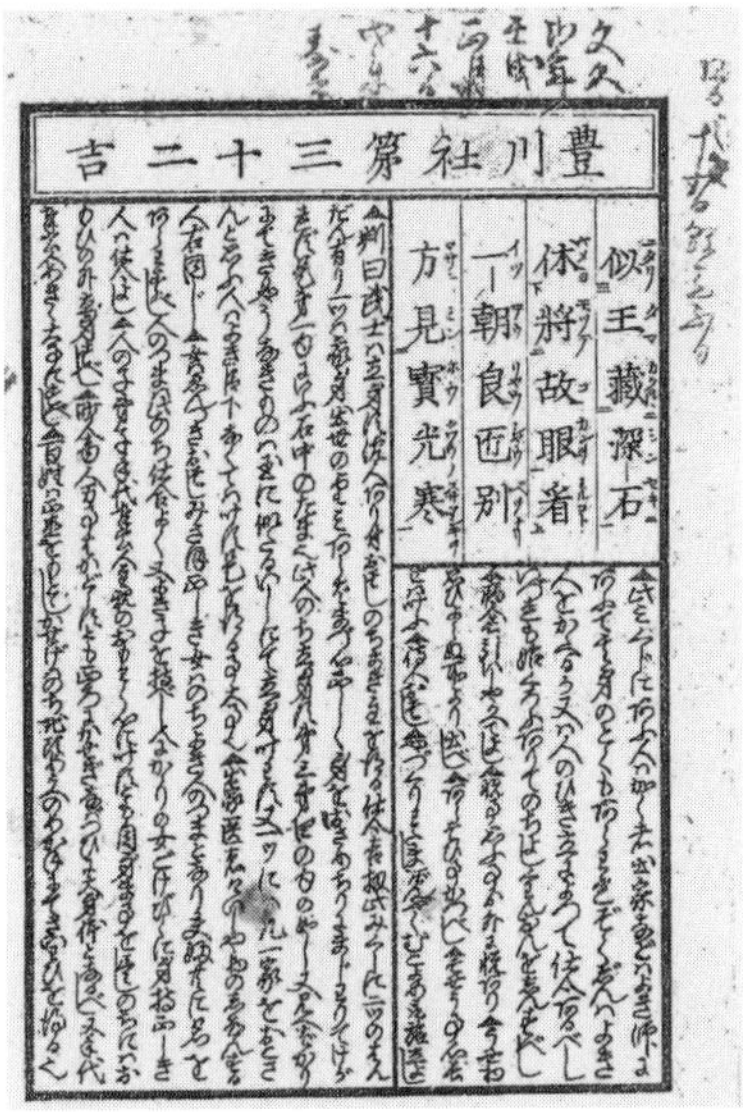

図12　文久二年の墨書がある「おみくじ札」

したがつて、それらをいつのものと限定することは難しい。和紙でないものは明治以降と知れるが、和紙のものは江戸期のものと明治以降の区別は難しい。その様な中で、幕末、文久二年の年号が記されたものがある。それは、上段の図版のもので、上部に「豊川社」とある、「元三大師」系の「おみくじ札」である。

　豊川と云へば、先づ頭に浮かぶのは豊川稲荷（現愛知県豊川市内の妙厳寺の境内鎮守社）であるが、それを豊川社と云つたか、どうか。この様な社名が版刷された「おみくじ札」は、そんなにあるものではなく、それ相当の神社と思はれるが、豊川稲荷ではないとすれば「豊川社」に思ひ至らない。

　図版の如く、その上部に、

　　文久　弐年　壬戌　正月　十六日　代参　寿□（するカ）

とあつて、代参者によつて引かれたものの様である。この代参は、誰かに代つてではなく、村民などを代表しての方であらう。

　餘事乍ら、江戸後期の随筆『三養雑記』（山崎美成著、天保十一年刊）の巻一に、「観音籤　関帝籤　福主霊籤」の項があり、その中に次の記事がある。

　さて、この頃、ある唐本の中より、一ひらの籤文いでたりとて、青雲堂のあるじ贈られたり。福主とあるハ

福の神などか。めづらしければ、ここに載す。（振假名を略す、図13参照）

尚、右の青雲堂は、江戸下谷の出版書肆英文蔵のことである（中澤伸弘氏報）。この様な支那のものを参考にして、日本でも一枚物の「おみくじ札」が出される様になつたのか、当然のこととして日本でも出される様になつたのかは、今の所、不詳である。

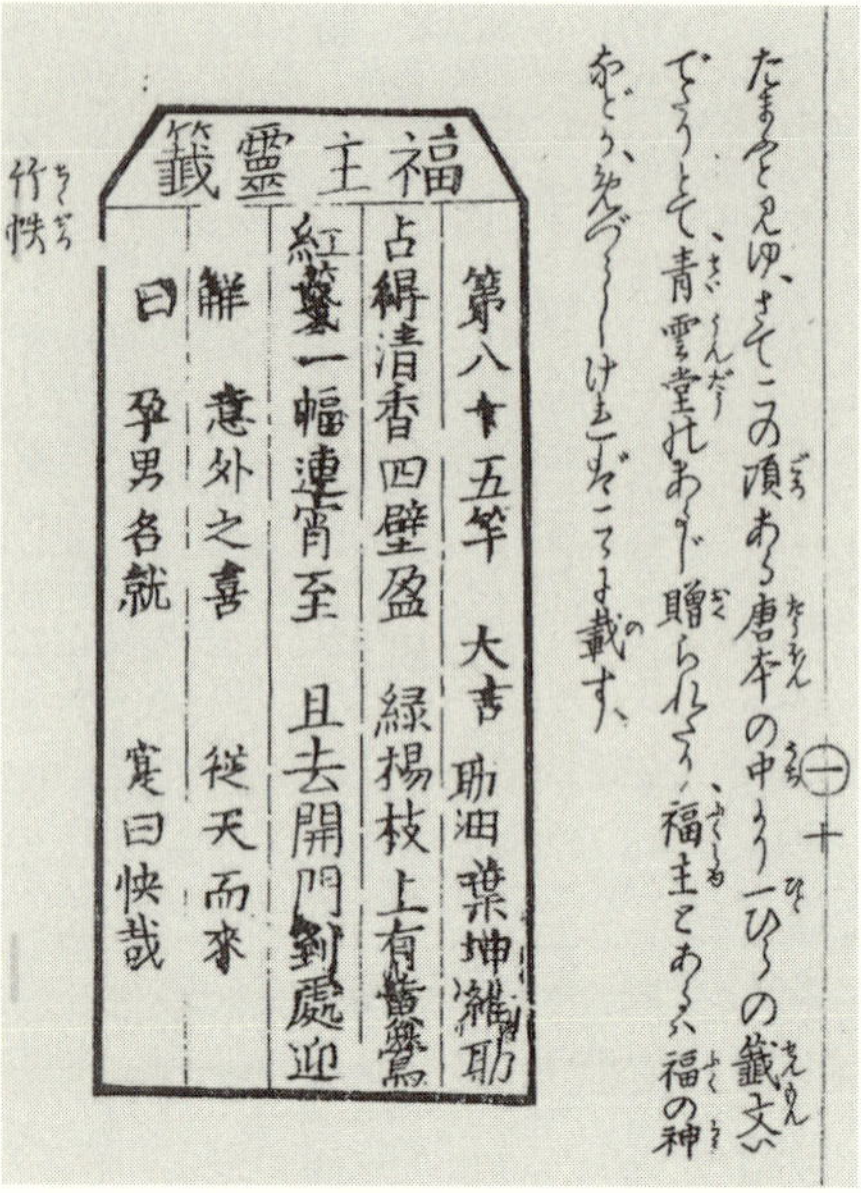

図13　『三養雑記』に見える「福主靈籤」

をはりに

以上、「おみくじ」に就いて不明解ながら、その成立と「おみくじ」を引く作法、管見に触れた「おみくじ本」の概観、「おみくじ」を引く「おみくじ函」、渡される「おみくじ札」に就いて述べたが、主にその事象について述べたに過ぎず、「おみくじ」の籤句や運勢の内容に就いては殆ど立入ることをしなかつた。

をはりに、個人の想ひを一つ。「おみくじ札」を木の枝に結ぶ様になつたのは、戦後のことと云はれてをり、それは一種の風物となつてゐるが、立木の保護、あと片つけなどの点から神社側にとつては迷惑なことである。

そんな中、現在の韓国ソウル市にあつた国幣小社京城神社の唐獅子は、神籤《みくじ》を納めさせるもので、その口の中に、「おみくじ札」を投入る様になつてゐたと云ひ、台座には「神籤納」とあつた（図14参照。手塚道男『神社人の見た朝鮮・満州の神社と文化』）。この様に、唐獅子・狛犬に限らず、何らかの収納設備を置くことが望ましいのではなからうか。

本稿執筆に当り、大鳥居武司・中澤伸弘両氏より資料提供と格別の協力を得たことを記して、御礼申し上げます。

又、基礎作業に於ける「広文庫」「日本随筆索引」「国書総目録」などの恩恵も有難いものであつた。

尚、「おみくじ」に就いては、過去、少しは書いたこともあるが、[23] 本稿は平成三十一年一月より三月まで、椿大神

図14　京城神社の唐獅子の図（中央）（尚、両側は獅子ならぬライオン）

社（三重県鈴鹿市）で開催の「おみくじの源流展」開催準備の過程で得た知見を合せて執筆したものである。

註

（1）これらのことについては、『古事類苑』神祇部四十二に挙げられてゐる。

（2）同時代の『仏祖統記』巻三十四に、「大士籤」の項があり、それは『釈門正統』の引用であるが、そのままではなく、「天竺ハ百籤。越ノ円通百三十籤。」（寛永頃の和刻本による）と、「震旦天竺寺」の「震旦」も「寺」も略してゐるので、「天竺」（印度）は百籤」と読める。

このことに就いては、註（7）の司東真雄氏も、「天竺から伝わったというのは、信仰上からの権威づけをした接頭語であらうか」と、誤った推測をしてゐる。

この天竺寺は、『浙江通志』（『大漢和辞典』所引）によれば、浙江省杭県の上・中・下三寺あるうちの上天竺寺のことであらう。『望月仏教大辞典』によれば、上天竺寺は浙江省杭州府銭塘県にあり、今、法喜寺と云ひ、宋英宗代の治平二年（平安中期）、「天竺霊感観音院」の額を賜はつたと云ふ。現浙江省都、杭州市郊外に所在。

このことからであらう、戸隠山・天台寺の応永年間の「おみくじ函」の銘文に「天竺霊感観音籤」（戸隠のものには「感」なし）とあり、「観音籤」系の書名にも、「天竺霊感」を冠するものが多い。但、「望月仏教大辞典」に、「百籤」についての記述はない。

越の円通寺は不詳。越は春秋戦国時代の国名のことか、

（3）浙江省の別名のことか不詳。尚、円通（大士）は観音（菩薩）のこと。上天竺寺も観音信仰の寺である。『新撰美濃志』・『関市史』などに、このことは何も触れてゐない。小松寺は天台宗であつたが、江戸前期、潮音道海を中興開山として黄檗宗に転じたと云ふ。潮音は延宝七年、『旧事大成経』を出版したことで著名である。或いは潮音が「正本」を齎したものかも知れない。

（4）『続天台宗全書』史伝二所収。

（5）例へば、「新編信濃史料叢書」所収「本坊並三院衆徒分限帳」や、「神道大系」所収の諸資料に、「おみくじ」の起源に関する記事は見えない。

（6）「おみくじ本」（一）の項参照。

（7）司東真雄「天台寺什物の応永銘『観音籤』考」（「元興寺仏教民俗資料研究所年報」）昭和五十一年、同五十二年刊。

（8）『日本国承和五年入唐求法目録』・『入唐新求聖教目録』に見える。

（9）「神道大系」神社編二十四　美濃・飛騨・信濃国所収。

（10）現在の存否の神社に問合せた所、現存しないとのことである。

（11）註（7）に同じ。

（12）山里純一「〔資料紹介〕金良宗邦文書『観音霊籤』」（「日本東洋文化論集」十五、平成二十一年三月）による。

（13）この黙頑は、編者であるが不詳。金龍寺についても確定することが出来ない。諸賢の御教示を乞ふ。

（14）これと、次の『天満宮六十四首歌占御鬮抄』について述べ、両書の初め数丁の影印と釈文を紹介したことがある。拙稿「『おみくじ』の源流に就いて――『歌占本』の紹介――」（「書籍文化史」十七、平成二十八年一月）。

（15）原本通りではないが、活字本『天満宮歌占』（平成二十三年、亀戸天神社刊）がある。

（16）平成二十五年十月、東北大学に於ける日本思想史学会での芹澤寛隆氏の発表「法華経と御鬮」の配布資料による。

（17）太宰府天満宮蔵、未見。一部分のコピーを見たのみである。

（18）初編三巻三冊。「広文庫」所引による。

（19）註（9）に同じ。

（20）戸隠山では各坊が「配札檀家」を持つてゐた（「新編信濃史料叢書」第十四巻所収、「本坊並三院衆徒分限帳」）。

（21）これは態々記すことでもないかも知れないが、古書目録が天明四年のものに見える様な書方なので、これを以つて、「おみくじ札」の所見が天明に上るか、と思はれないため、念のため記しておくものである。

（22）ここに紹介した「文久二年」の「おみくじ札」も「おみくじ本」に挟込まれてゐたものである。又、中澤伸弘氏蔵の「貼込帖」（27×39糎、五十面の折帖）には、色々なものが貼られてゐるが、その中に「おみくじ札」が二十三枚貼られてゐる。しかし、これも当時の人が保存のために貼込んだものではなく、後世の収集家が貼込んだものである。

（23）註（14）・（15）参照。

（平成三十年六月六日稿）

（明治聖徳記念学会員）

近代における神社祭祀と宮中年中行事

竹内雅之

はじめに

本稿では明治中期から昭和初期にかけての神社祭祀と宮中年中行事の位相を概観する。大正三年一月二十四日に勅令第十号「官国幣社以下神社祭祀令制定ノ件」（以下、勅令「神社祭祀令」）、同年三月二十七日に内務省令第四号「官国幣社以下神社祭式制定ノ件」（以下、内務省令「神社祭式」）が制定され、近代における神社祭祀の綱領が定まったが勅使参向の神社例祭は例外とされた。そののち明治神宮の造営を端緒として勅使参向の例祭式が整えられた。これら内務省管下の勅祭と宮内省が奉行する賀茂・男山（石清水）・春日の三勅祭との関係、さらに三勅祭と宮中年中行事との関わりを考察する。

一　皇室祭祀と神社

明治四十一年公布の「皇室祭祀令」第九条に定めるところの大祭（御親祭）は元始祭・紀元節祭・春季皇霊祭・春季神殿祭・神武天皇祭・秋季皇霊祭・秋季神殿祭・神嘗祭・新嘗祭・先帝祭・先帝以前三代ノ式年祭・先后ノ式年祭・皇妣タル皇后ノ式年祭の十三祭である。このうち新嘗祭に関聯する第十五条第二項は、

新嘗祭ノ当日ニハ賢所皇霊殿神殿ニ神饌幣物ヲ奉ラシメ且神宮及官国幣社ニ奉幣セシム

と神宮・官国幣社への班幣につき規定されている。また小祭（御親拝）は第二十一条で歳旦祭・祈年祭・賢所御神楽・天長節祭・先帝以前三代ノ例祭・先后ノ例祭・皇妣タル皇后ノ例祭・綏靖天皇以下先帝以前四代ニ至ル歴代天皇ノ式年祭の八祭が定められる。そして第二十三条には、歳旦

祭・祈年祭に関聯し次のように規定される。

歳旦祭ノ当日ニハ之ニ先タチ四方拝ノ式ヲ行ヒ祈年祭ノ当日ニハ神宮及官国幣社ニ奉幣セシム但シ天皇喪ニ在リ其ノ他事故アルトキハ四方拝ノ式ヲ行ハス

四方拝には諸大社に対する拝礼が含まれ、祈年幣は神宮ならびに官国幣社に班幣される。このように皇室祭祀令のなかにも神社に対する規定がわずかながらも確認できる。

大正三年の「祭祀令並神社祭式ノ改正要項」(1)は「改正ノ主要ナル点」として十三の一つ書きから構成される。その筆頭の条目を左に示す。

従前ハ祭式ヲ主トシ、祭祀ノ区分ニ関スル大祭ト公式祭ノ件ハ、別ニ訓令ニ依リテ発布セラレ寧ロ之ヲ従トスルノ姿ナリキ、然レトモ斯ノ如キハ却テ本末ヲ転倒セルモノニシテ、祭祀ノ名目先ツ定マリ次イテ其ノ細目タル祭式ニ移ラサルヘカラサルコト言ヲ俟タス、已ニ前年発布セラレシ皇室祭祀令モ亦此ノ精神ニ依リテ立案セラレタルヲ見ル、仍テ今回発布ノ神社祭祀令モ、右ノ主旨ニ基キ、傍ラ皇室祭祀令ヲ準拠トシテ立案セラレタルナリ（傍点筆者）

右の第一条より皇室祭祀令にならい神社祭祀に関する法令が整備されていったことがわかる。次に第六条を左に掲げる。

従来大祭中祈年新嘗ト例祭トノ間ニ多少ノ軽重アリテ、例祭式最モ重視セラレ随テ官国幣ノ別ハ例祭式ニ於テ之カ区分セラレタリ、然レト既ニ祭祀令ニ於テ三祭ヲ等シク大祭ニ列セラレシ以上ハ、祭式モ通シテ同一ノ式ニ拠ラシムルコトニ改マレリ、又幣ニ宮国ノ別アリト雖トモ、必シモ祭式ノ上ニ之カ区分ヲ置クノ要ナケレハ、官幣社ト国幣社ノ例祭式ヲ同一ニスルコトヽナレリ、此ノ如ク祭式ヲ統一シタルト共ニ、三祭ヲ通シ宮司供進使並ニ祝詞ヲ奏上スルコトニ改マリヌ、是又従前ノ如ク何レカ其ノ一方ノミニ止マルハ、祭祀ヲ行フ上ニ於テ多少不備ノ点アルヲ免レス、且ツ宮司供進使ノ二者ハ夫々其ノ職分ヲ異ニセルヲ以テ、各々其ノ職司ニ応シテ奏上ノ詞アルヲ最モ適当ナリト認メタルニ依ルナリ、随テ府県社以下神社ニアリテモ、如上ノ主旨ニ依リ、当該神職ノ祝詞奏上ト共ニ供進使モ亦之ヲ奏上スルコトヽナレリ、尚各社ノ例祭ニハ祭式ニ規定セル次第ノ外古来行ヒ来リテ廃スヘカラサル神事モアレハ、雑則ニ於テ「例祭ニ際シ古例ノ神事アルモノハ之ヲ行フコトヲ得」トシテ祭典上ニ融通ノ途ヲ開キタリ（傍点筆者）

この第六条からは祭式の同一化・統一化とともに官国幣社の秩序を再編しようとする意図がみてとれる。キーワードは地方団体より差遣される供進使（幣帛供進使）である。当条末尾の但し書きは統一祭式の例外事項として「古例ノ神事」に言及している。ここには「勅使」という言葉こそないが勅使参向の官社例祭への配慮が窺える。もともと神社の祭祀において例祭は最も重視されてきた。その全国神社の中核となる官社の例祭における官幣・国幣の区分に替わり将来的に勅使・供進使の区分を設けるための布石である、と当条は推察される。そもそも官社のなかにおいても特に勅使参向の神社の例祭は皇室祭祀の延長線上にあり、その祭式の法制化は大正三年以降の課題とされた。

さて神社本庁には、宮地直一が作成した「祭祀令並神社祭式ノ改正ニ関スル調査　第一」（以下、「祭祀祭式改定調査」）なる報告書（謄写版十三丁）が所蔵されている。[2] 当該報告書は作成日時不明ながらも内容からして大正十四年前後のものと推察される。その大綱は次のように締め括られている。

按ズルニ明治八年ノ神社祭式ハ簡約ニシテ行ハレ易ク時勢ニ適応スルヲ主トシ大正ノ祭祀令及ビ神社祭式ニ至リテ大ニ不備ヲ補フトコロアリ府県社以下神社ヲモ包含シテ其ノ内容具備スルニ至レリト雖モ尚遺漏シテ他日ノ補修ニ俟ツベキモノアリ加フルニ爾後ニ於ケル時勢ノ進運ハ之ヲ以テ満足スベキニアラズナホ是ヨリ先明治四十一年皇室祭祀令ノ発布セラル、アリ相互ノ関係ニ就キテモ考慮ヲ要スル点ナキニ非ズ仍テ此ニ現ニ問題トナレル諸点茲ニ今後ノ研究ヲ必要トスル条ヲ挙ゲ以テ参考ノ一端ニ供セムトス

右につづき大項目として「一、神宮ノ祭祀」「二、官国幣社以下神社ノ祭祀」「三、宮内省関係事項」が掲げられ、大項目第三「宮内省関係事項」には四つの小項目が並ぶ。すなわち「一、親告又ハ親謁ニ関スル規定」「二、奉幣ニ関スル規定」「三、神宮ノ遷宮祭」「四、祭式」である。最後の小項目第四「祭式」の内容を以下に示す。

神宮並官国幣社祭式ハ内務大臣ノ之ヲ定ムベキコト祭祀令ニヨリテ明白ニシテ仍テ大正三年神社祭式ヲ定メ次イデ神宮祭式ヲ制定セムトスル見込ナルガナホ同年以降神宮祭祀令第七条、官国幣社以下神社祭祀令第七条ニヨリ臨時ニ祭式ヲ発布セルモノ、中宮内省ト関係アルハ左ノ如シ

さらに右につづき十三の臨時祭式が掲げられる。神宮ニ即位礼並大嘗祭期日奉告ノ儀・神宮ニ大嘗祭当日奉幣ノ儀・神宮ニ即位礼後親謁ノ儀当日大御饌祭ノ儀・官国幣社ニ大嘗祭当日奉幣ノ儀・神宮ニ立太子礼当日奉幣ノ儀・神宮ニ神宝奉納ノ儀・神宮ニ皇室典範増補制定ニ付奉幣ノ儀・神宮ニ平和克復親告ノ儀・官国幣社ニ平和克復奉告ノ儀・明

治神宮例祭式・神宮ニ皇太子殿下御結婚誓約ノ儀・神宮ニ関東地方地震奉告ノ儀・神宮ニ虎門事件奉告ノ儀である。その内訳は神宮関係が十一、神社関係が二である。当時準備されていた「神宮祭式」の詳細は不明ながら十一の神宮臨時祭のうち恒例祭として計画されたものあったのかもしれない。そして神社関係の臨時祭で注目されるのが「明治神宮例祭式」である。注目すべき理由として、以下の二点が挙げられる。まずは当該省令が勅使参向神社の例祭式として、初めて内務省令により規定された法令であるという点である。そしてさらに他の勅祭社の例祭式すなわち大正十五年五月十日内務省令第十二号「官幣大社氷川神社官幣大社熱田神宮官幣大社出雲大社官幣大社橿原神宮及官幣大社明治神宮例祭式制定ノ件」（以下、内務省令「勅祭社例祭式」）のさきがけとなった点である。

二　「明治神宮例祭式」から「勅祭社例祭式」へ

前節の「祭祀祭式改定調査」は左のようにつづいている。

祭祀令制定以前ノ慣行ニヨリ依然トシテ宮内省ニ於テ祭式ヲ定メ本省（内務省、筆者註）ノ之ニ関セザルアリ即チ左ノ如シ

一、官国幣社ノ昇格祭神増加等奉告祭

二、官幣大社賀茂別雷神社・同賀茂御祖神社・同石清水八幡宮・同春日神社例祭

三、官幣大社氷川神社・同熱田神宮・同出雲大社・同橿原神宮例祭

右ノ中第二ハ明治十七八年ノ交旧儀ヲ再興セラレ旧儀ニヨリ行ハルルモノニシテ神社祭式六雑則ニ「一官幣大社ニシテ特別ノ定例アルモノハ之ニ依ル」トアルハ即チ之ヲ斥セルモノナリトス而シテ是等ノ祭祀ニ関シテハ神社祭式制定ノ当時ニ於テ除外例ヲ設ケ之ニ係ハラザルコト、セラレタルモ其後大正六年ヨリ勅使参向ノ例ヲ開カレタル熱田・出雲・橿原三社ノ例祭ニ至ツテモ本省ニ於テハ別ニ祭式ヲ定ムルコトナク宮内省ヨリ之ヲ制定シ来レリ而シテ大正九年官幣大社明治神宮ノ鎮座ニ至リ初メテ内務省令ヲ以テ例祭式ヲ規定セラル、ニ及ベリ

右によれば、内務省が宮内省に配慮したため、内務省令「神社祭式」においては勅祭に関する規定が「雑則」として例外的に扱われたことがわかる。そしてある意味において不備な状態にあった勅祭社の例祭に関する規定が「明治神宮例祭式」制定をきっかけに本格的に検討され始めたことを窺わせるのである。

大正二年十二月二十日、明治天皇奉祀に関し勅令第三百八号により神社奉祀調査会官制が公布された。宮地直一

は鎮座二十年の座談会において、

会長は官制によって当時の原内務大臣が之に当られ、委員には蜂須賀侯爵外各方面に於ける名士、権威二十有七名の人が任命せられたのであります。調査会に於きましては別に専門家を委託されてそれぞれの事項について慎重審議せられた[3]

と回想している。また『明治神宮造営誌』によれば、

調査会の会合は、特別委員会及び調査総会の二種とし、前者は神社の規模様式、神宝装飾、社名、境内、造営経費等の各項に亙りて、学術的調査を行ひ、後者は其の成案によりて之を審議し、然る後始めて大体の造営方針を決定し、此中重要なる事項は、上奏して御内定を仰ぐものとせり[4]

と特別委員会および調査総会の役割りを明示している。そして「神社奉祀調査会は、大正二年十二月二十日官制公布以来、同三年十一月に至るまで、調査総会を開きて重要なる事項を議了すること二十件、特別委員会に於て、部門に亙りて細密なる調査を遂げ、審議をなすこと、大正三年五月より十月に至るまで十一回、斯くして祭神、社名、社号、社格、鎮座地、例祭日、社殿、神宝装飾、境内地等の諸項及び造営並に維持の経費等総べて創立に関する各般事項の調査を完了[5]」した。現在、明治神宮には特別委員会による報告書『神社奉祀調査会特別委員会報告』が残されている。そのうち「三、例祭日勅使発遣ニ関スル件」には特別委員会の調査結果が次のように報告されている。

例祭日ニハ勅使ヲ発遣セラルルコトニ御治定ヲ仰クヲ以テ最適当ナリト認ム／謹テ按スルニ現今ノ制例祭ニ当リ勅使発遣アラセラルル神社ハ官幣大社賀茂別雷神社、同賀茂御祖神社、同男山八幡宮、同春日神社、同氷川神社、別格官幣社靖国神社ノ六社ニシテ何レモ特別ノ由緒アル神社ニ限レリ明治大皇奉祀神宮ニ於テモ是等神社ノ例ニヨリ例祭日ニハ勅使ヲ発遣セラレ祭祀ヲ鄭重ニセラルルコトニ御治定ヲ仰クヲ以テ適当ナリト思惟ス[6]（傍点筆者）

右報告を受け調査総会では左のごとく決定した。

現今例祭日に勅使の差遣ある神社に就て、其の由緒を按ずるに、官幣大社賀茂別雷神社、同賀茂御祖神社の如く、曽て王城鎮護の神として二十二社の上位に列し、朝廷の尊崇特に篤きものあり、同石清水八幡宮の如く、同じく二十二社の上位に列し、朝野の崇敬篤く、皇室の氏神と仰がれ、其の祭事には行幸に准じて上卿、参議等を派遣せられしものあり、同春日神社の如く、藤原氏の氏神にして二十二社の一に列し、古来朝廷の尊崇甚だ篤く、例祭には上卿並に近衛使を派遣して、奉

> 幣せしめられしものあり、同熱田神宮の如く、三種の神器の一なる草薙神剣を奉斎せるによりて、特別の待過《ママ》あらせらる丶ものあり、同氷川神社の如く武蔵国の一宮にして明治元年先帝の親しく行幸ありて、祭祀を行ひ給ひ、爾後永く奉幣せしむべしと、勅諚あらせられたるものあり、或は別格官幣社靖国神社の如く、維新前よりの殉国者を祀りて、行幸又は勅使差遣の典に預れるものあり。かく何れも古来及び近時の特別由緒ある神社に限られたり。／されば明治天皇奉祀神宮にありても、例祭日に勅使の差遣を請ひ、以て祭祀を鄭重にせらる丶ことを適当とする旨、大正三年七月二日の神社奉祀調査会に於て、其の決定を見るに至れり(7)
>
> (傍点筆者)

右決定によれば、調査総会においても特別委員会の報告に異論はなく、例祭日に勅使を発遣し祭祀を鄭重に行うことが適当とされた。しかしながら鄭重なる祭祀の具体的内容すなわち祭式については特に検討された形跡はなく今後の検討課題とされたらしい。

さて神社奉祀調査会の活動期間中、大正三年三月二十七日に内務省令「神社祭式」が制定され官国幣社の祈年新嘗および例祭の三大祭には地方長官が幣帛供進使として参向し御幣物を奉ることが定められた。内務省神社局考證課において荻野仲三郎・宮地直一とともに法令制定の立案をした八束清貫は次のように回想している。

> 次に祭式制定の場合、難問の一は宮内省から下附の御幣物に関する事項を内務省令で定めることの可否如何、又その捧持者の名称如何についてであつた。前件は兎に角神社祭祀は内務省の所管事項であるからといふことで解決したが、後件についてはなか〳〵決まらなかつた。宮内省下附の御幣物を宮内省職員でもない地方長官の参向に対して奉幣使とするのは至当でないといふ。なるほどそれもその通りだ。といふので、結局「幣帛供進使」といふ新名称が案出された。なほ「使」の語に疑義が残つたが、どうやらそれで落着かせたのであつた(8)

このように問題を抱えながらも制定された官国幣社例祭式(祈年祭式、新嘗祭式と共通)が大正九年十月二十九日の内務省令「明治神宮例祭式制定ノ件」(以下、内務省令「明治神宮例祭式」)の叩臺となったと推測される。それでは、表1にいずれも大正時代にまとまった例祭式を掲げる。表中上から、内務省令「神社祭式」中の例祭式(祈年祭・新嘗祭と共通)で①、つぎに内務省令「明治神宮例祭式」で②、つづいて同省令をもとに用意された「例祭式次第」(9)で③、そして最後に内務省令「勅祭社例祭式」で④と丸数字を振り、

表1　例祭式比較

行事	鋪設	宮司著座	官著座	開扉	献饌	祝詞奏上	
①大正三年省令神社祭式「例祭式」	当日早旦社殿ヲ装飾ス	時刻宮司以下所定ノ座ニ著ク	次幣帛供進使参進〈是ヨリ先手水ノ儀アリ〉 次幣帛供進使祓所ニ著ク 次修祓〈先ツ御幣物次幣帛供進使及随員〉 次幣帛供進使所定ノ座ニ著ク 次御幣物辛櫃ヲ便宜ノ所ニ置ク〈幣帛供進使随員副フ〉 次宮司諸事辨備セル由ヲ幣帛供進使ニ申ス	次宮司御扉ヲ開キ畢リテ側ニ候ス〈此間奏楽〉	次禰宜以下神饌ヲ供ス〈此間奏楽〉	次宮司祝詞ヲ奏ス	
②大正九年省令「明治神宮例祭式」	当日早旦社殿ヲ装飾ス	時刻宮司以下所定ノ座ニ著ク		次宮司御扉ヲ開キ畢リテ側ニ候ス〈此間奏楽〉	次禰宜以下神饌ヲ供ス〈此間奏楽〉	次宮司祝詞ヲ奏ス	次勅使参進所定ノ座ニ著ク〈神職前導〉
③祭典記録「例祭式次第」	当日早旦社殿ヲ装飾ス	午前九時十分宮司以下所定ノ席ニ著ク	次二十分地方官所定ノ席ニ著ク	次宮司権宮司御扉ヲ開キ畢テ宮司側ニ候ス〈此間奏楽笏拍子一起立笏拍子一復座〉	次禰宜以下神饌ヲ供ス〈此間奏楽〉	次宮司祝詞ヲ奏ス〈笏拍子一起立笏拍子一復座〉	午前十時勅使所定ノ席ニ著ク〈神職前導〉
④大正十五年省令「勅祭社例祭式」	当日早旦社殿ヲ装飾ス	時刻宮司以下所定ノ座ニ著ク	次地方長官参進 是ヨリ先手水ノ儀アリ 次修祓 次地方長官所定ノ座ニ著ク	次宮司御扉ヲ開キ畢リテ側ニ候ス〈此間奏楽〉	次禰宜以下神饌ヲ供ス〈此間奏楽〉	次宮司祝詞ヲ奏ス	次勅使御幣物ヲ奉シテ参進〈神職前導〉 是ヨリ先手水ノ儀アリ 次修祓〈先ツ御幣物次勅使及随員〉 次勅使所定ノ座ニ著ク

幣物案置	次幣帛供進使随員御幣物ヲ辛櫃ヨリ出シ仮ニ案上ニ置ク〈案ハ豫メ便宜ノ所ニ設ク〉	是ヨリ先修祓ノ儀アリ 次勅使随員御幣物ヲ辛櫃ヨリ出シ仮ニ案上ニ置ク〈案ハ豫メ便宜ノ所ニ設ク〉	次勅使随員御幣物ヲ辛櫃ヨリ出シ仮ニ案上ニ置ク	次御幣物辛櫃ヲ便宜ノ所ニ置ク〈勅使随員相副フ〉 次勅使随員御幣物ヲ辛櫃ヨリ出シ仮ニ案上ニ置ク〈案ハ豫メ便宜ノ所ニ設ク〉
献幣	次宮司御幣物ヲ奉ル	次宮司御幣物ヲ奉ル	次宮司御幣物ヲ奉ル	次宮司御幣物ヲ奉ル
祭文奏上	次幣帛供進使祝詞ヲ奏ス	次勅使進ミテ御祭文ヲ奏シ訖テ宮司ニ授ク 次宮司御祭文ヲ神前ニ納ム訖テ勅使ニ反命ス 次勅使退出〈神職前導〉	次勅使進ミテ御祭文ヲ奏シ訖テ宮司ニ授ク〈此間奏楽笏拍子一起立笏拍子一復座〉 次宮司御祭文ヲ神前ニ納ム訖テ勅使ニ反命ス 次勅使退出〈神職前導〉	次勅使御祭文ヲ奏ス 次宮司御祭文ヲ受ケ之ヲ神前ニ納メ畢リテ勅使ニ反命ス 次勅使退出〈神職前導〉
拝礼	次幣帛供進使玉串ヲ奉リテ拝礼〈玉串ハ主典之ヲ附ス〉 次幣帛供進使随員拝礼 次宮司玉串ヲ奉リテ拝礼〈玉串ハ主典之ヲ附ス〉 次権宮司若クハ禰宜以下拝礼	次地方官玉串ヲ奉リテ拝礼〈玉串ハ随員之ヲ附ス〉 次宮司玉串ヲ奉リテ拝礼 次権宮司以下拝礼	次地方官玉串ヲ奉リテ拝礼〈玉串ハ随員之ヲ附ス〉 次宮司玉串ヲ奉リテ拝礼〈玉串ハ主典之ヲ附ス〉 次権宮司以下拝礼	次地方長官玉串ヲ奉リテ拝礼 次宮司玉串ヲ奉リテ拝礼 次権宮司若ハ禰宜以下拝礼
撤幣	次権宮司若クハ禰宜以下御幣物ヲ撤ス	次権宮司以下御幣物ヲ撤ス	次禰宜以下御幣物神饌ヲ撤ス〈此間奏楽〉	次権宮司若ハ禰宜以下御幣物ヲ撤ス
撤饌	次禰宜以下神饌ヲ撤ス〈此間奏楽〉	次禰宜以下神饌ヲ撤ス〈此間奏楽〉		次禰宜以下神饌ヲ撤ス〈此間奏楽〉
閉扉	次宮司御扉ヲ閉チ畢リテ本座ニ復ス〈此間奏楽〉	次宮司御扉ヲ閉チ畢リテ本座ニ復ス〈此間奏楽〉	次ニ宮司権宮司御扉ヲ閉チ畢テ本席ニ復ス〈此間奏楽笏拍子一起立笏拍子一復座〉	次宮司御扉ヲ閉チ畢リテ本座ニ復ス〈此間奏楽〉
退出	次宮司祭儀畢レル由ヲ幣帛供進使ニ申ス 次各退出	次各退出	次各退出	次各退出

以下に丸数字①②③④をもって参照する。

それでは表1に掲げた①②③④を上から順に比較検討する。まず①の幣帛供進使の役割りと②③④に共通する勅使の役割りの違いに注目する。①の式次第において幣帛供進使は宮司から開扉前に準備万端が整った旨の報告を受け、閉扉後に無事終了の報告を受けている。これは祭典全体を奉行する上卿的な役割りを幣帛供進使が担っていると考えられる。いっぽう②③④において勅使は、宮司の祝詞奏上後、御幣物とともに参入し、宮司の献幣後、祭文を奏上し、諸員拝礼の前に退出してしまう。勅使は、宣命使・奉幣使に限定した役割りを担うのみである。つぎに②と③の相違に注目する。②には地方官著座（あるいは著席）の次第がなく開扉の時機が不明であるため③で補ったものと考えられる。また開閉扉に権宮司が奉仕するのが目に付くが、明治四十年の内務省告示「神社祭式行事作法」において宮司・権宮司の二人奉仕による開閉扉が規定されているので違叛ではない。ひとつの可能性としては「念押し」である。つまり確認の意味をこめて式次第に二人奉仕を明示したのかもしれない。一条実輝・鈴木松太郎がそれぞれ宮司・権宮司に任命されたのが同月八日のことであり準備期間も短かかったのである。そして③において開閉扉と祝詞奏上の開始・終了の合図に笏拍子を拍つのは社殿の構造上必要とされたのであろう。

最後に②と④とを比較する。両者の違いは地方官の修祓・著座の明記と、御幣物・御祭文に対する扱いである。地方官関係については省略し御幣物・御祭文に対する扱いのみ以下に考察する。まず②において御幣物の祓いは不明瞭で、ただ「勅使参進」につづいて「是ヨリ先修祓ノ儀アリ」と記述されるのみであった。これが④においては御幣物→勅使・随員と祓う順序が明記された。そして「御幣物辛櫃」の置き場所も「便宜ノ所」と明記されるようになった。つぎに勅使が奏上したあとの御祭文の行方であるが、②では勅使が宮司のもとに授けるが、④では宮司が進んで勅使のところに受け取りにゆくことになった。このように御幣物・御祭文ともに、より鄭重な扱いを受けることが保證されたのである。

以上、大正時代に制定された内務省管下の官国幣社例祭式、特に勅使参向の例祭式を比較検討した。小括すれば、明治神宮の例祭式制定を通して、勅使が参向する祭祀としてより相応しい鄭重な祭式が考案され、氷川・熱田・出雲・橿原の各神社に展開されたといえよう。

三　三勅祭と宮中年中行事

大正三年の内務省令「神社祭式」において「官幣大社ニ

シテ特別ノ定例アルモノハ之ニ依ル」として対象外とされた賀茂・男山（石清水）・春日の三勅祭は同十五年の内務省令「勅祭社例祭式」においてもまた対象外とされた。その三勅祭は明治十七から十九年にかけて旧儀が再興され、宮内省においてその式次第が取り決められていたのである。それでは旧儀再興までの明治前期における三勅祭の沿革を確認しておこう（表2参照）。

明治十六年九月二十二日には、宮内省支庁の設置が御裁可となり賀茂男山両祭の旧儀再興が決した。この件に関し『明治天皇紀』には左のごとく記されている。

京都に宮内省支庁を置き、書記官・御用掛・掌典等を勤務せしめ、又京都御所殿舎の布設等に従事せしめんがため、特に殿掌・殿部・殿丁を置く、京都宮闕保存のこと仰出され、事務漸く繁劇を加へたるを以てなり（割註略）／賀茂・男山両祭の旧儀を再興し、明年より之れを行はしめ、宮内省に合して諸事を取扱はしむ、賀茂・男山の両社は古来朝廷の崇敬特に厚く、其の祭祀は官祭として共に奉幣勅使差遣の事あり、其の儀式頗る荘重を極め、京都の北祭・南祭を以て称せらる、維新以後諸儀廃絶し、勅使差遣の事あるも一般神社奉幣の例に異なることなし、是れより先、右大臣岩倉具視が京都皇宮保存の議を上り、京都繁栄の道を講ずる

表2　三勅祭の沿革（『祭典録』『祭祀録』より作成）

明治	賀茂祭	男山祭	春日祭	備考
2年	旧儀	旧儀	旧儀	
3年	〃	宣使幣使参向	宣使幣使参向	
4年	宣使幣使参向	〃	〃	10・29「四時祭典定則」（『太政類典』）
5年	勅使参向	勅使参向	勅使参向	
6年	地方官参向	地方官参向	地方官参向	3・2「官幣諸社官祭式」（『祭祀録』）
7年	〃	〃	〃	
8年	〃	〃	〃	
9年	〃	〃	〃	
10年	〃	〃	〃	12・5神楽・走馬・東遊等廃止（『明治天皇紀』）
11年	〃	〃	〃	
12年	〃	〃	〃	4・12賀茂両社の東遊・走馬、男山八幡宮の神楽再興のため金三千円下賜（『明治天皇紀』）
13年	〃	〃	〃	
14年	〃	〃	〃	
15年	〃	〃	〃	
16年	〃	〃	〃	
17年	旧儀	旧儀	〃	
18年	〃	〃	〃	
19年	〃	〃	旧儀	

や、両祭の旧儀再興のこと実に其の一に居る、是の年五月、具視皇宮保存事務を督して京都に抵り、施設の大綱を定むるに於て、其の事始めて決す、既にして宮内省支庁を京都に置き、皇宮保存の事を司らしめらるゝに及び、是の日此の事を令せらる、初め両社とも例祭並びに臨時祭の旧儀を再興するに決したりしが、十七年八月共に其の臨時祭旧儀の再興を停む[10]

右の岩倉具視の京都皇宮保存の議とは十六年一月の「京都皇宮保存ニ関シ意見書」[11]のことで、その条目は「三大礼執行ノ事」「桓武帝神霊奉祀ノ事」「伊勢神宮並神武帝遥拝所ノ事」「賀茂祭旧儀再興ノ事」「石清水祭〈現今ノ男山祭〉旧儀再興ノ事」「白馬節会再興ノ事」「大祓ノ事」「三大節拝賀ノ事」「宮闕ノ近傍ニ洋風ノ一館ヲ築造スル事」「宝庫築造ノ事」「宮殿並御苑ニ関スル事」「二条城ヲ宮内省ノ所管ト為ス事」「留守司ヲ置ク事」「社寺分局ヲ置ク事」である。その内容は即位・大嘗会・立后の三大礼を筆頭とする宮廷行事の再興、宮殿・御苑をはじめとする歴史的建造物の整備・保存など多岐に渡る。そのなかで賀茂男山の両祭が宮廷の年中行事の枠組みのなかで旧儀再興を望まれていることは注目される。両祭は改暦前には旧儀を停止せられているが、代表的な節会である白馬節会もまた同じ頃、廃絶を餘儀なくされている。岩倉の「意見書」から、これらの三条目を以下に示す。

賀茂祭旧儀再興ノ事

賀茂祭〈旧暦四月中酉日其原ハ欽明天皇ノ御宇ニ起ル〉同臨時祭〈旧暦十一月下酉日其原ハ宇多天皇ノ御宇ニ起ル〉此両祭ハ最鄭重ニシテ勅使ノ行粧華麗ナリシヲ以テ京都近傍諸国ヨリ士民其盛儀ヲ観ル為メ陸続入京シ当日九門内ヨリ賀茂社頭ニ至ル途上男女老幼雑沓麕集セシト雖モ大政維新ノ後ハ神社一般ノ奉幣式ニ従ヒ頗ル其儀ヲ簡ニシ毎年一度〈四月十五日〉勅使ヲ差遣スノミ此等ノ祭儀ヲ改革セラレシモ亦今日都下衰微ヲ来タセシ一原由ニ属ス依テ自今旧儀再興一年両度之ヲ行フヘシ

石清水祭〈現今ノ男山祭〉再興ノ事

石清水臨時祭〈旧儀三月中午日其原ハ朱雀天皇ノ御宇ニ起リ之ヲ南祭ト称ス〉同放生会〈旧暦八月十五日其原ハ朱雀天皇ノ御宇ニ起リ維新ノ後中秋祭ト改称シ後又男山祭ト改ム〉此両祭モ亦旧儀荘重ナリト雖現今ハ賀茂祭ト同様ニ神社一般ノ奉幣式ニ従ヒ毎年一度〈八月十五日〉勅使ヲ差遣スノミ依テ自今当儀再興一年両度之ヲ行フヘシ

白馬節会再興ノ事

白馬節会〈正月七日其原ハ嵯峨天皇ノ御宇ニ起ル〉青

馬天覧及兵部省御弓奏〈射礼ノタメ御弓ヲ天皇ニ奉ルナリ〉等ノ式アリ明治二年正月迄ハ元日節会踏歌節会ト共ニ三節会ト称シ毎年之ヲ行ハレシト雖車駕東幸已後其式廃絶ス而テ元日節会ハ新年宴会ト改称シ明治五年正月新式ヲ以テ之ヲ行ヒ終ニ恒典ト為ル依テ自今此節会ヲ再興シ平安京ノ宮闕ニ於テ旧儀ノ如ク執行シ昔時ノ歌垣ノ例ニ倣ヒ衆庶ノ拝観ヲ許スヘシ

右意見によれば盛儀たる賀茂祭および荘重なる男山祭は地方官参向の平凡な例祭に改変され白馬節会においては廃絶され、これら行事の改廃が京都衰微の原因になったというのである。また『明治天皇紀』明治十八年四月六日条には「春日祭の旧儀を再興し、明年より執行せしむ、仍りて賀茂・男山両祭に準じ、宮内省をして諸事を取扱はしむ」(12)とされ、翌十九年に旧儀によるいわゆる「三勅祭」が出揃うことになる。三月に旧儀による春日祭が再興された直後の賀茂祭は注目に値する。岩倉具綱から宇田淵への勅使解除の改定に関する通達を左に示す。

曽テ及御通達置候賀茂両社祭式中下社ニ於テ勅使解除之節贖物執行之儀式書中別紙之通朱書ヲ増加致候就テハ図面之贖物御調製相成度且両社ニテ勅使祭文拝読畢テ起座之後執行順序差支候辺有之ニ付別紙之通改正相成候間及御通達候尤其他都テ従前之通御心得有之度此段申進候也

明治十九年四月廿六日　岩倉掌典

宇田主殿権助殿

追テ本文贖物之儀ハ下社ニ限候儀ニテ上社ニハ此儀無之昨年之通ニ候条此段為念申添候也(13)

右通達によれば下社の勅使解除にかぎり贖物の儀が執行されたことがわかる。当年の春日祭を奉行した掌典の岩倉は、賀茂祭を奉行する宇田主殿権助に春日祭の順序通りに贖物の儀を行うよう通達しているのである。この改定は宮内省が奉行する三勅祭において、解除の祭式を共通化しようとする方向性がみてとれる。

三勅祭の旧儀再興ののち大正末年まで式次第に変化はなかったものの大正九年になると三勅祭幣帛に現品が奉納されるようになる。式部長官による通牒は左の通りである。

賀茂石清水春日三祭ニ御奉納ノ幣帛及神饌料左記ノ通リ御改定大正九年ヨリ実施相成候条此段及通牒候也

大正八年十月十五日

式部長官伯爵戸田氏共

主殿寮出張所長

宮内事務官日野西資博殿

追テ幣帛ハ現品ヲ以テ御奉納ノ趣各社へ通知有之度候

幣帛〈一座分〉
一五色絁　各一丈二尺
一絲　　一絇
一曝布　一端
一木綿　二斤
一麻　　二斤

神饌料〈一座分〉
金参拾円(14)

右通牒は日野西主殿寮出張所長から上賀茂・下鴨・春日・石清水の四社へ通知された。同日の式部長官通牒未学乙第四四八〇号「官幣社例祭並官国幣社祈年新嘗両祭神饌幣帛料ニ関スル件(15)」において官国幣の大中小社・別格官幣社の幣帛・神饌の料金が改訂されている。当該通牒の但し書き中、幣帛の現品奉納が認められており、そのなかの官幣大社の幣帛に相当する品目が三勅祭の幣帛となっている(16)。そして大正十四年になると旧儀神饌の再興をはじめとした大幅な改定が検討される。『祭典録(17)』に残されている史料によると、三月十一日付で日野西資博内匠寮出張所長が春日、上下賀茂、石清水の各宮司に対し「春日祭（賀茂祭、石清水祭）例祭神饌ハ御奉納ノ料金範囲ヲ以テ旧儀神饌供進ノ事ニ御治定被為在候条依命此段及通達候」と立案している。さらに同日の立案で春日神社に対し「春日祭々儀中今般別紙ノ通リ改正暫定相成候此段及通牒候也」と依命通牒している。「別紙」を以下に示す（一つ書きは白丸数字①～⑪に改めた）。

①修祓ノ式ヲ改正シ祓戸社ニ神饌ヲ供シ祝詞奏上ハ神職之ヲ行ヒ祓詞ノ座ハ祓戸社ト上卿又ハ辨ノ座トノ中間斜ニ向ヒ位置スルコトニ定メラル
②上卿、辨ノ着到殿ヨリ社頭ニ参進ノ道筋ハ従来ハ藤ノ鳥居ヲ経テ慶賀門ヲ入ルノ制度ナリシモ他姓ノ者ニアリテハ南門ヲ入ルヲ保存スルコトニ定メラル／南門ヨリ入ルコトアル時ハ南門内手水ノ場所ヲ布設スルコト　但上卿手水ノ所役ハ神職主典以上ニテ奉仕セラレタキコト
③食薦ハ神職四人ヲシテ一時ニ敷設シ御棚ハ第一ヲ上卿及辨ニテ奉舁シ酒樽ノ二個ハ神職二人ニテ同時ニ奉奠スルコトニ定メラル
④缶ハ中門内ニ辨備シ置クコトニ定メラル
⑤御幣物奉奠ノ作法ヲ左ノ通リ改メラル／神職幣物ノ案ヲ庭中ニ設ク／次内蔵寮官人御幣物ヲ取リ出シ舞殿ヲ出テ造合ヲ経テ庭中ノ案上ニ奠ス二、三、四ノ幣物之ニ倣フ（以下略）
⑥御祭文奉読ノ座ヲ幣殿東一ノ間設クルコトニ改メラル

⑦宮司ノ木綿鬘ハ上卿ヨリ御祭文ヲ受クルトキ之ヲ懸ケ奉納ノ上取リ外スコト、シ紙垂ハ四垂トスルコトニ定メラル

⑧御棚ノ神饌ヲ以テ例祭ノ神饌トスルコトニ定メラル

⑨上卿及辨ニ禄ヲ賜フノ儀ヲ再興セラル

⑩参列諸員ノ拝礼廃止ノ事ニ定メラル／但宮司以下神職ノ拝礼ハ従来ノ通リ

⑪参列者ノ範囲ヲ拡張シ高等官同待遇ノ官吏之ニ準ズベキ公吏又ハ公職ニ在ル者神社所在地ノ区長、町村長及氏子総代又ハ之レニ準ズベキ者トシ服装ハ男子ハ大礼服正装服制ナキモノハ通常礼服（燕尾服）女子ハ通常服又ハ袿袴ト定メラル

右の十一の改正点を眺めると、旧儀による供饌の再興①③④⑧[18]のみならず賜禄の再興⑨から参列者の拝礼⑩服装⑪まで多岐にわたり検討されていることがわかる。この別紙に続き「賀茂祭々儀改正事項」が綴られている。左にそれを示す（一つ書きは黒丸数字❶～⓭に改めた）。

❶当日奏上スル祝詞ハ神社祭式ニ拠ララズ旧儀ニ拠ルベキコトニ改定

❷修祓ノ作法ハ各神社及其家ノ流儀ヲ用フルモ大麻ノ撫方散米ノ方法ハ「左、右、中」トスルコトニ一定

❸上社解除ノ方式ヲ復旧シ古来ノ方法ニ拠ルコトニ改定

❹御幣物奉奠ノ順序ヲ左ノ通リ改定

下社

内蔵使史生ヲ率ヒ中門前ニ到リ先第一ノ幣物ヲ東ノ案次ニ第二ノ幣物ヲ西ノ案上ニ奉奠ス（以下略）

上社ハ

前段下社ニ同断（以下略）

❺返祝詞ノ拍手ハ両社ノ古例ニ則リ／下社ハ三声（詳細略）／上社ハ四声（詳細略）／ニ一定

❻上社ノ返祝詞ハ従来拍手ノミナルヲ古例ニ復旧シ祝詞ヲ申スコトニ改定／但笏紙ヲ用フルヲ可トス

❼上社ニ於ル御馬牽廻シノ儀ハ現行ノ三匝ノ上楼門前玉橋ヲ渡リ神前ニ対ハシメテ去、楠橋ヲ経テ帰着スル古例ニ復スルコトニ改定

❽参列者ノ範囲ヲ拡張シ「高等官、同待遇ノ官吏之ニ準ズベキ公吏又ハ公職ニアル者神社所在ノ区長町村長及氏子総代又ハ之ニ準スベキ者トシ服装ハ男子大礼服正装服制ナキ者ハ通常礼服女子通常礼服又ハ袿袴ト制定

❾参列諸員ノ拝礼ハ之ヲ廃《ママ》止ス／但参列地方官及宮司以下神職ノ拝礼ハ従前ノ通リ祭儀終了ノ后ニ於テスルコト

附記（注意事項）

❿大祓ノ贖物撤却ノ際ハ弁備ノ案上ニ返サズ其案下又ハ取捨ノ形ヲ取ルコト

⓫返祝詞ノ声ハ高キニ過ギズ単ニ勅使ニ達スル程度ノ音声タルベキコト

⓬供饌ノ時機ヲ斟酌シ其終了ト勅使参着ノ時刻トノ間隔ノ長カラザルコトニ注意スルコト

⓭楼門其他式場ニ面シテ紫其他御紋章付幕ヲ張ラザルコト

賀茂祭の改正事項には春日祭のそれと違い神饌に関するものがない一方で、祝詞❶❺❻⓫や修祓❷❸❿に関するものが目立つ。こうしてみると先に挙げた旧儀神饌再興の御治定は、祭儀全般にわたる古儀の復活を期待する思し召しであった、と考えられる。さて参列者の服装❽拝礼❾は春日祭の別紙における⑪⑩と同内容であり、時代に合わせた秩序ある三勅祭のあり方を摸索する改正事項として注目される。以上の大正十四年に検討された改正事項の多くは翌十五年に反映されていると考えられる。[19] このほか同十五年石清水祭においては、祓幄が設けられ上卿解除の際に贖物の儀が執行され、さらに「上卿ハ維新以前ヨリ大正十四年マデ御祭文ヲ奏セズシテ宮司ニ付サレシヲ他ノ勅祭ニ於ケルガ如ク御祭文ヲ奏シテ後宮司ニ付サル、事ニ改正」（傍点筆者）された。[20] 御祭文についてはすでに同年賀茂祭において改正されており「御祭文ノ読ミ方」が以下のように明記されている。

旧制（大正十五年御改正前）ニ於イテハ勅使ハ御祭文ヲ無言ニテ読ミシガ、新制即チ現制ニ於イテハ勅使ハ御祭文ヲ声ニ出シテ読ム事トナレリ[21]

右の賀茂祭より更に遡れば同年春日祭においても「上卿御祭文ヲ奏ス」[22] とされている。つまり大正十五年になると勅使が読む御祭文は内務省令あるいは陸軍省令で規定される祭式と同様に、三勅祭においても声に出すようになった。これもまた勅祭の新しい伝統と言えよう。さて岩倉の「意見書」が契機となり旧儀再興した三勅祭を含む宮廷行事はそのちどのようになったのであろうか。

昭和十五年に図書寮により作成された『現行宮中年中行事調査部報告』[23]（全四十巻）は宮中における年中行事書である。収録された行事は、元旦の四方拝を筆頭に全部で三十五にのぼる。順にあげれば四方拝・晴御膳・新年朝賀・政始・新年宴会・講書始・歌会始・宮中杖・一月節日・紀元節・祈年祭・三月節日・春日祭・観桜会・五月節日・賀茂祭・大祓（六月十二月）・節折（六月十二月）・七月節日・九月節日・石清水祭・神嘗祭・新嘗祭・観菊会・賢所御神楽・歳末御祝詞・旬祭・先帝祭・先帝以前三代ノ例祭・天長節・皇后御誕辰・皇太后御誕辰・皇太子御誕辰・寒中暑中御伺・立太子式となる。図書寮内の現行宮中年中行事調査部の事業は昭和十二年十二月十七日に左の如く立案されている。

現行宮中諸行事ノ由来沿革ノ調査ニ関スル件

宮廷年中諸行事ノ調査並ニ皇宮離宮ノ歴史的研究ニ就テハ従来当寮ノ有職調査部ハ其組織期間等ノ関係上之ニ及ブ能ハサリシ所ナルモ之カ調査ヲ放置スルコトハ該事業ノ功ヲ一簣ニ缺クノ憾アリ殊ニ現行宮中ノ諸行事ニ就テハ其由来沿革ノ調査ヲ完成シ日常ノ省務ニ資スルコト最モ急ナルモノアルヲ感ス因テ左記ノ計画ヲ以テ現行宮中諸行事ノ由来沿革調査ヲ開始致シ度相伺候

計画概要

一担当人員	御用掛	二	（奏任待遇）
	属兼編修官補	一	（秘書課配属者）
	嘱託	三	（判任扱）
	史生	二	（雇員）
	録手	二	（雇員）
一年限	二年六月		
一出張旅費	年額五〇〇円		
一用度費	年額一〇〇円(24)		

右案は同年十二月二十四日に宮内大臣による決裁をうけているのだが、当該調査は有職調査(25)の後継事業と考えられる。何となれば図書寮内の有職調査は昭和二年に始り十年の歳月をかけ第一期の有職調査（服飾・吉凶儀礼・宮殿調度）、第二期の臨時記録作成（出張聴取・招致講演）を終えている。しかしながらこれに加えて、当年六月二十二日に第三期として「京都方面ニ関スル追加事業ノ記録ノ校正」以下九項目の残務整理（当年末迄）が立案され、翌二十三日に決裁をうけているのである。このように事業期間の連続性もさることながら有職故実・年中行事はどちらも宮廷儀礼を支える基盤として関聯が強い。そして有職故実・年中行事の調査は「日常ノ省務ニ資スルコト」同じ目的であり、また「故老ノ物故スル者多キニ鑑ミ其ノ資料ヲ蒐集伝承シ秘説ノ口授ヲ採録スルノ急ヲ認メラレ」る背景もまた共通している。

さて『現行宮中年中行事調査部報告』所収の三十五の行事のうち「皇室祭祀令」に記載される祭祀として、四方拝・紀元節・祈年祭・神嘗祭・新嘗祭・賢所御神楽・先帝祭・先帝以前三代ノ例祭・天長節がある。また「皇室儀制令」に記載のある朝儀は新年朝賀・政始・新年宴会・講書始・歌会始・紀元節・天長節である。いっぽう廃絶された行事ではあるが一月節日・三月節日・五月節日・七月節日・九月節日も調査、報告されている。廃絶された行事が「現行宮中年中行事」とされるのは、皇室の伝統として忘れてはならない行事であり、さればこそ記録に留められたと推察する。例えば新年宴会の調査報告書は次のように結ばれている。

古ク景行天皇ノ御世ニ既ニ行ハセラレタリシ新年ノ賀宴ハ、後ニ重大朝儀ノ一トシテ正月三節日亘リテ行ハセラレ、コノ制ハ千数百年ノ長キ間変ルコトナカリキ。明治維新トナリテコノ三節会ノ廃セラル、ヤ、之ニ代リテ新年宴会ノ制ヲ立テ、特ニ一日ヲ設ケテコノ日トナシ給フ。之等ノ制ヲ一貫シテ視ル時、年頭ノ大節ヲ祝シテ歓ヲ倶ニシ給フ意義ハ毫モ変化セザルナリ(26)

右結語によれば廃絶した正月三節会（一月節日）の意義は、現行の新年宴会に引継がれているため、正月三節会もまた現行であるということであろう。そしてここに至って、廃絶していないにも係わらず上述の宮務法には規定されていない類(27)のあることに気付く。春日祭・賀茂祭・大祓（六月十二月）・節折（六月十二月）・石清水祭・歳末御祝詞・旬祭がそれにあたる。旬祭の調査報告書は次のように始まる。

旬祭ハ、公的ノモノニアラズシテ、御敬神崇祖ノ叡慮ヲ拝スベキ内的ノ祭祀タリ。即チ、一月一日ヲ除キテ、毎月、一日・十一日・二十一日ニ賢所・皇霊殿・神殿〈古制ニ於ケル神祇官神殿ニアタルモノ〉ニテ行ハセラル、モノニシテ、皇室祭祀令ニハソノ規定ヲ見ズ。随ヒテ儀服モ御直衣ニテ出御アラセラレ、奉仕員モ浄衣ヲ着スルノミ、マタ奏楽モナク幣物モ奠セラレズ。マタ賢所・皇霊殿ノ神饌ハ平安朝以来ノ折敷高坏六本折櫃二十合ニシテ神供トイハンヨリハ御祖先ヘトイフ色彩濃厚ナル御供物ナリトス(28)（傍点筆者）

右序説によれば旬祭は「御敬神崇祖ノ叡慮ヲ拝スベキ内的ノ祭祀」という。また同報告書第一章において旬祭の意義が次のように語られる。

内的ノ祭祀タリト雖モ決シテ忽緒ニ附スベキニアラズ、殊ニ十一日・二十一日ノ旬祭ニハ、従来（明治大正時代、筆者註）御代拝ノミナリシヲ現代（昭和前期、筆者註）ニ及ビ、三旬悉ク御拝（三殿）アラセラル、事実ヲ拝シテハ、ソノ重要サト祭祀ノ永遠性ヲ知ルベシ(29)

右義解によってもなお昭和天皇の御敬神崇祖の叡慮の程は窺い知るすべもないが、その起源についてもまた未詳とのことである。当該報告書によれば改暦前に行われていた節朔祭は旬祭の前身のひとつで、その式次第のなかに「御敬神崇祖」の内実が具象化されている。すなわち賢所皇霊御拝ののち皇太神宮・豊受太神宮・神武天皇陵・孝明天皇陵・氷川神社・賀茂上下神社・男山八幡宮・熱田神宮・鹿島神宮・香取神宮への御拝（遥拝）が続いている。このうち氷川神社以下の諸社拝は元旦四方拝の諸社拝と同じである。このように年中行事のなかに天皇の神社への御崇敬の叡慮が表わされていることは見過ごせない。

三勅祭の旧儀が再興されつつある明治十九年二月四日制定の宮内省官制に式部職は「帝室ノ祭典儀式雅楽ノ事ヲ総掌ス」(30)と定められている。この「帝室ノ祭典」とは法令の枠を越えた伝統的な宮中の年中行事を指すことが本節を通じ理解されたものと思う。

おわりに

皇室と神社の関係は明治四十一年の「皇室祭祀令」においては祈年祭・新嘗祭における班幣のみであった。いっぽう内務省管下には勅使参向の神社があったが、大正三年の内務省令「神社祭式」においてもその祭式は例外扱いとされた。しかしながら同年の神社奉祀調査会特別委員会および調査総会により明治神宮の例祭式が勅使参向のうえ鄭重に斎行されることが決定された。そして同九年に内務省令「明治神宮例祭式」が定められると例外とされた勅祭社の例祭式が同十五年に内務省令「勅祭社例祭式」として制定された。その対象は氷川・熱田・出雲・橿原・明治の勅使参向五社に限られた。いっぽう宮内省が奉行する旧儀による賀茂・男山（石清水）・春日の三勅祭の祭式は、結局、宮務法あるいは国務法として制定されることはなかった。すなわち三勅祭は「帝室ノ祭典」として包括される宮中の年中行事として斎行されたと考えられる。

註

（1）長谷晴男編『神社祭祀関係法令規程類纂』再版（国書刊行会、平成元年四月、初版は昭和六十一年四月）三三一〜三三四頁。
（2）神社本庁蔵『神祇院関係資料』四〇〇神社祭式行事作法改正関係書類所収。
（3）『明治神宮御造営の由来を語る』（『明治神宮叢書』十七）五四五頁。
（4）内務省神社局『明治神宮造営誌』（昭和五年三月）二三頁。
（5）同右、六一頁。
（6）『神社奉祀調査会特別委員会報告』（『明治神宮叢書』十七）二九頁。
（7）前掲『明治神宮造営誌』三七頁以下の「第四章　神宮創立事項の調査」「第五節　例祭日並例祭日勅使差遣」。
（8）國學院大學日本文化研究所編『神道要語集』祭祀篇一、二二九頁。
（9）「明治神宮祭典記録三」『明治神宮叢書』十五、三六三頁以下。
（10）『明治天皇紀』六、一一一頁。
（11）『岩倉公実記』下、二三一八頁以下。
（12）前掲『明治天皇紀』六、三九一頁。

(13)宮内公文書館25318『祭典録（賀茂祭の部）明治19年』。
(14)宮内公文書館25349『祭典録（石清水祭の部）大正7～10年』。
(15)前掲『神社祭祀関係法令規程類纂』四八頁。
(16)当該通牒において「皇室祭祀令」における祈年幣・新嘗幣の品目が、また内務省令「神社祭式」における例祭幣帛の品目が定められた。ここに皇室と神社を結ぶ幣帛品目の詳細を式部長官が取り決め通達する意味は大きい。さらに三勅祭においては、幣帛だけでなく式次第の制定および勅使以下参役の発遣も宮内省が奉行するのが大きな違いである。
(17)宮内公文書館25332『祭典録（賀茂祭の部）大正12～15年』。
(18)『春日神社神供秘記』（『神社祭式行事作法典故考究』三〇四～三一二頁）によれば四座・祓戸社・酒殿に供饌されている。
(19)宮内公文書館26223『現行宮中年中行事調査部報告15（春日祭）』大正十五年改定次第には①に関し祓戸社への供饌（一六一頁）が、また⑨に関し賜禄（一六七頁）が認められる。また宮内公文書館26225『現行宮中年中行事調査部報告18（賀茂祭）』大正十五年改定次第には❸に関し、上社の勅使解除の際に下社同様の贖物の儀が行われている（二六二頁）。ただし同書には幣案の使い分けや返祝詞の作法の詳細は示されない。未確認であるが、おそらく儀註に示されていると考えられる。
(20)宮内公文書館26230『現行宮中年中行事調査部報告23（石清水祭 上）』二一四～二一五頁。
(21)上掲『現行宮中年中行事調査部報告18（賀茂祭）』二七五頁。
(22)上掲『現行宮中年中行事調査部報告15（春日祭）』一六五頁。同書一五一頁には明治十九年の旧儀再興当時の式次第が納められており「御祭文拝読」となっているので賀茂祭・石清水祭と同様の変遷をたどったと考えられる。
(23)宮内公文書館26209『現行宮中年中行事調査部報告首巻（例言・総目録）』以下26247まで連番。
(24)宮内公文書館7587『例規録昭和12年』。
(25)同右。このなかに「有職調査事業残務ニ関スル件」が含まれている。内容は「有職故実ノ調査ハ五ヶ年ノ期間ヲ以テ昭和二年七月六日大臣決裁ニ依リ御用掛ニ名嘱託一名ヲ以テ昭和二年七月之ニ着手シ主トシテ復飾、宮殿、調度ニ関スル諸項目ヲ豫定シ鋭意之カ研究調査ヲ進メ候モ当初ノ目的ニ照シ尚吉凶儀礼其ノ他取調ヲ要スル事項多々有之五ヶ年ヲ以テ到底其ノ事業ヲ終了スル事能ハス更ニ同機構ノ下ニ尚五ヶ年ノ延期方ヲ稟申シ昭和六年十二月九日大臣決裁相成調査ヲ継続致候尤モ途中土居嘱託ノ転出アリタル為其ノ担当セル宮殿ノ調査ハ適当ノ後任ヲ得ル能ハス為ニ此分ヲ保留スルノ止ムナキニ至リタルハ遺憾ノ儀ニ有之候ヘ共其ノ他ノ調査項目ニ付テハ別表（一）ノ如キ成績ヲ挙ケ本年六月末ヲ以テ終了可致候／然ルニ此間有職故老ノ物故スル者多キニ鑑ミ其ノ資料ヲ蒐集伝承シ秘説ノ口授ヲ採録スルノ急ヲ認メラレ昭和七年三月卅一日大臣決裁ニ依リ昭和七年以後三ヶ年ヲ以テ在来ノ本務ト雁行シテ主トシテ京都方面ノ古老ニ就キ之カ調査ニ勉メ候結果其ノ実績ハ別表（二）ニ示スカ如ク其ノ細目ノ数夥シキモノ有之当初ノ豫定ノ外此等ノ調査ヲモ終了致候モ為ニ此種記録ノ整理校合及当初豫期セサリシ追加資料ノ調査整理ヲ必要トスルモノ等別表（三）ニ列記ノ如ク多々相生候就テハ本年七月以降年末迄六ヶ月ヲ限リ残務整理方御認可相得度ク伺候也」と記される。ただし本稿において紙数の関係で別表（一）（二）（三）を割愛した。

(26) 宮内公文書館26214『現行宮中年中行事調査部報告5（新年宴会）』九九頁。

(27) 酒巻芳男は祭祀令所定外の恒例祭祀について「皇室祭祀令は典型的な祭祀を掲げて其の次第等を定めたものであるから、本令に規定して居ないときは古来行はれたものでも之を執行してはならないと云ふ訳ではない」として旬祭・大祓・節折・除夜祭・皇族霊殿祭及墓所祭をあげている（『皇室制度講話』第三刷（一九九四年九月、第一刷は一九三四年一月）八一〜八二頁）。

(28) 宮内公文書館26238『現行宮中年中行事調査部報告31（旬祭）』一〜二頁。

(29) 同右、四頁。

(30) 『法令全書』明治十九年二月達宮内省第一号。

追記　本稿は平成二十九年九月に國學院大學に提出した博士論文「神社祭式の研究」の第六章「神社祭祀と宮中年中行事」を加筆修正したものである。

（春日神社権禰宜、國學院大學大学院特別研究員）

公開シンポジウム

平田国学の幕末維新

〔日時〕　平成三十年七月十四日（土）
　　　　　午後一時三十分～五時
〔会場〕　明治神宮参集殿
〔主催〕　明治聖徳記念学会
〔共催〕　國學院大學研究開発推進センター

基調講演

平田国学の幕末維新

宮地正人

一　問題の所在

ただいまご紹介いただいた宮地です。私は幕末維新の政治過程を研究してきた者です。神道学や宗教史の専門家では全くありません。はじめにお断りしておきます。この時期の政治過程を研究する際の一つの観測点にしなければならないのが、サムライ階級ではなく在地の豪農・豪商が主体的に維新変革に参画していった木曽谷を挟んだ東美濃、そして南信州の「東濃・南信」地帯です。皆さんご存じの島崎藤村、自分の父親島崎正樹をモデルにし、平田国学者青山半蔵を主人公とする『夜明け前』の世界、ここを私の実証研究のフィールドの一つにしてきました。したがって、平田国学が明治維新とどのように関わっているかが私の関心になってきました。ただし、言うまでもなくフィールド研究は容易にできるものではありません。よそ者です。いろいろの方からの理解と協力を得て調査を開始できたのは一九九八年、夏のことでした。二度目のいいことも、研究者冥利につきますが、私にとって、二〇〇一年の秋におこりました。代々木の平田神社に大切に持ち伝えられてきた篤胤、銕胤、延胤、そして盛胤、四代にわたる気吹舎史料が、若い仲間と共に研究できるようになりました。この調査の中間報告は、私が当時勤めていた千葉県佐倉の国立歴史民俗博物館の企画展示「明治維新と平田国学」でご紹介することができ、現在この史料は歴博で皆さんが閲覧できるようになっています。私がこの平田家史料を調査するなかで、最も強烈な印象というより、衝撃を受けたものが、平田篤胤の対露危機の受け止め方です。『千島の白波』には収められていないロシア語も含む幕府の極秘文書も彼は丹念に収集し続けていました。この対露危機は一七九二年、ラクスマンが根室に来たときに本格化し、一八一三年、ディアナ号のゴロヴニンが松前の牢獄から釈放され、カムチャツカに帰ることによって一応収束します。

王政復古は一八六八年。それよりも七十年も前に引き戻って、お前は一体何を考えているつもりだと批判する方もいらっしゃるかもわかりませんが、平田国学とは何だったか、この篤胤の強烈な西洋認識を知ることによって、その起承転結をようやく自分として理解しえたと思っています。もちろん、神道学や宗教史においては全くの素人の一政治史研究者の立場からの理解にすぎませんが、私の理解する範囲内での平田国学の起承転結のごく概略をこの場でお話ししてみたい。これが本日の趣旨でございます。

二　対露危機と復古神道神学の形成

早速本論に入っていきます。普通の理解では、世界資本主義に東アジアが包摂されるのは一八四二年、アヘン戦争での大清帝国の敗北ということになります。私は一七九〇年代からの対露危機がその初発の時期ではなかったかといま考えています。それ以前の日本人、そして幕府という武士国家の西洋理解はオランダによって代表され、出島商館長の毎年の江戸参府が幕府への臣従の誓いを可視化するものだと思われていました。しかし、ロシアの対日接近そのものは一七八九年のフランス革命に触発されたものであり、一八〇五年の大ロシア帝国全権使節レザノフの日本開国要求に対するそっけない幕府の拒否は、ロシア帝国からの対日戦争の危機もつくりだした。しかも、一八〇六年から七年の樺太、択捉、利尻へのロシア艦の攻撃は、一八〇八年、イギリス艦フェートン号の長崎侵攻と結びついてしまいました。西洋を代表するものはもはやオランダではなくなり、かわってロシアとイギリスという巨大な軍事大国となり、しかも、西洋の優れた科学技術の背後にキリスト教というきわめて強い唯一神を信仰する宗教がつながっていたのです。

西洋の全世界包摂の動きは非キリスト教世界へのキリスト教の布教とその浸透から開始します。そして、キリスト教布教と浸透は、一方でその卓越した天文学を中心とする自然科学研究、他方では天然痘治療を核とする近代的な医療技術と結合していました。注意してほしいのは、この動きは非キリスト教世界全体に対する動きだったということです。それに対抗しうる神をもちえなかった地帯では、キリスト教が新しい宗教になっていきます。いまのアフリカ大陸でも広大な太平洋の島々でもその実践地域になりました。

しかし、この近代科学技術と結合したキリスト教の挑戦は、イスラム世界にもインドのヒンドゥー教世界にも、そしてビルマやタイの上座部仏教の世界にも、儒教・仏教・道教の支配する中華帝国の世界にも挑まれたものでした。いかに対峙し、土着の信仰をより体系的で、より民衆の心の中に根を張ることのできる宗教に成長転化させることができるかどうか、その土地土地の在来の神々を信じる人々自身にとっての切実な課題となってきました。

さて、幕末期になると、林子平、高山彦九郎、蒲生君平の三人の知識人が寛政の三奇人として再評価されることになりますが、彼らが生きていたあいだは人に顧みられることのない奇人の扱いをされつづけました。しかし私は、この三人は対露危機に直面した日本の危機を彼らなりの関心に沿って憂慮し、その対策を考えようとしていた人々だと見ています。戦後七十年以上たっても依然として狂信的な勤皇家とだけ評価され続けているのは、彼らにとって不本意なことではないでしょうか。篤胤もこの三人が抱え込んでしまった切実な現在的課題に正面から取り組んだ知識人だと私は思っています。

しかし、取り組み方は人それぞれの気質と性格によっておのずから異なったものになります。篤胤は、キリスト教的に表現すれば、神の恩寵を体の中に満たすことのできる宗教的な気質の人物でした。そして、体にしみ込んだ秋田藩士大和田家の学問朱子学は、その理気説と典型的な天動説のため、西洋の最新科学によって見事に破砕されてしまいます。他方で、彼が養子に入った備中松山藩の平田藤兵衛家は山鹿流兵学を家の学問とするサムライの家でした。西洋の脅威から日本の独立を守る闘いと、自分の魂を安着させなければならないという二つの課題を彼は自分自身の課題として抱え込まされてしまったのです。この課題を抱えるなかで学問をしつづけ、その過程の中で本居宣長の『古事記伝』に遭遇することになったと私は理解しています。

篤胤が師宣長から最も教えられたことは、「天地は死物にして心もしわざもあるものではない」との命題です。天、地、そして気というものが全くの死物であるならば、この天地を動かすものは神の御心、そして神のみしわざ以外のなにものでもありません。篤胤は一方では西洋の諸学問をキリスト教も含めきわめて貪欲に吸収すると共に、宣長の『古事記伝』の中にある直毘霊、そして神代巻第十七巻の末尾に付された服部中庸の『三大考』を手がかりに、儒教説も仏教説も徹底的に拒絶した復古神道神学を構築していきます。その成果は、一方では『千島の白波』となり、他方では『霊能真柱』となりました。

ごく最近、ようやく日本人の知識となった地動説をもとに、天御中主命を創造神とする神道神学を体系化し、日本を世界のもととする、他に求めることのない自足した「うまし御国」と定めます。この神に嘉された六十六ヶ国二島の御国の御民、その人々の魂の安着を得させるために、あえて師説に対抗せざるをなかったのが霊魂の行方の問題でした。霊魂は黄泉国に行くのではなく、この現し世の世界の真っ只中の幽世の世界に止まり、幽世から家と子孫を加護しているのだと彼は主張します。この主張は復古神道神学のなかに地域と産土神の位置づけをしっかりと定着させることになりました。この問題をより深く考えれば、いかに現世に生きることが苦しくても、この現し身が生きること自体、実は可能性に満ち溢れているのだという生命観が広まってきているることにもなるのです。そのためにこそ百姓株を維持し、その百姓株を核として、父母をはじめとする祖先並びに自分の村を大事に守り維持しなければならないということが百姓の生活意識の中に確立してきたことを、篤胤はしっかりと見定めていたのだと私は理解しています。

三　天保期に遭遇する試練

篤胤は『霊能真柱』で見通しをつけた復古神道神学をいかに日本人男女のなかに普及していくかに腐心します。在地名望家でもある神職たちへの影響力を強めるため、吉田家への働きかけもそうですし、『天満宮御伝記略』は寺子屋の師匠を同時に意識したものです。『医宗仲景考』は各村々にいた漢方医を読者に想定しており、宮負定雄の『草木撰種録』は在地の名主、庄屋、そして篤農家をターゲットに絞り込んでいます。六十六ヶ国二島の御国の御民と天子との情義的共同体こそがその出発点になる以上、農業と百姓は篤胤の神道神学の基礎になるものでした。小西藤右衛門の『農業余話』の文章を小西と銕胤が対話をしつつ、すべてについて共同で練り直したこともこのことと結びついています。この作業を銕胤が完了したとき、篤胤は「種々のひじり何せむ齋庭穂を八束に作る田人し有れば」との歌を詠みました。さらに百姓の家、町人の家は夫婦共に円満であって初めて成り立つものであり、しかも、女性のほうがいい加減な夫よりも信仰心の篤いもの、『宮比神御伝記』は、松尾多勢子が最も感銘を受けるものになりました。

しかし、順風満帆に続くかに見えた篤胤の復古神道神学は、天保期に入ると大きな試練に遭遇することになりました。百姓の家の存続は篤胤が考えていたほど容易ではありませんでした。天保期には一八三三年と三六年に二度の大飢饉が襲い、しかも一つの飢饉が二年にわたって続きます。「御民等の財掠る村長は世の盗人の種といふなり」と歌うように、飢饉の時、餓死者を出さないように努めるのが村長の役目だと言い続けてきた下総国香取郡松沢村の名主宮負定雄が気が狂ったと一八三四年三月に手紙で気吹舎に急報した同村熊野神社の神職宇井出羽は、この直後の八月、大原幽学の性理学に基づいた農村復興運動に参加することになりました。『霊能真柱』を執筆するその時から有力なパトロンであった駿府の豪商新庄道雄は一八三四年、「御差支の段は万々承知仕候え共、先便申上候通にて、何分当時難出来、殊に中上も無之候え共、其御地も御同様、米価貴きこと、示の如くにて、市中の人気先月以来大に騒立候」と、『玉襷』刊行に財政援助はできないと返事をします。飯米を配らねばならない窮民が一万数千人出てきている状況です。この天保四年の大飢饉は全国的なものであり、天保四年八月六日、東濃中津川宿でも一五軒がうちこわしにあっています。「夜明け前」世界の平田国学を考えるうえでの前提がここにあると私は思っています。

皆さんご存じの一八三七年六月、生田万の蜂起、柏崎陣屋襲撃は、歴史学ではこの年二月の大塩平八郎の乱の刺激と説明されています。ただし、私はもうすこし平田国学内から迫ってしかるべきと思っているのです。彼は平田国学の教材として、漢字を学習するテキスト『千字文』をモデルに、復古神道神学による日本歴史理解を『古学二千文』に著します。そこには儒仏伝来以前の日本を「薄税寛刑」の理想時代としました。領主は天子のみよさしとして民をあずかっている立場、この窮状をなんとしても見過ごすことのできないと思い詰めてしまったのが、彼のサムライとしての性格もあったでしょう。この襲撃となりました。しかし、この一揆は気吹舎に甚大な影響を与えることになりました。篤胤は幕府から生田万との関係を厳しく問われることになります。気吹舎からすれば相当の点数の生田書状が存在していたことは明々白々ですのに、われわれが調査した気吹舎史料からは一点の書状も残存していないという事実は、とりもなおさず、気吹舎の受けた衝撃の大きさとその対処の仕方を物語っています。

このような社会はこのままのかたちで存続しうるかの疑問は、大塩事件からの影響を受けないまでも、復古神道の立場からしても当然のこととして起こるべくしておこる疑問でした。日本の神々がこの事態をどのように凝視し続けているのか。生田万の乱が一八三七年六月に起こったとすれば、翌年の三八年、四月から八月の五か月間の長期にわたり柏崎の対岸、佐渡島において、将軍代替り巡見使来島を機に、現在では「天保一国騒動」と命名されている佐渡島全島挙げての佐渡奉行所長年の苛政を糾弾し、百三十一件の米商・豪商をうちこわす一国騒動が展開します。この統制のとれた大闘争のなかで頭取百姓上山田村善兵衛の参謀となり、訴状の起草、戦術の指導を一貫してとったのは羽茂郡村山村白山権現神職宮岡豊後でした。彼は気吹舎門人ではありませんが、本居宣長の国学を奉じた神道家であり、当然、前年六月の生田万の蜂起、そして家族を含めてのその悲惨な結末も熟知してきた人物だったのです。宮岡は取り調べのなかで獄死しますが、「生存ならば死罪」と判決されました。

生田万は余計なことをしてくれたと篤胤が思っていなかったことは、代々木の平田神社の神前に奉ぜられた石灯籠に生田万の名前が刻まれていることからも推察できます。また、秋田にいる篤胤に会って入門したいと一八四三年、北国街道を北上していた鈴木重胤は、柏崎を通過したときに「世にまさばとはんとおもひしますらおが　かばねこけむしかなしきろかも」と歌をよんでいます。国学者の思いがここにも滲み出ていると私は見ているのです。

四　アヘン戦争からペリー来航までの平田国学

対露危機は一八一三年に収束し、これで対外問題は存在しなくなった、可能なかぎり外国との関わりをもたないことが幕府存続の前提だとの考えから、一八二五年には無二念打払令が発せられ、日本の海岸に外国船を決して寄せつけない政策がとられました。鎖国意識はここに完成形態をとることになりました。しかし、西洋の科学技術とその軍事力、その背景としてのキリスト教の全世界的展開はいよいよ本格化し、一八四二年には儒教・漢学の祖国大清帝国がイギリスに大敗して開国を余儀なくされ、しかも、この結果、香港がイギリス領土にされてしまうことになりました。日本近世を外側の世界史から見れば、対露危機が第一段階、アヘン戦争からは第二段階に入ったということになるのです。漢学・儒学への信頼度が揺るぎだしたと共に、清国にまで軍事的脅威を及ぼしているイギリスはすでに仏教の祖国インド全体を植民地にしているのだとの知識も、日本人男女の共有知識となってきました。

私はこの時期の平田国学のあり方を検討するうえでの一つの手がかりが、常陸国土浦在新義真言宗善応寺僧侶良哉が還俗して佐久良東雄と名乗り、大坂座摩社の社人となって活動する動きだと思っています。東雄は、まだ僧侶時代の一八四二年十二月、アヘン戦争で清国が敗北したその直後に気吹舎に入門、平田国学者となり、翌年の四月、歌人仲間であり経済的パトロンだった土浦の豪商で地域派国学者色川三中の家で還俗式を行い、佐久良東雄と名乗り、江戸に出、塙次郎にも入門することになります。三中は穏健な国学者です。当時の国学者の通例どおり、朝廷のみいづに輝いていた上古から中世の混乱を経て、当将軍家によって朝廷を尊崇し四海の四夷を平定する天下泰平の世に建て直されて二百有余年という歴史的理解をしており、東雄の思想的変化を苦々しく思い、そのうち経済的援助も打ち切ってしまいます。他方で、東雄は幕府そのもののあり方を露骨に批判し出します。一八四四年五月、江戸城本丸が焼失したとき、「まつろはぬやっこことことつかのまにやきほろぼさむあめのひもかも」との歌を詠んだと伝えられています。東雄においては上代への復古思想がきわめて明瞭になるのでした。この東雄の焦燥感は対外問題の深刻化に深く結びついたものでもありました。

一八四四年、琉球にはフランス艦が来航し、宣教師フォルカードを那覇に滞在させ、そして長崎にはオランダ軍艦がオランダ国王の親書をもたらして日本の開国を勧告しました。東雄はこのことを「異国船来航につき」と題して長歌で歌っており、反歌を六首詠んでいます。「かかる時心のどかにある民は　木にも草にも劣りてあるべき」「かかる時せむすべなしともだにおる　人は生きたる人とは云はじ」という歌も作ります。ついに意を決して一八四五年、弘化二年ですが、江戸から和泉国に居を移し、一八四八年になると大阪座摩社の祠官となります。東雄はこの座摩社の神職渡辺資政の全面的援助を受けながら、復古を促すべく木活字も利用しながら出版活動を始めるのでした。一八四九年には篤胤の仏教批判書『出定笑語』を木活字本で出版します。当時、国教的存在の仏教を正面から批判することと自体、危険極まりないことであると共に、篤胤は一八四三年に死ぬまで秋田追放のまま、しかも著述禁止の身でした。江戸の気吹舎は東雄に厳重に抗議し、使われた木活字と摺本を江戸に送り届けさせることになります。ただし、東雄は懲りないままでした。没収されても相当部数手元に置いて売っていたのです。次に彼が試みるのが、宣長の政治批判書、有名な『秘本玉くしげ』の木活字本化です。一八五一年、和学講談所から出版許可を取るため、九月に江戸に出てきますが、当然、出版は不可。ただし、すでに印刷した分は塙次郎門人の身分に免じ黙認という灰色裁定が下されます。しかも、『秘本玉くしげ』も相当部数刷り上げており、東雄は非合法販売で収入を得ていることになります。

こうなってはザル禁令になってしまいます。そうはさせじと周到に出版活動そのものの息の根を止めてしまうのが、伊勢外宮神職で国学者の足代弘訓でした。事の起りは一八五一年十二月、伊予大洲の有力神職、皆さんご存じの常磐井中衛が東雄と組み、篤胤の「巫学談弊」を木版本の形で出版しようとしたことです。版元はすでに決まっているのです。足代は座摩社に強い影響力をもつ中山忠能家に働きかけると共に、幕府から出版禁止の指令を獲得し、大洲にまで自分の門弟を出向かせて、版木没収の手続きをしっかりとるのでした。以上のような動きからしても、東雄はどのようなかたちで、気吹舎の意向にさからってまで復古神道の普及を図ろうとしていたかがよくわかるのです。

そして、この時代の復古神道の動きを側面からよく物語っているものが、松浦武四郎の嘉永五年の日記です。そこにはこう書かれています。「近年は世間に倭魂といへる人多く出来り、平田篤胤の著せる出定笑語又は妖魔考、巫学談弊其外、本居大人の書にては玉鉾百首、直日霊等を坐右に積て、我こそは儒仏の二教は末々迄も見破り、皇国の道こそと、在郷の伯父伯母の家々年始状にも仮名文にて、我家こそ神代より接り気なしの家風にして、何か一言二言話の時には神代神代と申人多く出来りて、物かたゐぢにて、世の用には聊も立かたきもの多し」と書いています。

そして、この年二月に帰省して足代に会います。足代は彼にこう言っているのです。「山田宇治辺も皆其通り（国学流行）、国を隔て畿内に行とも、又其通り、四国筋へ渡るとも皆其如し、如何にも平田流の流行以来は、広き世間もせまくなりし様に覚えげる。我家へ歌よみとて来る輩皆平田流にして、唯出定笑語等見たる計にて大天狗になり、竺土も漢土も無二無三に言なして、其上神祖のこととても、未だ見もやらで、東照宮には仏に帰依し等、頻に罵る輩多く、如何にも残念の世の中なるべし、是則、胸の狭きよりしてなるべし」と武四郎は記録しています。そして、足代は神儒仏三教の理解として「書をひろく閲れば聖の道の賢きことも、法の道の又妙なることも有べし、別て神祖のこと云るものは中々筆状すべきに余りあることとなし」と語っていることは、江戸時代の正統的な神儒仏三教並立並存思想をよく表していると私は思っています。

しかし、史実の問題としては、十九世紀に入ると、日本人男女の心をつかむ宗教は日本の神々をその信仰の根本に据えることになりました。儒教も仏教もそこに加わることは不可能になりました。国民的常識になっている新興宗教の黒住、天理、金光の三教にしても、小谷三志の富士講にしても、井上正鉄の禊教にしても、梅辻飛騨の烏伝神道にしても、ことごとく日本伝統の神々からその宗教的生命を獲得しています。篤胤の復古神道はその布教の対象を意図的に社会の中層以上に置き、俗神道と見なされやすい著作は決して出版を許さず、写本のみの伝播でしか認めなかったものは除外して、そのほかは、松本久史さんが研究されているように、一般民衆に向けての布教が中心となります。なぜこのようなことになっていったのか。十九世紀日本社会を考えるうえでの一つの基本的テーマがここにあると私は思っているのです。そしてこの傾向は、将軍と旗本・御家人・大名と家臣の関係を、上位者が絶対的に優先する君臣の義、主従の義を強調し、百姓・町民を呼び捨てにすることは当然とする儒教的封建教学とはいやおうなく矛盾することになっていきました。

父述斎の命を受け一八三〇年、第三子林檉宇が宣長の「直毘霊」を激しく攻撃する沼田順義の『級戸之風』に序文して、「宣長の説は仁義を坐するに逆誅を以てし、名教を擬するに詐偽を以てするに至る」と『級戸之風』を持ち上げ、また、父述斎の命を受け一八三三年、第六子林復斎が賀茂真淵の『国意考』を激しく攻撃する沼田順義の『国意考弁妄』に序文して、「老荘の近似を剽掠して上古の淳質に傅会し、以て自然の大道と為す。賀茂真淵、本居宣長、師友授受、皆此物也、検校城長、既に科戸風を著し直毘霊を掊撃し、今又弁妄一書を作り、国意考を排斥す、辞弁じて義正しく、彼徒をして得てこれを読ましめなば、或ひはいましめ無きにあらず、即ち其辞費をいとわざる也」という段階に入ると、篤胤の命運は危うくなるのは当然のことでした。

一八三四年、幕府の圧力により尾張藩は扶持米支給を打ち切り、そして、幕府の差し金が入ったのでしょう、門人旗本から借りていた土地を取り上げられ、一八三五年十二月にははるか離れた根岸の地に引移らざるをえませんでした。そして一八三七年六月の生田万の蜂起がおいかぶさってきます。一八四〇年、『大扶桑図考』は絶版処分とされ、ついにこの年十二月、秋田への追放と著述活動禁止が厳命されることになりました。

私は幕府の神道系宗教への過敏すぎる弾圧は、平田国学弾圧と関連させて考えるべきだと見ているのです。禊教の井上正鉄の三宅島遠島処分は一八四四年のこと、江戸の平田鉄胤は秋田の篤胤に報告して、正鉄は「儒仏の道を借事なく天下は治る」と主張したと四四年二月の書状に書いています。また、一八四七年、烏伝神道の上賀茂社人梅辻飛驒には八丈島流罪が言い渡されますが、彼の罪状の一つは天保の大飢饉で餓死者を出したのは「人君の不徳、人民の餓死をも不構は苦労無之境界にいる故のこと、生霊死霊可恐」と政道を正面から批判したことだったのです。そして、一八四九年九月には神儒仏三教のいずれにも入らない新儀信仰との理由で、きわめて多くの人々が信仰している富士講を禁止することになりました。いずれもアヘン戦争後の儒教・漢学への信頼が大幅に低下していく時期での宗教弾圧だったのです。

五　幕末期「夜明け前」世界の平田国学

一八五三年のペリー来航は、世界史的に日本を見るならば、対露危機、アヘン戦争に次ぐ第三段階に入ってきたのです。日本は開国されることによって現実に世界資本主義への包摂が開始されました。たった四艘の黒船に幕府国家権力が対峙しえなかったこと、これはとりもなおさず将軍、大名、サムライの武家階級が人口の九割を占める百姓、町民から支配者として年貢・夫役・御用金を取り立てる資格があるかという根本的問題を白日のもとにさらすことになりました。漢学・儒学でニカワのように固められた将軍と大名、大名と家来のサムライという身動きかない封建的な主従関係へのサムライの疑問、新たな忠誠の対象としての日本全体を象徴する朝廷の存在がいやおうなくここに浮上することになります。主君島津斉彬に従い初めて出府した西郷隆盛が、出府直後、一八五四年四月十四日、気吹舎に自身で顔を出し、その後さらに三回も訪問、気吹舎の出版物を購入するのは、その一つのあらわれでした。この危機におけるサムライの主体性の模索をそれは示唆しているのです。

そして藩校の動きでも、それまで軽視され続けてきた国学・古道学がようやく教えられはじめました。気吹舎の門人で薩摩藩士後醍院真柱が「此節造士館において古道学の教師被申付、国中の有志者一同の喜び」と銕胤に書通するのが一八五八年四月、そして一八六〇年三月三日、桜田門外の変に衝撃を受け、九州遊歴を開始する将来の土佐勤王党首領武市半平太はただ一冊、『霊能真柱』だけをこの遊歴に携えるのでした。気吹舎当主銕胤も嫡孫延胤も、ご存じのとおり身分は秋田藩士、サムライでした。延胤は一八五九年八月、「真の君臣とは王臣のこと、主従の君臣は乱世の余風、天下の公道にあらず」と断言するに至るのです。幕末期は復古神道が神職を先頭に日本の隅々にまで浸透していきました。しかも、それは神職・サムライだけではありません。百姓・町人の間にも深々と浸透していったのです。その中でも篤胤以来のつながりもあって下総の地は宮負定雄をはじめ伊能穎則・清宮秀堅、そして伊能の弟子鈴木雅之などの力量ある国学者を輩出していきます。それと共に、「夜明け前」世界である東濃・南信地域が新たな平田国学の拠点となっていきます。一方の下総地域は雑穀生産地域であるため、横浜開港によって大きく経済が変わることはありませんでしたが、東濃・南信地域は昭和恐慌の時期まで日本を代表する養蚕・製糸業地域でした。地域の養蚕・製糸に関わる商人たちが横浜開港を見逃すわけがありません。中津川の間半兵衛、その姉婿であり中津川で医者兼漢学塾教師の馬島靖庵も、かき集められるだけの生糸を横浜に持っていき、一八五九年の第一回目の居留地外国商人との取引きでは大もうけし、その帰りに江戸の気吹舎に直接顔を出し、入門の手続きをするのです。

その彼等は横浜で始めて世界資本主義と接触し、そのまったただ中で掛け引きし、運良く大きな利害をあげることができたのです。しかし自分たちが商人として私的利益を得ることが日本にとっての国益となるのかどうか、しかも彼等の入門した一八五九年九〜十月、朝幕関係は幕府の「無勅許開港路線」をめぐって大分裂の時期に突入してしまったのです。更に居留地外国商人達は、治外法権によって、日本の法律が全く機能しない侭、彼等は預った生糸商品を勝手に売り払っても、その金を渡さず、しかも神奈川奉行所はこの訴えに全くの及び腰というていたらくです。

そして間半兵衛達が一八六〇年再度の巨利を狙って横浜に出た年は、洋銀相場の暴落と居留地商人の不法行為によって大損を出してしまいました。

このように、「夜明け前」世界の豪農・豪商が平田国学に入っていく契機は、思想が外から入ったというよりは、彼らの日常生活、日常経済そのものが、日本とはいかなる国で、自分たちはいかに生き、いかに生活しなければならないかを考えさせられるなかで起こってきたものでした。そして、それを他地域よりたやすくしたのは、この地域では、百姓・町人を呼び捨てにし、「土百姓の分際で」と叱り飛ばす恐ろしい武家とサムライの影響力がごく弱かったということです。中津川にしたところで尾張六二万石の強圧的な直轄藩領ではなく、木曽福島関所を預る尾張藩の重臣でありながら、幕府旗本でもある山村甚兵衛家の私領でした。ご他聞に洩れず長年の窮迫、山村家とその家中の財政は中津川豪商の支援なしでは全く成り立たなくなっていたのです。

南信にしたところで、南信にあるのは飯田藩と高遠藩という小藩のみ。あとは幕領・旗本領・他藩の飛び地と、サムライが常駐する地帯どころではなく、年貢徴収は在地の村々の庄屋、名主の力によってようやく実現できる土地柄でもありました。経済的に裏打ちされながら、平田国学が乾いた土地に雨が浸み渡るように浸透していきました。「愚民小民とは乍申、銘々御百姓共の儀、乍恐御地頭様御預の御百姓にて、元より御民は忝くも大君の御民に候」と、私的に使われる山村甚兵衛家の御用金はこれ以上負担することはできない、ただし、孝明天皇の大和行幸にお殿様が出兵するならば、何千両でも出しましょうと、主客顚倒の建言をするのが文久三年八月の山半間半兵衛なのです。

しかも、この地域の状況をさらに加速する事件が翌年十一月に起こってしまいます。幕末維新史ではマイナーにしかとりあげられない武田耕雲斎率いる筑波西上勢の信州進軍に際してです。彼らは木曾谷福島の関所突破困難と和田峠での激戦後は伊那街道を一路南進、南信州から名古屋に向う中馬街道に出る戦術をとりました。とすると、伊那街道の要衝、飯田城下の真ん中を南下することになります。飯田藩は幕府への立場上、やむなくお城に籠城、城下町を焼き払う焦土戦術をとることになりました。当然、飯田城下は上を下への大騒動となります。

ここで局面を大転換させたのが、南信と東濃の平田国学者です。南信の座光寺村北原稲雄。今村豊三郎の兄弟、伴野村松尾多勢子の長男松尾誠哉、中津川の間半兵衛・市岡殷政と連絡を取り合い、西上勢の中にいる平田国学者の仲介で藤田小四郎と直談判を行い、火の海となる飯田城下町を迂回させ、しかも名古屋に向かえば尾張藩との激突は必至、同志のいる馬籠・中津川経由ならばなんとか無難に西に進むことができると説得、しかも、飯田藩があずかっている清内路関所を無事に通過させるべく飯田藩に要求、ほっとし、同意をした飯田藩はすぐさま指令を出し、この結果、十一月二十六日、馬籠島崎正樹の本陣に宿泊、十一月二十七日には中津川で昼休みをとるという方向に変わります。

ところが、飯田藩は幕府の怒りにふれ、無事に通過させよとの指令を受けた清内路関門の二人の責任者に切腹の命令を下しました。あまりの無理無態にいかった責任者の一人は息子を連れて高野山にまで逃げます。しかし追い掛けられ、つれもどされ飯田城下で腹を切らされました。これによって東濃・南信の平田国学はサムライ階級を尻目に、この地域の政治勢力そのものに成長しました。この地域の気吹舎入門者は急増、平田国学は一八六五年からはさらに北信地域に広がっていきます。吉田麻子さんの研究にあるように、小諸に大和屋吉兵衛という気吹舎出版物を取扱う書店まで出来るようになるのでした。

六　王政復古後の平田国学

王政復古の必然性を論じたものの中で最も傑出しているのが、王政復古直後に書かれた平田延胤の『復古論』です。彼はその中で、建武中興の失敗とはことなり、「今度の復古は右に反し、万民元弘の覆轍を恐れ居るが上に、草莽より勤王の論起り、最初は浪人より始りて藩士に及び、藩士より大夫に至り、大夫より君侯に及ひ、終に草莽の発起尽力より日々に盛んになり、自然に復古したるなれば、万が一も上の思召は変ずるとも、万民の心が変ぜざれば、武家に政道の戻るべき道理なし、況や近来の形成を見よ。能く治め得たりや否や、日々に乱れ果たるにあらずや」と彼は断言します。それも当然のことです。薩長のような藩権力に一切依拠することなく、下総、東濃、南信などの門人をはじめとする全国的な平田門人の活動に日夜接触し続けていた彼は、この気運と活動は逆転させうるものではないと確信をもつことができていたのです。王政復古の理想的過去は天子と六十六か国二島の国々の御民との情義的共同体です。今回ようやく実現した王政復古により、「新たないにしえ」がここから始まるという期待がわき出てきます。だからこそ大政奉還の直後、島崎正樹は長文の祝詞を書き上げ江戸の気吹舎に送ります。そこでの第一に新政の禁ずべきことは、みかどにはむかう行為であり、第二に外国と通ずる外患罪となる行為であり、そして第三に百姓を虐げる行為なのです。この祝詞は、彼が木曽山林解放運動に挺身する宣言となるものでした。

王政復古当初は、期待していた新政が展開されるかに見えました。神仏分離令は全国隅々まで徹底して行われました。国教的存在として権力に保護され続けていた仏教の地位はなくなり、ようやく神職は寺院の支配から解放され、自らの信仰に従っての神葬祭も可能になりました。この点では私は信仰の自由がようやく保証されたという側面を評価すべきだと思っているのです。全国の各藩は藩から超越した存在として位置づけられた太政官制度のもと、府藩県三治一致体制により積極的に大改革を断行していきました。各藩では、藩主と藩士の関係がゆるめられ、サムライは王臣との性格をもたされはじめました。

しかし、明治三年九月の太政官政府の指示に従って一万石につき常備兵三十名との制限がしかれることになり、一万石の小藩、苗木藩ではそれ以外の二百数十名の士族をどうするかという検討を迫られることになり、平田国学者の青山直道を中心とする藩政執行部は平田国学の理解、すなわち保元・平治の乱以前はサムライそのものが存在していなかったという理解を踏まえ士族の帰農政策に取りかかりました。あまりにも当然のこと、彼らはこの府藩県三治一致体制の半永久的存在を前提としてとりかかったのです。ただし、維新変革は幕府倒壊と王政復古では終りませんでした。ご存じの岩倉具視の明治三年十二月の鹿児島行きと西郷隆盛の引き出しから、明治四年七月十四日、廃藩置県の断行にいたります。この時点では、平田国学はなんらの役割をはたすことなく、むしろ妨害者的存在とみなされてしまいました。一八七一年三月の国事犯事件にかこつけての平田国学者の一斉捕縛、そのうえではじめて大嘗祭は東京で挙行するとの布告、これは通史のなかで位置づけるなら、府藩県三治一致体制の放棄と廃藩への助走政策といえるものなのです。

戦後の歴史学は、悪いことは平田国学のせいだとすれば事が済むのだとでも思ったのでしょうか?神仏分離も廃仏毀釈も国家神道樹立もすべて平田国学のせいにされてしまいました。しかし私は復古神道と国家神道は全く別物だと思っています。一八七一年五月の神社班位令は伊勢神宮を全国神社のトップに据えたヒエラルキーをつくりあげ、しかも、神職の世襲制を全国すべての神社に至るまで廃止してしまいました。平田国学の有力な担い手たちは、しかしながら在地の世襲的神職であり、同時に在地名望家でもあった神職の人々でした。三河の平田門人代表者は羽田野敬雄ですが、彼も神社から切り離されました。また、文政から天保期、上総神職の代表的存在であった玉崎神社神職弓削春彦の跡継ぎも玉崎神社から切り離されてしまいました。伊豆の国一の宮の三島大社も全く同様、このため三島大社からは現在、古来から伝来されていた貴重な古文書類は一切なくなっています。このような復古神道が全く予想できなかった中央集権的郡県制国家にいかに対応しなければならないか。王政復古迄は草莽として一致団結たたかってきた気吹舎門人はここにいくつかに分裂していくことになりました。

この過渡期について、あと一つ言及しなければならないのは、明治元年から四年にかけての気吹舎門人の全国的急増をどのように考えるのかという問題です。

一八六八年の王政復古によって、それ迄の吉田・白川の神職補任制度は機能しなくなり、全国の神職の人々は、その代替行為として当時神祇官で権威をもっていた気吹舎に入門したのだという考えは遠藤潤氏のオリジナリティーに属するものですが、私は彼の意見に賛成しているのです。全国的に見ると、この時期は在地の豪農・豪商の入門は副次的なものになっていると、私の調査の範囲では判断しているのです。

さて、この分裂は東濃・南信でも見られることです。『夜明け前』の主人公のモデルとなった島崎正樹にしても、古代からの名社飛驒国一宮の水無瀬神社の世襲神職・社家との対立を犯しての神官としての赴任となりました。阪本是丸氏の研究された角田忠行の熱田神宮神官就任にしても、それまでの世襲神職・社家と対決することが不可避だったのです。

私が知る限りでの対応のパターンを整理すると次のようなものになるでしょうか?

まず苗木藩の帰農政策は完全に失敗、一八七六年末、苗木の青山邸は放火され、「百年は郷里に帰るな」と苗木から青山家は離脱せざるを得ませんでした。

しかし、東京の気吹舎はこの大変革を延胤の病死はあったにせよ肯定的に考えることになります。神社と神職を仏教と寺院から完全に分離させる狙いは見事に実現、しかも全国の神官の圧倒的多数は平田国学的な神道神学に立っている。教部省政策では合同布教こそ挫折したものの、神官の教義用テキストとしての気吹舎出版物はめざましい売れゆきを示しており、平田神社も公認され、本教教会も門弟の尽力によって組織され、全国の平田門人を目下この教会に組織しているのだ、これが最晩年の銕胤の極めて楽観的な見方だったのです。

ですから、私は国事犯事件を以て平田国学の終りとは見ておりません。

では、奥三河稲橋の古橋源六郎と神官佐藤清臣の場合はどうでしょうか?豪農で地域名望家の源六郎はなんとか殖産興業で地域振興を図ろうとしますが、松方デフレの中、彼が最終的に見定めるのが、地域民衆と一致協力しての山林経営でした。そのための精神的拠り所が佐藤清臣の神官活動と神社を中心とした地域共同体創りとなります。これは全国的な政治動向からすると、反民権運動と立憲帝政党支持の動きとなっていきます。清臣自身が極めて興味深い経歴の人物、彼の個人史を調べるだけでも平田国学と復古神道の様々な側面に迫れると私は思っているのです。

ところが南信ではまた異なる動きとなりました。地租改正反対運動は、越前七郡においては自由民権の闘士杉田定一の指導によって展開しますが、南信においては一八七六年に無理やりに押しつけられた地価があまりに不当だとする地価修正闘争が今村豊三郎を始めとする平田門人達によって担われ、そして見事にその要求を貫徹してしまうのでした。自由党が介在する余地はなかったというよりは、この地域は既に幕末期平田門人達が主体となっての地域レヴェルでの政治主体が形成されていたのです。平田国学の一つの柱、地域そのものが日本という国家の担い手になるのだとの考えが現実化されたのがこの地域だと私は見ています。

東濃ではまた別の動きとなりました。全国的な民権運動の中でも中津川民権と名づけられている民権運動が平田門人第二世代によって展開されていくのです。但し平田国学に代って欧米思想の流入といった単純なものではありませんでした。国会開始は人民の権利だと訴える者が、一八七〇年に気吹舎に入門し、美濃国一宮南宮神社神官となる高木真蔭という人物です。彼は中津川の市岡殷政とごく親しい神道家なのです。真蔭の神道思想の根本には、復古神道の一つの根幹的柱が据えられていました。民衆の魂は父母から与えられただけのものではなく、神によって授けられた貴重此上無いものであり、授った魂を磨き、それを十全に発展させなければ神に対し申訳けの無いことになる、国家が地方官会議を組織するならば、民衆においても府県からの代表者を結集する場を創り、自由に意見を出していき、その中で民衆の神から授けられた生命を発揮させる世界をつくっていかねばならないという論理を展開するのです。この建白を受けた太政官左院は、これは民選議院論に同じとの批評を附することになりました。

おわりに

私は平田国学、あるいは復古神道が宗教的発展をとめられたのは一八八二年一月の、神官宗教行事従事禁止令によってだと思っています。人々の心に日本の神々への信仰を根づかさなければ日本は国家の独立を保てないとの信念を抱いた島崎正樹は、中教院や神道事務局活動を誠心誠意おこなう中で、明治政府の政策に絶望の思いを深めていき、一八八六年十一月、座敷牢の中での狂死に至りました。その有様は『夜明け前』に述べられている通りです。

あと一つの対応は教派神道の中で復古神道の信仰を生かし続けようとすることでした。熱田神宮の神官をつとめる角田忠行は、自分ではかかわることが不可能であっても、教派神道の一つ大社教布教の中でこの考えを継続させようと、一八八二年の年末、幕末以来の心置きない気吹舎同門同志の市岡殷政に、中津川での大社教教会組織の立ちあげを依頼しています。

また平田家第四代を継いだ養子の平田盛胤は、民社東京神田神社に奉仕しつつ、数多くの人々の神葬祭と年祭を大社教の立場から主催することになりました。気吹舎史料の中で大量に残されているのが盛胤が作成した祝詞ですが、そこでは幽世の故人に顕世の妻や子供達のありさまを克明に伝え、しかも一字一句への精魂込めた祝詞の末尾には、故人に呼びかける盛胤の短歌が添えられているのです。彼はこの気力の尽き果てる幽世の故人との祝詞対話を実現させるため、生卵をいくつも喰み込んでから祝詞執筆に着手したと伝えられています。ご静聴有難うございました。

発題Ⅰ

宗教史から見た幕末維新期の平田国学

遠藤　潤

ご紹介にあずかりました遠藤です。「宗教史から見た幕末維新期の平田国学」というタイトルで三十分の発題をさせていただきます。最初に通時的理解ということで、配布したレジメと史料にもとづいて説明させていただきます。

今回の発題では、最初に宗教史から見るということについてどういうことを考えるのかというお話をいたします。先ほど宮地先生の講演にもありましたように、平田国学にはさまざまな側面があります。とても多くの方面での活動を展開しており、それに対して、私は、自分の専門が宗教学ということもあって、平田篤胤や平田国学は宗教の面からはどのように見えるのかという関心をもって研究をしています。特定の側面から見ることによって見落としてしまうところがあるかもしれませんが、逆に宗教という面に特化することで見えてくることもあるのではないかと考えています。

全体の構造としては、宗教史から見るときに、大きく二つの側面があると思います。一つは教学や思想です。篤胤の思想内容には、いかなる宗教的要素があるのだろうか。篤胤の場合は神祇崇拝に関しての学問が中核となりますが、それが思想の面でどのような宗教性をもっているのだろうということです。二つめとしては、社会組織あるいは社会集団としてどういう特徴をもっているのだろうか、社会集団として平田国学は世の中にどのように展開したのか、あるいはほかの集団とどのように関わったのかということがあろうかと思います。

後者の面、社会組織や社会集団については、とりわけ神職組織との関係が重要かと思います。篤胤の門人組織である気吹舎と神職組織との関係、具体的には吉田家や白川家に代表される、神職を朝廷にとりつぐ位置にある公家の関係が中心になってくるわけですが、篤胤や気吹舎がそのような神職組織とどのように関わったのかというのが問題の中心になると考えられます。それから、組織の面では吉田家や白川家に関わらない部分としては、のちに教派神道の教祖として扱われる人々がおり、平田国学とそういった人々、あるいは民間信仰やFolk Religion、すなわち民俗宗教と関係というのも重要です。ただ、私が注目してこれまで見てきたのは、どちらかというと、平田国学の思想や活動と吉田家・白川家との関係が中心でした。今回は、神職組織の問題とそれとは区別される宗教者や民俗宗教の問題の両方について示していきたいと考えています。

レジメの「論点」というところで、以上の各側面について紹介していますが、各側面の紹介で時系列が前後して複雑になるといけないので、その前に「通時的整理」を示しておきました。ただし、これは篤胤あるいは平田国学に関わるすべての事項を網羅するものではなくて、私が関心をもって見ていたものがおおよそどの時期に属しているかということを便宜的に示したものです。篤胤の上京、文政末、天保年間、篤胤没後、文久年間、維新前後という各時期を設定しておきました。これらの各時期がそれぞれ平田国学における大きな山、重要な時期としての意味をもっているのではないかと考えています。

平田篤胤は、ご存じのように、寛政七年に江戸に出てきて活動を開始しますが、文政六年に京都に上ります。このときが、篤胤の活動における最初の重要な時期だったと考えます。ここでは、服部中庸らが先導する形で篤胤は上京し、重要な人物たちと会い、また、京都周辺にいたさまざまな人たちと交流をしていきますが、そのなかでも特に重要な二点を挙げたいと思います。一つは、仙洞御所・禁裏御所への献本が実現したということです。すなわち、光格上皇と仁孝天皇に対して篤胤の書物を献じることができたということですが、これは簡単なことではありません。仙洞御所については富小路貞直、禁裏御所は六人部節香と六人部是香がそれぞれ媒介することで書物の献上が実現する。書物を宮中にお見せしたいという気持ちは、篤胤においてこのあともずっと持続するところで、これは注目する必要があるでしょう。もう一つは京都に行っているあいだに、江戸時代に神職の人たちを最も多く束ねていた公家の吉田家と交渉をもって、江戸に戻ってきたあとに吉田家の学師という位置に任命される。これについては後ほど詳しく触れたいと思います。

それから文政末年には生田万の活動が顕著になります。先ほど宮地先生の講演のなかにもございましたが、生田万が吉田家学頭輔助という位置に就くのが文政十一年四月のことです。吉田家は十八世紀末に江戸に役所（出張所）を設置していましたが、文政十二年にその責任者である目代の後継問題というのが起きました。これは気吹舎と吉田家にとって重要なできごとでした。

それから天保年間について、私は最近、篤胤が暦研究に関心を深めていく時期として注目しています。この時期には篤胤の著書『大扶桑国考』が、輪王寺宮や進藤隆明を媒介者として宮中に献呈されています。それから、篤胤の秋田藩士身分への復帰が天保年間にあります。ただ、これが篤胤のなかにおいて積極的な意味を持つかどうかは検討が必要です。それから、吉田家と対抗しつつ力を取り返そうとしていた白川家がこの時期に関東学寮を創設して、篤胤を含めた四人が学師に任命されています。天保十一年五月のことです。しかし、同年十二月に幕府による江戸追放という処分が決定されて、翌年一月に秋田に戻ります。

こののち篤胤が亡くなったすぐあとの動きとしては、篤胤に対する白川家からの神号授与があります。さらに下って、文久年間前後には白川家関東役所と連動して気吹舎が動くということがあって、これには関東役所の責任者である関東執役に就いていた古川躬行という鍵になる人物がいました。そして文久年間ですが、仏教関係書籍の刊行とそれに対する仏教のほうからの批判というものが生じています。

維新前後にはやはりいろいろな問題が含まれていますが、私としては、宗教や神祇信仰やそれに関わる教学的な問題のなかでまず興味深いと思われるのが、明治の早い時期に国民の教導・教化のために設置された宣教使という存在があります。そこにおける平田国学の教学という問題があって、最も知られているのは黄泉国の所在地をめぐる論争で——実際には宣教使のなかでいろいろな教学的なテーマがある中での一つがこの黄泉国なのですが——黄泉国がどこに位置するのかをめぐって大きく意見が分かれたため注目されています。維新後にこのような動きがあったことは平田国学を考える上で重要だと思います。

以上、この後の議論をわかりやすく説明するために時系列に沿った概略を紹介しました。

それでは次に論点をいくつか紹介していきたいと思います。

レジメで示したように、論点としては、大きく（一）社会組織の面、（二）篤胤と輪王寺宮、（三）篤胤と天文方、（四）篤胤没後の気吹舎と白川家、（五）仏教批判書の刊行と反批判を挙げました。（一）はさらに、①篤胤・気吹舎と吉田家、②篤胤と白川家、③篤胤と土御門家の三つに細分化されます。

最初にもお話ししましたが、私が平田国学を宗教史の面から見たときに、いちばん注目すべき問題と考えるのは、吉田家・白川家という当時の神職を掌握する家と篤胤や気吹舎がどのように関わっていったかという問題です。これは構造というか、非常に大きい問題として考えると、気吹舎というのは学問組織でありますが、いまの宗教団体のように自分のところの教学が出来たからといって、あるいは自分たちの門人が集まったからといって、そのままに教団が形成することができるという存在ではありませんでした。つまり、江戸幕府の決めた制度の枠組みで言えば、神職であるということは、諸社禰宜神主法度（神社条目）というある基本的な法令に基づいて公家が朝廷に取次をして、そういうことが可能な人が神職になります。この取次をする公家については、基本的には諸社禰宜神主法度が出された段階ですでに執奏が決まっている神社はそのままでいいが、これから新しく神職として何らかの許状をもらおうということであれば、それは吉田家を通しなさい、ということが定められていました。これに対して白川家という家もやがて吉田家と類似したかたちでこうした神職の朝廷への取次役の働きを果たすわけです。いずれにしても、神職になるということは身分的なそういう制度のもとにおいて気吹舎そのものが神職になったり神主になったりということができる組織ではありませんでした。しかしながら、こういう面を逆に生かしながら、気吹舎は神職組織に深く関わることで自らの学問を広めると共に、神社や神職との関わりを深めていくことができました。

それでは、篤胤の活動した時期はどのような意味をもつ時期だったのか、簡単にご紹介したいと思います。十八世紀の中葉から後半は、吉田家がいろいろな意味で動揺している時期でした。考証に基づく批判、いろいろな研究に基づいてその正統性が批判されたり、朝儀によって吉田家の役割が制約されるなどの動きがありました。神職に許状を出していくうえで、本所としての吉田家は京都にありましたが、江戸に拠点を新設して東日本での活動を強化します。それが関東役所や江戸役所と呼ばれる機関の創設で、吉田家においては寛政三年、白川家においても享和二年にこうした役所が作られて、東日本方面の神職へ許状を出すことになります。先述のように、篤胤の江戸滞在期は寛政期から始まっていて、吉田家や白川家が江戸方面、広くは東日本の各地に自分の配下の神職を増やそうという時期に重なっており、やがて篤胤にもそういう役割を期待するようになったわけです。

それでは、(一)①で示した篤胤・気吹舎と吉田家の関係について説明します。篤胤は当初、吉田家に対する批判的な書物も書いていましたが、『ひとりごと』という書物の中では吉田家をある種擁護するような動きを見せています。先ほど紹介したように、文政六年から上京して、京都の吉田家と折衝して学師というものに任じられます。この学師というものがどのような役割なのか、史料①として「宮川弾正口達書」(文政六年十二月十八日、国立歴史民俗博物館蔵「平田篤胤関係資料」一―二〇九―六―一)を挙げておきました。

この史料では最初のほうに「今般学師被仰付、以来附属配下之神職共教諭被致候様御沙汰ニ候。猶又追々諸国廻村之節者右神職共不心得之儀有之ニおゐてハ、申添之神道伝授職分継目杯、無懈怠申出候様教導相加可被申候」とあり、すでに吉田家の配下になっている神職に「教諭」してほしいということだけでなく、篤胤は自分で村を回っての「教諭」も行うようになりますが、そういう機会に当地の神職がもし吉田家の許状を受けていなかった場合は、吉田家に申し出るように指導してほしいということも願うわけです。

つまり、吉田家は配下ではない神職にも許状を受けるように促すという活動を進めますが、篤胤にもそれを手伝ってほしいというかたちで、学師の役割を考えているわけです。レジメに書いてあるように、教諭する、廻村する、教導するということの内実はこのようなことです。

篤胤の学師就任にあたっては、江戸役所目代という責任者であった宮川晃晧が力を入れており、その貢献が大きかったようです。

篤胤の意図については、史料②本居大平宛服部中庸書簡(文政七年一月十六日付、『新修平田篤胤全集』補遺五)をご覧下さい。「……平田ハ又何から成共取付候て、神道を天下に押ひろめんとの大望故、吉田家へも取入、同家之神道をも鈴屋之古学神道に改め、此御家より弘メ候て天下ニおこなハれん事を意安しと思ふより、……」とあって、篤胤は、吉田家が全国的な組織であることを活用しながら自分の説を広めたいということだと、服部中庸は理解しており、篤胤自身の意図もそのあたりにあったと考えられます。

その後、生田万が気吹舎の中で重要な位置を占めるようになりますが、そのときにも吉田家の問題が関わっています。一つは、三木広隆の著した『中臣祓本義』という書物が出されたとき、その内容を生田が激しく批判して文政八年に『三木一鎌』を書きました。『中臣祓本義』は、吉田家江戸役所のお墨付きを得るかたちで書かれた本ですが、生田や篤胤からすると許しがたい内容のものでした。

生田は文政十一年に館林藩にいられなくなり、当初、吉田家が館林藩から生田を借用する形式をとった上で、篤胤と養子縁組をして江戸に出て活躍することになりますが、その際には吉田家の学頭輔助として、吉田家における篤胤の役職を助けるという役割を得ます。この役割は単に便宜的なものではありませんでした。史料③として示した荒井静野宛生田万書簡（文政十二年一月、館林郷土史談会編刊『生田萬　荒井静埜』一九三六年、所収）には、文政十一年十一月から十二月にかけて伊豆を遊歴した際の記事が見えます。そこには「旅行講談毎に或は六七十人或は二三十人集り、泣く者あり笑ふものあり其様徳本か今弘法の遊歴するが如く、大言向に言向けて国中更に手にさはるものなし。凡牛国計は歩き候が、其化国中に及候事疑なく、来年を契り候所数多有し、門人も随分と有之候。」とあって、地域を回ったときに「講談」をしています。これは、一面では篤胤の教説を説いて回るような活動をしているわけですが、同時にそれが吉田家としての活動にもなると見なされているようです。ちなみに、この期間には、気吹舎に生田の講釈を聞いて入門した人が三人ほどいました。

文政十二年になると、吉田家江戸役所目代後継問題が出てきます。目代というのは江戸役所の責任者です。この問題も細かく見ていくとなかなか大変ですが、前任者が不正行為で処分されて後継者を選ぶ必要が生じました。篤胤をこの後継者にしたいと主張したのが下総、上総を中心とした神職で、彼らは同時に気吹舎の門人でしたが、結果的には実現しませんでした。松岡帰厚が後任に決まりましたが、そのときには、吉田家のほうから篤胤に対して、篤胤後継を主張した門人たちに納得させるようにということも申し添えられています。

続いて、篤胤と白川家との関係を見たいと思います。篤胤の生前には、冒頭で述べたように、まずは関東学寮が創設されるという時期に篤胤が学師に補任されます。このときには書面上の記載では年を遡行させるという策がみられます。

その後、篤胤が江戸から追放されると、このことが篤胤が白川家と深く関わっていこうとする一つの局面になっていきます。篤胤は秋田に赴きますが、江戸に戻るために何か支援をしてもらいたいと白川家に働きかけをします。『伯家学則』という白川家の学問内容を篤胤が示した書物は、篤胤が秋田に行ってから執筆したと考えられており、秋田から江戸の銕胤に送られています。天保改革の時期に白川家関東執役は不正を働いたということで、次々と交代せざるを得なくなるのですが、時期が下ると平田・気吹舎が人間関係においても白川家江戸役所と深く関係するようになります。これはもちろん篤胤の没後のことです。

篤胤と吉田家や白川家の関係については、私のものを含め、すでにいくつもの研究がなされていますが、これまで注目されていなかった公家として、土御門家という有名な陰陽道の取り締まりをしている家があります。この公家の関係者のうち、小島好謙という人物と篤胤はまず知り合いになります。そのあとに土御門の当主にも面会して、自著を献じます。ただ、後述する輪王寺宮に対する書物の献上に比べると、本の数が少ないです。土御門家との関係は、慣例的・社交的な域を出なかったようです。

配布資料で示した各項目のうち、(二)「輪王寺宮」が今回、皆さんにいちばんお話ししたいところです。篤胤の記録にはときどき「上野の宮」として輪王寺宮が記載されています。この人物が篤胤の諸活動に関連してどのような位置にあるのかというのが問題の中心ですが、その説明に先立って前提を少しお話ししたいと思います。

まず、輪王寺宮は円通という人物との接点があります。円通は『仏国暦象編』といって、朱子学にもとづいて天体観測をしながら制作される公的な暦に対して、仏教的な暦を制作しました。これが問題になります。円通の仏暦は一旦出版されたのちに、改めて後ろ楯を得て出版をしたいということになりますが、その後ろ楯というのが輪王寺宮でした。輪王寺宮は寛永寺の当主であって、輪王寺の門跡です。この位置は基本的には天台宗の頂点で、非常に重要な位置を占めている門跡であります。この門跡が保証するという判を押したとして、仏教的な暦に基づく世界観を示したような書物を出していくわけです。

この輪王寺宮と円通と篤胤の間に少し接点があります。円通の書物に対しては、土御門家の小島好謙が批判書を出しました。暦という問題は、従来の平田研究の中では比較的手薄なところですが、篤胤は晩年に暦に関心を集中させるということについては、すでに指摘があります。早い時期に出された『霊能真柱』、そのあとの歴史研究で古史・古伝の研究である『古史伝』は、よく知られており、わりとスムーズに理解がされますが、晩年、暦の研究に集中していったということは、篤胤の学問への志向性のなかで少し説明がしにくいところがありました。

この暦の問題を考えるときにキーワードになると私が思うのは、「暦象」ということばです。近世の朱子学の枠組みでいうならば、暦というテーマは、単に暦を考えるだけではなく、天体の運行を観察することが必然的に含まれるような問題としてあるわけです。この枠組みを踏まえて篤胤の学問史を考えると、最初『霊能真柱』という世界像を考えるような書物から入っていきますが、そのあとに世界の形成を歴史へと展開した古史・古伝の研究を進め、さらに暦のところまで触れていくという篤胤の軌跡は、世界像への問いから暦象に関する包括的な問題関心に到達した結果、暦への関心を強めたものと把握できます。

さて、人間関係の考察に戻ります。輪王寺宮には、そこに仕える進藤隆明という人物がいますが、篤胤はこの進藤と密接な親交を持ち、彼を通じて輪王寺宮との関係を保ちます。それを通じて『大扶桑圀考』という書物を献呈していきます。「気吹舎日記」の記事などから、この献呈の経緯を具体的に知ることができます。篤胤は進藤隆明を通じて輪王寺宮に接点を持ち、そして書物を光格上皇や仁孝天皇に献本するに至ります。この献本は篤胤に対する幕府の処分を考える際に重要な意味を持っていると私は考えます。篤胤が幕府から受けた一連の処分のなかに『大扶桑国考』の出版差し止めがあります。幕府とは無関係に、篤胤が宮中とのルートを確保していて、上皇・天皇への献本が大変スムーズに実現してしまいます。その窓口になっていたのが進藤隆明なり輪王寺宮であるわけです。朝幕関係の間の微妙なところに、篤胤、進藤、輪王寺宮の人間関係が位置しており、今後、篤胤の晩年の状況を再検討する際にとても重要になってくるのではないかと考えています。

続いて（三）「篤胤と天文方」に進みたいと思います。篤胤に対する幕府の処分において他方で問題とされたのは『天朝無窮暦』でした。この書籍に関しては、篤胤と屋代弘賢を軸に話が展開します。まず、『天朝無窮暦』は天保八年十二月に成立します。同書巻一には執筆意図に関する次のような記載があります。「今已に聞くに堪ざる悪言ども、耳に入れば、師の琢きにみがき明されし帝道唯一なる皇典の学びの甚き汚濁と成ぬべきを最慨たき事とひとり竊にむねを焦がして在ぬれど、明らむる由なくて黙止在しこと三十年余なるが、時なれる哉、ことし天保八年といふ年の六月に至り、其惑ひ忽に啓けて、実にも書紀なる暦日はも皇国に固より有つる暦にして、伊邪那岐大神の立創めまし、大国主神の謂ゆる合朔に調へ給ひしを、大朝廷に用日させ給日、其よりして赤県州を始めあだし戎国々へも及ひし祖暦なることを悟り得たり。……」（『新修平田篤胤全集』一三、一〇一―一〇二頁）「気吹舎日記」天保十一年三月二十八日条に、銕胤が「無窮暦差出之事ニ付、屋代氏へ行」くとあり、これが一連の動きの起点かもしれません。その後の経緯も「気吹舎日記」である程度、追うことができます。幕臣である屋代弘賢は老中の水野忠邦に相談（五月二十九日）の上、林述斎（大学頭）に同書を提出しました（六月一日)。述斎からは窓口が違うと差し戻されて(六月八日)、屋代が再度水野に相談の上、今度は天文方である山路諧孝に提出し、渋川景佑にも見せるようにと伝えます(六月二十四日)。山路からは「賞賛詞」と「論状」が出されます(八月八日)。進藤隆明からの「伝書」を銕胤が山路に渡し(八月九日)、山路から進藤に返信がなされます(八月十六日)。これは輪王寺宮を通した献本とは別のルートで、屋代弘賢から老中水野忠邦を通っていくというようなものが計画されています。『天朝無窮暦』と『大扶桑国考』は、篤胤晩年の処分理由になったのではないかと考えられている点では共通しているのですが、献本の経緯を視野に収めたときには、両書はこのように別の人脈によって献本が図られており、いったん区別して考える必要があります。さらにここから、屋代側の人間関係や輪王寺宮に関わる人間関係を改めて問い直すことで、篤胤の思想的な位置というものを再検討することが可能になるわけです。従来の研究では、暦に関して土御門家が介在したとする指摘もありますが、ここでの経緯を見る限りそのようなことはありません。また、天文方から意見が出たあとで進藤が動いているのは、二つのルートを考える上でも気になるところです。

時間が残り少なくなりましたので、(四)「篤胤没後の気吹舎と白川家」、(五)「仏教批判書の刊行と反批判」については、簡単な紹介にとどめておきたいと思います。まず(四)ですが、篤胤が亡くなったときに気吹舎と白川家との関係が少し変わってきます。篤胤が秋田退去後に白川家に求めた役割というのは、自分を必要だと主張してくれる存在、江戸あるいは京都に上らせることを求めてくれる存在というものでしたが、亡くなった後、時代が下ってくると、古川躬行という人物が白川家の関東執役になったときにピークを迎えますが、この人物が活動したときには白川家の入門と気吹舎の入門が重なるようなかたちで活動が考えられる。つまり、神職が白川家に入門するということで気吹舎に学ぶということで、より密接に関わるというのがこの時期の問題点です。詳しくは拙著『平田国学と近世社会』をご覧下さい。

一方、(五)ですが、仏教批判書の刊行については、その時期の意味に関して気をつける必要があります。文久年間に、それまで出版が許されていなかった気吹舎の仏教批判書が出されます。仏教者はこれに対して反批判をすることになりますが、文久期に出版に踏み切ることの意味は改めて考える必要があり、また、幕末維新期の気吹舎の宗教的な側面について考えるきっかけになることかと思います。こちらは以前に「幕末における国学・仏教と国家―平田国学の仏教批判と仏教からの反批判―」(『國學院大學大学院紀

要 文学研究科』四七、平成二十八年）にまとめました。

最後に「小括」としてこれまでの論点をまとめたいと思います。ひとつ目は気吹舎の吉田家・白川家の関係をどう理解するかという点です。先述のように、基本的な枠組みとしては、気吹舎という組織は単なる学問組織ではありませんが、他方で宗教的な役割を全部自分のところでまかなえるわけでもありません。具体的にいえば、神祇についての学問を充実させつつ、神社・神職の制度的な組織は別に必要となるということで、この二重性や重層性というのは幕末に至るまで維持されます。二つ目として、暦をめぐる問題系についてです。これは「暦象」という、天体・世界像と暦をともに含む問題系についてで、これは天体・世界像、古史・古伝、暦の各問題に分化します。レジメには、暦象に関する篤胤の問題関心の展開として、『霊能真柱』（天体・世界像＋古史・古伝）、『古史伝』に代表される古伝関係著作（古史・古伝）、晩年の暦関係の著作（暦＋古史）といった段階を試論的に示しておきました。篤胤における暦の問題は人間関係においても思想を考えるうえでも実は非常に重要であると同時にまだ課題として残されている問題で、これについていろいろな検討が必要であろうと考えます。維新後にどの部分が継承され、あるいは発展され、どの部分が忘れ去られるようになったのかということも今後の課題です。

時間の関係で説明不足の箇所もありましたが、以上で私の発題を終えたいと思います。ありがとうございました。

発題Ⅱ

佐賀藩の国学・神学

三ツ松　誠

三ツ松でございます。限られた時間に対して分量の多すぎるレジュメを持ってきてしまいましたが、文章の形でまとめてありますので、ぜひ興味がおありの方にはそちらをご覧になっていただければ、と存じます。

先ほど宮地先生がお話しくださったように、気吹舎資料あるいは平田篤胤関係資料、これが閲覧可能になったことで、二十一世紀に入って平田国学研究がたいへん進みました。とくに秋田藩士でもあった平田家が運営する家塾気吹舎、そしてそこに集った門人その他の関係者、あるいは南信・東濃の門人集団。こういった対象について研究が進展しました。

これに対して、八十・九十年代の実証的な近代神道史研究は、それまで平田派と一括されてきた明治維新期の復古神道家たちを、平田直門や津和野派、薩摩派などと、分節化した点に、その達成を認めることが出来ると思います。明治初年の平田直門が、「平田派国事犯事件」に象徴されるように維新後まもなく没落したと評価されていることは、今回のシンポジウムの趣旨文にも書かれております。これに対し、実際に明治初年の宗教行政を牛耳ったのは、大国隆正の影響を受けた津和野派、長州閥と結んで神祇行政を担った福羽美静や亀井茲監だった、と明らかにされました。あるいは津和野派の退陣後、薩摩藩出身の国学者たちが留守政府の薩摩閥の後押しを受けて教部省に入って活動する様子も明らかにされました。明治維新を機に、国学者たちが新政府に入ってどんな形で神道国教化策を進めたのか、詳しい検討が進められた、というのが八十・九十年代の研究究の達成だったと思います。明治十五年の神官教導職分離に至るまでは、明治四年までに失脚した平田直門の人たちに限らず、広い意味での平田派、平田国学の影響を受けた諸グループが、復古神道家として政府内部で活動していたのであって、その内実が詳らかにされた訳です。

翻って、宮地先生の先年まとめられたご本『歴史のなかの『夜明け前』』（吉川弘文館、二〇一五）を見てみると、最初に問題意識がはっきり書かれております。「幕府・朝廷・大名・サムライといった幕末期日本の支配的諸集団とは別個に、被支配階級の人々が如何にペリー来航後の情報を収集し、判断し、主体性を模索の中で形成し、そして政治的な行動に出ていったのか」。つまりそもそも、平田国学を受容することによって主体的に行動する国民となっていく、という層こそが宮地先生のご議論の主人公なのでした。要するにこのご本の主人公は、八十・九十年代の研究の主役だった新政府内部の国学者グループとは、別なのです。明治政府のなかで影響力が大きいグループと言えば、やはり薩長土肥といった藩閥諸勢力になると思いますが、近年進展した平田国学研究の主人公は、彼らではないのです。そして薩摩・長州については先述の通り、結び付いた国学者集団についての詳しい研究が既にあるのに対して、佐賀については、肥前についてはあまり研究がなされていない。

そこで今日は、これについて説明をさせていただきたいと思います。

まず「幕末佐賀の学問」について。ここ、手短にまとめます。いちばん言いたいことは、幕末佐賀というのは、水戸と並んで全国でもっとも学問が先鋭的・過激に進んだ藩であり、そのなかで国学も大きく展開する、ということです。

そもそも近年の日本近世・近代史研究で、大きく注目されているのが朱子学、とくに佐賀出身の古賀家が注目されています。彼らは朱子学者でありながら西洋の文明についても非常に興味をもっていて、明治政府になる前の外交活動を担った幕府の役人には、古賀家の影響を受けた人が多かったといわれております。松平定信の時代の後、佐賀藩校から幕府昌平黌に登用されたのが古賀精里であり、その三男の古賀侗庵は幕府に仕えて大きな影響を残し、近年注目を集めています。それに対して長男の古賀穀堂は、佐賀にあって藩校弘道館の先生として弟子を多く育てたといわれます。その中でいちばん有名な教え子は、実は学者ではなく、のち幕末期の佐賀藩主となった鍋島直正になります。

ご承知のとおり、江戸時代というのは世襲制の身分制社会です。二本差しの侍にとっていちばん大事なのは、戦争で功績を挙げることです。では、戦争がない時代が続くとどうなるのか、誰がいちばん偉いのか。それは先祖が戦功を挙げた人です。そういう時代ですから、勉強してもあまり報われない時期が続く。しかし平和な時代が続くうちに社会に朱子学が普及していきます。何をやっても出世できない、市場経済が拡大するなか米建ての給料も目減りする、これではモラルハザードが起きてしまう、ということで、寛政期以降、道徳的に優れた人間を目指す朱子学が武士の間で推奨されるようになっていきます。藩校を設けて朱子学を勉強した人間を評価する、場合によっては出世させる、という動きが全国的に広まっていきます。

こうした動きの中で、いちばん過激な形でそれを実践したのが佐賀藩だ、と私は思っています。佐賀藩では、朱子学の先生だった古賀穀堂の改革案、この影響を受けた鍋島直正が教育改革を行います。大規模な藩校拡充を行い、幕末期には新しい仕組みが取り入れられます。文武課業法といいますけれども、ちゃんと藩校に入って定められたカリキュラムを修め、試験に合格しないと、武士であっても先祖伝来の家禄をちゃんと相続できない、あるいは仕事を得られない。江戸時代なのに、勉強しないと職務に就けず、親代々のものを相続できない、そんな仕組みを佐賀は取り入れてしまったのです。その結果、全国的にも類を見ない、勉強して学校に通って切磋琢磨して優れた人間が出世していく、こういうシステムになった訳です。そして医学についても、西洋医学に基づく医学教育のカリキュラムを修めて合格し、医師免許を取った人間でないと医療を行ってはいけない。医者も、勉強して能力を試験によって証明した人間でないとやっちゃいけない。こういう仕組みをつくります。さらに、穀堂という人は国学の勉強も大事だといっておりまして、神主さんについてもみな学問吟味、試験を受けないといけない。それによって能力を証明しなければいけない。こういう状況になっていきます。後述の神学寮という神主さん向けの国学の学校もできます。このように、武士も医者も神職もみな、世襲制が当たり前の世の中、江戸時代なのに、学校に通って勉強して試験に合格しなければいけない。佐賀ではそんな仕組みをつくってしまう。こうした状況で佐賀の学問は大きく発達するのです。

では「佐賀の国学」にまいります。まず明治維新以前に活躍した有名な国学者を何人か紹介します。国学といっても、歌、物語と神学とを区別している研究者が多いのは御存じの通りです。そのうち歌のほうで有名なのは古川松根という人です。桂園派の歌人です。鍋島直正の側近、「ご学友」というかたちで評価すべき人物で、直正が亡くなった後は殉死します。思想の方ではなく絵画とかデザイン、和歌、書道、こういう分野で有名な人です。

この古川松根の和歌サークル仲間であるのが、南里有隣という先生です。こちらは直正の娘の和歌の師を務めたといわれます。やはり桂園派の歌詠みではあるんですけれども、同時に彼は江戸では和学講談所、京都では平田篤胤の初期の門人である六人部是香に学んだ、国学者です。彼は地方史に関する本、文学に関する本を遺すだけでなく、神道学に関する研究も行っておりまして、日本思想史学をはじめた学者の一人といわれる村岡典嗣さんのご研究で取り上げられています。彼は平田篤胤に次いで、キリスト教教理の漢訳書の研究を進め、そこから復古神道神学を作った人ということで、高く評価されています。ただし、具体的にはそこまで研究が進んでいない、そういう人になります。

おそらく佐賀藩の国学の先生として今もっとも有名な人といえば、枝吉神陽になります。藩校弘道館の教諭で闇斎学の流れを汲む漢学の先生でもあって、江戸の昌平黌にも留学しています。昌平黌で初めて中国の漢籍だけでなく、日本のもの、国典も勉強するようにした人物でありまして、平田派随一の碩学矢野玄道と交際したり、佐賀に戻ってから国典も教えたりして、大隈重信等を育てます。楠木正成を祭る義祭同盟を結成し、佐賀藩の尊王攘夷派の多くの志士に影響を与えます。ただ、コレラで明治維新を迎えずに亡くなってしまって、吉田松陰同様、育てた弟子の有名さによって知られています。副島種臣にとって兄にあたり、島義勇にとって従兄弟という人物です。

副島種臣は後でも見ますが、神陽と同じ家に生まれた人物でありまして、彼も藩校弘道館の先生になっているのですけれども、特徴的なのは、家中で彼だけが儒学ではなく国学で留学をしていることです。その留学先は京都であり、谷森善臣や六人部是香に学んだといわれています。そういうわけで、佐賀藩では藩校弘道館で教えた先生の中にも国学の先生がいたのです。

さらに武士向けの藩校弘道館だけでなく、神学寮といわれる神職向けの学校も嘉永年間から生まれています。そのときの記念の祝詞が六人部是香のもとに書き送られています。さらにその後安政年間には、牛津、いまは小城市ですね、佐賀の隣の自治体ですが、そこの乙宮社の日記を見てみると、「神学寮御国中社人試之御立会」、つまりは神学寮で国中の社人みなが試験を受けさせられていることが分かります。ということで、神職が厳しい勉強を行っているのがこの神学寮なのです。ほかにも神学寮には森若狭や先に述べた祝詞を書き送った藤原貞紹といった関係者がおり、いずれも六人部是香を先生と仰いでいます。

ということでまとめます。佐賀藩では神主向けに学校が設けられ、試験も導入され、彼らのみなが勉強しなければならなかった。そしてこの学校で教えるなどした人々の先生に当るのが六人部是香であった。その結果、おそらくは平田篤胤の影響を間接的に受けた神主がたくさん生まれていた、というのが佐賀の状況でした。そうした人々の中から明治初年の宗教政策に関わる人々がたくさん出てきております。

そこで次に見るのが「明治維新と神道家」です。最初に挙げるのは柴田花守。この人は詳しい説明が必要になる人だと思います。というのも、不二道の影響を受けている人なんです。もともと小城藩、今の佐賀市の隣が小城市なんですが、そこの藩士の家来の家から出て、本人も絵師として藩士になったようです。しかし、もともとはシーボルトの孫弟子にあたるかたちで医学の修業をしていた。ですけれども、おそらくはシーボルトが処罰されたことと、体調の問題があって、長崎でさらに西洋医学を続けるということになりませんでした。その代わり絵師としての修業を積むと共に、長崎に出てきていた不二道の小谷三志の弟子になります。富士講で肥前が出身というのは珍しいですね。絵師としては琴岡という号をもっています。また長崎の方では、国学の先生として熊本藩出身で長崎で長く活動した中島広足、この人のお弟子さんになります。中島広足が佐賀に行った後には、柴田花守に自分が書いた本に挿絵を描いてくれるように頼んでいる、そういう関係が知られています。あるいは人によっては端唄の「春雨」というものを御存じかと思います。彼が長崎の丸山というところの料亭で遊んだ時に作ったもので、いまに至るまで踊りに使われております。小城では花見のシーズンに長崎検番の方を招いて舞を披露してもらうイベントが行われています。

この人は小谷三志の弟子として不二道の神道化を進めることになりました。富士講の一派である不二道は、幕府に対して積極的に認めてほしいという活動を繰り返した結果、厳しい処罰は出ないのですけれども、富士講そのものの禁止令が出てしまう。おそらくは由来のよくわからない民間信仰として弾圧されたのだろう、という判断の結果でしょうか、公的に認められている信仰、これに不二道の信仰を似せていくという形の改革が行われたようです。その過程で柴田花守は、平田篤胤の影響を受けた復古神道にグループを寄せていきました。

彼のグループは明治維新以降、完全に神道化して、国民教化に協力し文明開化を翼賛するという立場をとります。明治初年には新たな天皇のもとでの治世に賛成するのですが、そこで新しい文化が導入される際、新しいものに日本の古代の先例を付会して導入を肯定するのですね。新しいように見えて、実は皇国では古い昔からやっていたことなのだから、拒絶しないで受け入れていこう、と。また、キリスト教が入ってくるので対抗しなければと、神道国教化政策にも協力し、神社界に関わります。一時期は大阪の豊国神社にも勤め、たくさんの文明開化の方針を肯定して新政府を翼賛する神道的著作を残しています。明治十五年になると、神道国教化政策の時代が終わり、神社神道から教派神道を分裂させるような時代が来ますが、そこでそれまでの不二講の組織を教派神道化した実行教の管長になっています。花守はまた平田門人にも数えられ、神代文字を肯定する著作を残しています。当時、神道国教化に協力した佐賀の神道家たちは他にもおり、彼らの多くは神代文字派でした。

この柴田花守の後継者は息子の礼一という人です。十九世紀の末にシカゴで万国博覧会があった際に、シカゴ万国宗教会議というのが併せて開かれますが、これはキリスト教の優越性を前提にしつつも、世界の宗教の協力というものを掲げた、そういうイベントとして知られています。この時、神道界から唯一参加したのがこの柴田礼一だといわれております。そこでは世界の宗教の目的の究極的一致・協力を説くという会議のテーマを肯定する演説を行っております。大会のテーマを肯定したのは、独自性を主張できるだけの英語力が無かった日本人の通例だとも言えます。しかし一面では、平田神道も究極的には世界中の宗教は一致するという立場をとっていますから、復古神道の影響、平田篤胤の神学の影響を受けて世界中の宗教の共通性を肯定できた、と言えるのかもしれません。日本国内の宗教の対立を緩和させるということで行った三教会同、ここでも彼は神道家として協力しています。

そして花守の次男納富介次郎。この人は弟さんなので養子に出ていますけれども、花守と同じく長崎で絵師の修行をします。文久二年に幕府船が上海に渡って、ヨーロッパの進出によって事実上の植民地になっていた上海の租界を見てくるのですが、これに絵師として参加した人物です。キリスト教勢力によって偉大な中国はいまではかつての威勢を失っているという状況を認識する。その時の経験を、父の花守と一緒に各地を廻ってキリスト教の危険性を伝える中で話し伝えています。のちに彼は佐賀出身の佐野常民のもとでウィーン万博やフィラデルフィア万博の出展にも携わり、日本の工芸教育の先駆者として有名になりました。全国に四か所の工芸学校をつくっています。

次に西川須賀雄。この人は花守の弟子であるとともに、南里有隣、枝吉神陽らに学んだ神主です。彼自身の神社は祇園社でありまして、復古神道の考え方でいうと祭られているのはスサノオだということになります。スサノオの八岐大蛇退治後の「わが心すがすがし」と述べたエピソードが大好きだったからでしょうか、自社の名前も維新期に祇園社から須賀神社に変え、自分の名前も須賀雄にしてしまいました。そして、転勤した先の出羽三山でも「不動の滝」の名前を「須賀の滝」にしてしまったようです。次に見る岡吉胤とも親しく、一緒に六人部是香のところに遊学・入門しています。不二道にも入門して、角行系の独自の富士信仰説と平田篤胤の『霊能真柱』を組み合わせた『国之真柱』という特殊な神道書をまとめています。明治維新後は平田家に入門するとともに、宣教使に勤めて長崎キリシタン改宗や中央での仕事をやった後に、佐賀藩の神学寮の先生として出張講義を行っていました。廃藩置県のあと再び上京して教部省で尽力すると共に、明治六年から九年まで出羽三山に勤めて神仏分離・廃仏毀釈の責任者として知られることになります。『神々の明治維新』(岩波新書、一九七九)という安丸良夫さんの有名な作品がありますが、そこで廃仏毀釈の責任者として名指しされたうちの一人です。その後は千葉県の安房神社や神道事務局に勤めています。大須賀雄は講義録を数多く残していることでも有名です。大教院開設時の講義も彼が担当しています。彼は復古神道家として現場で布教を行うことに熱心な人でした。たとえば宣教使期に、神代の難しい道理だけから尊王敬神を説いても一般人の信は得られないのでは、と説いた他の神道家に、そんなことはないと反論しています。しかし、神官教導職の分離が起きて、神社では「宗教」的な神学は教えないことになりますと、彼は師匠のやっていた教派神道実行教のほうに入ります。一時は信徒代表というかたちで大幹部となり、跡取りにもなるはずだったのですが、結局、世襲制ということになって柴田礼一が花守の後継者になります。須賀雄は一時期大社教に加わるものの、故郷に戻って、須賀神社のほか、淀姫神社の祠官、佐賀県皇典講究所講師も務めます。明治前期宗教史で語られる様々な神道的政策、そのほとんどに参加したといっても過言ではない復古神道神道家として、彼の事績は記録されています。

次に彼と仲のよかった岡吉胤という人物を見てみます。この人は今の上峰町の坊所の佐渡神社の出です。明治維新後はいわゆる「七卿落ち」の一人、澤宣嘉が幕府崩壊後に長崎に赴いた際、長崎キリシタン対策の担当者として呼ばれて、有名な丸山作楽や大隈重信と一緒にキリスト教徒教化策に関係します。この後も県から神社に関する仕事を任され、祭典に関する様々な著作を著しています。祝詞、儀式、古文の参考書等、数多く出版しています。鍋島直正の葬儀にも関与しています。廃藩置県後は、当時の復古神道家の有名人の例に漏れず、大神社の転勤神職になります。

唐津の田島神社、筑前の香椎宮や京都の八坂神社を経て、明治八年には伊勢神宮の禰宜になるという人です。伊勢神宮の改革に際して禰宜を辞めたあとは、神宮教・実行教等を経て皇祖教や大日本道徳会というものを設立したと言われていますが、大きな勢力をもつことはなかったようです。結局、三重県の津中学校や茨城県の学校で先生になって水戸で没した、という人であります。

もう一人、神学寮で教頭を務めた糸山貞幹という人がいます。この人は、幕末期に佐賀藩海軍のドックがあったということで世界遺産になった三重津海軍所というところがありますが、ここの近くの社家の息子で、この人も六人部是香のもとに留学していたます。神学寮で教頭を務めたのち、やはり近くの大神社の転勤神主を務めまして、教導職としても権大講義になっています。ただし、彼は西川須賀雄や岡吉胤のようにその後に教派神道の幹部になる道を選ばず、旧制佐賀中学校や佐賀の師範学校の先生をしています。『肥前風土記』の研究や和歌の研究で業績を残しました。ただし、神道事務局の置かれた時代には、西川須賀雄や岡吉胤と並んで『神教叢語』という雑誌に寄稿して積極的に神学と神道教化について発言する人物でもありました。

時間がなくなってきたので、副島種臣についてもう少し詳しく述べて最後にしようと思います。明治初年、平田派が期待を寄せるものの結局失敗する大学校、この運営方針をめぐって政府の重役たる副島種臣が自分達の理想に応じてくれるのでは、と平田直門から期待をされます。その後の教部省期も、彼は神道家から大きな期待を受けました。これらの期待に彼が応えることにはならなかったのですが、実際、彼はある意味で大変な敬神家として生きた人物でした。同じく枝吉神陽の薫陶を受けて共に英学を修めた大隈重信が、復古神道による長崎キリシタン教化がうまくいかなかったのを契機に、国学者の無能さと神道の宗教としての不完全さを理由にそれらに早々に見切りをつけてしまう一方で、副島のほうは霊魂不滅を説いて、それを信じない連中との会合を退席したり、神降ろしを試みたりする人物でした。よく知られている話として、西南戦争に際して彼は中国に渡っているのですけれども、これは西郷隆盛にも近しく、政府の重役だったけれども今は政府と意見が合わない人物ということで、警戒対象だったからだと考えられています。そして実は、神告によれば、西郷隆盛を東京に連れてくるか、さもなくば身を隠さなければいけないと、薩摩藩出身の神道家本田親徳に言われ、結局、中国に一時身を隠すことになったのだ、と、まことしやかにいわれています。彼の全集を見ると、本田と副島の考え方には確かに同様のところが見られます。天之御中主を重視する特殊な神学を唱えて、平田篤胤のテキストもたくさん読んだ上でこれは間違っているという。つまり、篤胤説にすら満足できない神道家だったのです。神憑りとしても有名でして、議論を吹っ掛けにきた教派神道神理教の佐野経彦にも、おかしな人物と思われたぐらいであったことが知られています。

ということで、最後、全体をまとめます。佐賀藩は幕末、朱子学者古賀穀堂の影響を受けて、非常に学問が盛んな藩になりまして、神道家たちも勉強するのが当たり前の状況になったと思われます。そうした状況の下、武士にも国学を教えていた枝吉神陽が思想家をたくさん育てますし、新政府で活躍する尊王攘夷運動家をたくさん育てます。その一方で平田篤胤の影響を受けた六人部是香、この人の許に学びに行く神道家もたくさん生まれました。そういった事情から、明治維新後に新政府と関わって全国的な活動を行った神職が佐賀には少なくないのです。柴田花守やその弟子の西川須賀雄、柴田礼一、あるいは岡吉胤、糸山貞幹、副島種臣といった人々が、復古神道家として注目すべき存在に挙げられるでしょう。藩主鍋島直正の学問奨励が平田篤胤の影響を受けた復古神道家の成長につながり、明治維新後の神道国教化政策にたどりつくことになった。これが佐賀藩の国学の現実だと思います。草莽の国学とは異なり、藩の政策から影響を受けるかたちで、平田神学が近代に特殊な展開をみせたわけです。こういうところにもっと注目していこうと思って研究している次第でございます。私の話はここでひとまず終わります。

討議

平田国学の幕末維新

講師
宮地正人（東京大学名誉教授）
パネリスト
遠藤潤（國學院大學神道文化学部教授）
三ツ松誠（佐賀大学地域学歴史文化研究センター講師）
コメンテーター
阪本是丸（國學院大學神道文化学部教授）
司会
松本久史（國學院大學神道文化学部教授）

進行（菅） それでは討議に入ります。討議に先立ちまして、コメンテーターとして当明治聖徳記念学会理事長、國學院大學神道文化学部教授でいらっしゃいます阪本是丸先生よりコメントを頂戴し、そののち國學院大學松本久史先生の司会によります討議に移りたいと存じます。それでは阪本先生、よろしくお願いいたします。

阪本 阪本でございます。時間が押しておりますので、コメントというより、感想を手短に……。まず宮地先生の基調講演でありますが、平田篤胤という偉大な国学者、その時代との関わり、それから地域だったり、民衆との関わり、そういうところに焦点を当てられた。宮地先生は、そのような観点から幕末維新期、あるいは近代の政治史的な研究をされているわけですが、きょう改めて、講演をお聞きしまして、思わずうまいなあといいますか、聞き惚れてしまうような内容。とくに感心したのが、簡単にいえば、平田篤胤という人がもっている人間性、そして、天下国家を論じ、なおかつ民衆、地域と関わっていく、これを生涯をかけて必死になってやっていく。それがありありと生き生きと描かれて。そして時代を読む先見性ですね。こういった国学者が戦時中に違った観点からもてはやされたということで、戦後は悪のかたまりのような見方をされた。長い間そうした見方がされてきたわけですけれども、違った意味で宮地先生はそういうところではないところを見られた。こうした研究が進展したのは、さっきも出ましたけれども、ここに期待をこめて松本さん、遠藤さん、三ツ松さんとが宮地先生と一緒になって、平田神社にある平田家の記録、文書等が出たということ。これも私個人の思い入れはあるんですけれども、これだけきちっとしてこられたということで研究が進んだ。そういう意味で、各論的にも、そしてまた平田篤胤という人を見るうえでも、再認識するうえでも、また、島崎藤村の『夜明け前』、あそこに書かれているもの含めて、当時の平田国学、篤胤が生きている時から幕末にかけてのものをまとめていただいたということで、改めて、書き手の脳裏に残っているものが整理されたという感想です。

それから、遠藤さんに関しましては、篤胤が目に見える世界だけでなくて、見えない世界だけではなくて、それと「時」ですね、暦というもの。それに対する篤胤の見解。そのへんに焦点を当てられたということ。これはなぜ彼が追放されたのかということにも関わるわけですけれども、そこに焦点を当てて、これからの研究の進展が期待できるものだと思います。ただ、私としては当時の国学者と朝廷とのつながりをどう考えるかですね。そういった点から、幕府ではない、朝廷、天皇につながりを求めていく。これを、ある意味ではもう少し、いろいろな研究が進んで、具体的に解き明かされる日も近いのではないかと思います。

あと三ツ松さんに関しては、佐賀の国学・神学ですが、佐賀というのは独特なところで、さっきの話にも出ておりましたけれども、草莽の国学とか、平田国学の影響ということではなく、独特の組織あるいは藩のあり方、そこで殿様が力を注ぐこともありますが、そこで育った、影響を受けた国学者たちがいたというお話しでした。そのなかでも私個人にとって興味が尽きないのは、京都の向日神社の六人部是香という神主・国学者と佐賀との関わりに関するお話しでした。まさしく平田篤胤がいちばん信頼した関西の国学者。矢野玄道も六人部是香から大きな影響を受けている。いろいろな関係があることを知って、非常にためになりました。

松本　先ほど菅先生のほうからご紹介がありましたが、このシンポジウムの司会は、國學院大學の神道文化部の松本が務めさせていただきます。よろしくお願いいたします。

いま阪本先生から全般的なコメントをいただきました。私の話を最初にするのは恐縮ですが、遠藤先生含め、宮地先生たちが平田家文書をずっと調査をなさっておりまして、遠藤先生は最初のほうからメンバーですが、私はかなりあとから助っ人として入りまして、もう十年以上、ほぼ毎月定期的に研究会はまだ続いているというのが現状でありま す。宮地先生を中心として、平田国学に関する発表が、毎月開いても、どんどん出てきまして、またまた研究の必要があるという繰り返しであるという現状があります。この場をお借りして、本当たくさんの人に関心をもっていただく一助となればというふうに、一言、前提として申し上げたいと思います。

阪本先生よりコメントをいただきましたが、まずは各先生方にコメントに対するリプライ、もしくは、時間が限られておりましたので、今回言いたかったこと、言い足りなかったことの補足等、発表の順番でお願いしたいと思います。まずは宮地先生からお願いいたします。

宮地　時間が限られているので、ぜひ言わないと永遠に消えてしまうと思うこと、それだけ補足しておきます。これは皆さん方も共通に関心をもっていることだと思うのですが、気吹舎四千の門人といっても、篤胤大人が生存のときに四千いたわけではない。門人帳に記入されている人数の総計というのは、明治四年から五年でストップ。これははっきりしている。延胤大人が亡くなったこともあるのですが。では、明治元年から明治四年、廃藩置県までのあいだになぜあんなに急増したかという問題がある。社会史としてやる場合の大事な問題です。

一八六八年の王政復古によってそれまでの吉田、白川の神職補任制度が機能しなくなり、全国の神職の人々はそれの代替行動として当時神祇官で権威をもっていた気吹舎に入門したのだという考えは遠藤潤氏のオリジナリティに属するものですが、私は彼の意見に賛成しているのです。

私は彼に個人的にこれを早く論文として出せ出せと何回言っても出さない。これはものすごく大事な問題で、しかも、ご存じのように明治四年五月の神社班位令で世襲神職制がなくなってしまう。では、どうするか。先ほどの三ツ松さんの話ではないけれども、どう試験をやって登用するのか。その制度がない。この問題は、明治初年代から十年代の面白いテーマだと思っているので、いつか遠藤氏が論文を書くことを期待していますが、当分は私の発言を記録にとめて、皆さんお使いください。そうしないと、私も使えないのです。

阪本　すみません。私も廃止された世襲神主家の出身です。幕末期に孝明天皇さまから従五位下・摂津守をいただいて、明治四年七月には世襲廃止で、代々奉仕していた神社を放り出されまして、格からいえば県社、私どもは郷社ですが、県社北岡神社祠官に任ずるという明治四年七月の熊本県の辞令が残っています。そこに富永守国という神風連の参謀が、郷社正院厳島神社祠官となってやって来る。これも林桜園の弟子で国学を多少学んでいる。世襲廃止によってそうした者を登用せざるをえなかった。そのへんのことを、いま初めて知りましたが、遠藤さんがやっていただけるということで（笑）。大いに期待しております。

松本　質問のペーパーで杉森さまから、神職の世襲制について説明が欲しいということで、ちょうどいまのところだと思います。ちょっと整理いたしますと、江戸時代までは神社は基本的には世襲です。これはお寺とは全然違う部分で、お寺は世襲ではなかったのです。一方で神社は基本的に世襲だったわけです。ところが、明治四年になりまして、まさに政府、太政官布告によって神職というのは「精選補任」、まさに幕末の佐賀藩のようですが、ちゃんと勉強して、ちゃんと神社祭祀をやれるような人間でないとだめなんだ、神職の子供だからといって神職をやるのはけしからんと。つまり、神社というのは「国家ノ宗祀」、いわゆる国家的な機関であって、国家的な施設である神社をあずかる神職というのは、それなりにしっかりした者でなくてはいけない、単にオートマチックに世襲じゃいけないんだという布告が出て、それ以降神職は、実態として世襲だというところもかなり多いのですが、原則としては世襲ではないというのが制度的なところです。これは明治四年以降のことです。その制度によってそういった意味で神職は非常に大きな変化があったということです。質問のお答えにもなるということです。

では、遠藤先生、よろしくお願いします。

遠藤　思わぬところからお話が出て、ここで言質を取られてしまうとは…。時々ぼくは史料に基づかないで話をすることがありまして、いろいろな状況証拠から思いついたことをなんとなく雰囲気で言ってしまったことがずっと一人歩きをして、苦しんでいます。今年、時間がすこしできましたので、七月以降、ご指摘の点はまた勉強していきたいと思いますが、普段は史料に対して受動的というか、史料を読解していて、そこからわかったことがあったら書いているような状態で、幕末維新期の神職をとりまく環境の変化と気吹舎の役割については、自分で史料の当てがなかなかついてないというところがあるので、宮地先生のご指摘の点についてては、史料の捜索を含めてやり直しをしたいと思います。

発題の補足としては、なかなか伝えられなかったところが少しありました。篤胤が暦に集中しているというか、熱意をもって勉強しているときに、どの時期に集中して勉強し始めたのかという部分について、史料⑥の業合大枝・志賀綿麿・玉中玄良宛平田銕胤書簡（天保三年一月十五日付、〈岡山手紙を読む会編『書簡研究』三、和泉書院、一九九〇年〉）をあげましたが、発題のなかでは説明できませんでした。これは中川和明さんが丁寧に論じていて、ぼくもそれに触発されて暦に関する文脈で再検討したところ、天保三年に精力的に執筆をしている様子が生き生きと示されているので、今回それを示そうと引用しておいたものです。天保三年以降、『天朝無窮暦』ができるまでちょっと時間があいています。『天朝無窮暦』の執筆の経緯についての篤胤の記述で興味深いのは、『天朝無窮暦』の完成につながる重要なひらめきを得たという記事で、それがいつなのかというと天保八年六月だというのです。

ぼくら平田国学研究者の習慣としては、このように年月が明示されているときには、まずは気吹舎日記の記事にあたって、興味深いものはないかなと探すのですが、それに関しては、例えばそのときに篤胤が閃いた、とかそれを示唆する何らかの動きとか、そういうものは日記では確認できていません。ただ、天保八年の六月というのは、先ほど宮地先生のお話にあった生田万が陣屋を襲撃して果ててしまうときなのです。なので、ここから先は憶測にもなってしまうのですが、篤胤において、この八年六月に生田が亡くなったということと『天朝無窮暦』をとにかく完成させなければならないという情念との間に深い関係があったのではないか、という点は少し考える必要があると思っています。暦を編成する上でつかえていた難問題がこの時期にわかってよかった、という単純な問題ではないのではないか。『天朝無窮暦』を広めようということを支えた情念には、もしかすると生田の死が関わるのかなというのは少し考えるところだったので、ここで話してみました。

それから、先ほど話をはしょってしまったので、天文方による改暦の話をしそびれました。改暦に関しては、寛政の改暦のあとに篤胤が江戸で活動し始めて、天保の改暦を控えているような状況にあるわけです。だから、暦に対する関心というのは日本社会でも非常に深まっているときでもあるし、次の改暦をにらんでどういう暦をつくっていくかというのは、一方では篤胤にとっては日本という国家の暦であって、実際、現実的な暦というものに関心をもっていく時期でもあります。時代が変わってくると、天保の改暦が行われるという噂を聞きつけて、篤胤は自分の『天朝無窮暦』に変えさせたいということを言っていたりします。

なので、篤胤の自発的な見解だけではなくて、暦に関して日本社会がちょうど過渡期にあって、さらにいくと、寛政の改暦ぐらいから土御門家が外されていき、天文学方が西洋の天文学も学びながら、日食など実際起こっている天体現象をきちんとフォローしていきます。実際の天体現象に沿った暦をつくらなきゃいけないということを考えている時期です。ぼくが最初考えたのは、土御門家が篤胤に積極的に接近するという形でした。しかし、篤胤と土御門家の間でのそのようなやりとりは、いまのところ確認できない。晩年、秋田に行った篤胤が江戸に戻ろうとするときには、白川家が篤胤に指示して暦を作らせたという形式でもいいので自らの暦が採用されるように事態を進めたいというようなことを銕胤宛の手紙での述べていて、必ずしも土御門家との関係ではありませんが、自分の考えた暦が日本の暦として採用されるということを篤胤は目指してやっていました。それがちょうど日本の基本としての暦の設定が変化しようという時期にあたっているのです。このことを補足としてお話をしておきたいと思いました。

三ツ松　私が言い足りなかった、説明を飛ばしたところは、佐賀藩の詳細な話。国学者・神道家の話でないところを飛ばしたかな、という印象がありますが、そこを詳しく説明し直しても面白くないだろうと思いますので、皆さまのコメントについて思うところを話したいと思います。

先ほど阪本先生から六人部是香のほか、矢野玄道という篤胤没後にその神学的部分を引き継いだ人の名前が出てまいりまして、また宮地先生、阪本先生から世襲神職の問題が話題に挙げられました。これらについてちょっとコメントしたいと思います。

所謂「没落」する平田直門である矢野玄道やその仲間の人々が、武士の支配が終わった、天皇の支配に戻ったという時代になって、どう考えたか。すなわち、神社は天皇家につながる存在であり、昔のように再び尊重される時代になったはずである。そこで、それぞれの世襲される神社に神戸をつけよう、社領を増やそう、と。これはある意味、領主権を強化する立場、神社を領主として強くしようという立場なのです。武家領主がいなくなり、代わって全国各地で神社が天皇家につながる重要な存在になっていく。それがコミュニティーの核となっていく。そういう方向にしようという主張が、明治初年の平田派には見られます。これに対して、実際の神社行政を主導した津和野派の人々はそういうことをしません。津和野派は、江戸時代の吉田家や白川家のように全国の神社に権利を直接与えることはしない、という方針でやるので、同じ新政府の中で働いていた平田直門の矢野玄道等と、大喧嘩になります。しかし新政府は、直接神社を国家に結びつけた結果、神職の世襲制度を廃止するという行動に出ます。平田直門・津和野派のどちらも神社は天皇権威につながるものとして見ているのだけれども、個々の神職の世襲的地位については、天皇権威につながらないものとして否定されたわけです。自分が調べた例でいえば、平田派の三輪田元綱は、寺請制下の仏教に代わって神道に国民生活になじんだ宗教としての地位を与え、全国の神社を直接中央官衙としての神祇官が管轄する形にして天皇権威と直結させ、そこを司る神職の地位をも高める、という在り方を夢見ていたように思われます。これに対して津和野派は、真逆の神社政策を採り、明治国家が行った身分制の解体に棹差したわけです。こうして個々の神職の多くは根付いた神社から切り離され、能力ある人間ならば転勤神職として、一種の役人としての出世はできる、という仕組みになってしまったのです。

こうしたなか、佐賀では江戸時代の頃から、神職としての学問に長けた人物が育っていました。平田系の国学が広がっており、明治初年から十年、十五年に至るまで、中央の神社界に乗り込んでいって活躍できるような人物が輩出されたのです。しかしそういった人々も、明治十五年、死後を説明するようなことは非宗教としての神社から切り離して教派神道等に任せる、ということになった際、居場所がなくなります。今回見た西川須賀雄については、世襲神職の地位が失われた後も中央の神社界で活躍し、神官教導職分離後も実行教に入って神学的知識を生かして活動しますが、結局は地域神職に戻ります。

平田国学の影響を受けた神職は、天皇を中心にした新政府が成立し、期待した未来になったと思ったのかもしれませんが、必ずしもそうではなかったわけです。それぞれの能力、置かれた場所、得られた人脈を駆使して新しい時代を生き抜かざるを得なかったのだろうな、と思う次第です。

松本　ありがとうございます。

次に、三人の先生方それぞれのご報告が非常に精密な理論で仕上がっていて、じゃあ、それをどうまとめるかというのが非常に難しいのですが、まず、遠藤先生の暦の話は、大変興味深く拝聴いたしました。このシンポジウムに先立って、三月に私が当会の例会で「明治維新と国学者」という、今回のテーマと同様の題目でお話をしたんです。そのときにも平田門人ではないんだけれども、平田学を非常に信奉したある一人の人物がいて、その人が明治二十年代に至るまで暦の本を刊行し続けているという非常に興味深い事実に気がつきました。これに『天朝無窮暦』が何回か出てきます。

若干説明いたしますと、『天朝無窮暦』というのは、天地の開闢、つまり宇宙がいつできたかということから現在、といっても当時は近世後期ですから、まさに天保八年ですね。ここに至るまで何年たったのかということを書いています。天地開闢から神武紀元までは四万三千三百九十年とか、天孫降臨から神武紀元までは二千四百一年、その間、素戔嗚尊や大国主神が地上にいたのが何千年であるとか、そういうことを非常に細かく書いている本です。それが『天朝無窮暦』という本でありまして、実はそこが面白くて、中世のキリスト教の神父さんでそれをやった人はいます。つまり、光あれと神がおっしゃって七日間で世界をつくった。それは何年前だということと同じような話を平田篤胤はしているわけです。まさに世界の時間のスケールに、この『天朝無窮暦』は合わせているんです。この年は中国では何かあったとか、インドでは何があったと全部対応しています。つまり、阪本先生がおっしゃいましたけれども、世界の「時」を整理するというか「時を知る」ということはイコール世界・空間を把握することになります。遠藤先生からもお話があったんですが、世界像というものと時間軸というものが決まるということは、まさに偉大な作業であるということで、そこを篤胤が開拓していく。とくに、暦書というのはちょっとややこしいし、計算が面倒くさかったり、数学とか天文学の知識もないと、日食とか、このときは朔といって月の動きがどうだとか、そういうことが事細かに書いてあるから、だんだん面倒くさくなってしまってややこしくなってきちゃうんです。でも実は、天文学とか数学とか暦をやったということは、遠藤先生がおっしゃられたとおりですが、開闢から、天・地・泉という宇宙の展開、世界・空間が展開していく。そこを時系列で落としこんでいって現在に至たるという説明、そういった意味でも『天朝無窮暦』は篤胤のやっていたことの完成形、それがないと篤胤の『霊能真柱』の世界観は完成しないということなんじゃないかというのが、今回非常によく理解できたと思います。私も三月にも例会の時にもちょっとそういうことを考えたんですが、その思いを非常に強くいたしました。

三ツ松先生も論文を書いてらっしゃる篤胤門人の三輪田元綱も暦書を書いてますね。だから、暦書というのは、篤胤だけだったわけじゃなくて、門人も引き続き、その問題意識を継承していく、そういうつながりが篤胤だけじゃなくて、没後門人たちへということで明治まで続いている。ここに明治五年で太陽暦に改暦されたという出来事があるわけです。逆に太陽暦だからこそ、もともとの無窮暦が太陽の運行に合わせた暦であったわけで。それに変えただけなのだという、そういう認識を持っていたのではないでしょうか。これは単に復古じゃないですね。つまり、現実の西欧の太陽暦に合わせつつ、そこに適合した古伝説というものを作り上げていく。

そこで、三ツ松先生に質問したいんですけれども、西川須賀雄にしても、柴田花守にしても、時代に合わせた神道教化をしていったという点ですが、文明開化に合わせつつ日本の神代なり古伝承なりに合致するんだという論法で、神道教化をしていくというのは、具体的にどのように説明していったのかをお聞きしたい。

三ツ松　西川須賀雄は、新政府で重要な位置を占めた佐賀藩の出身です。学問を奨励した佐賀藩は西洋軍事科学研究の世界でも日本随一の実力を持ち、倒幕勢力のチャーターメンバーでないにも関わらず、戊辰戦争におけるその軍事的貢献によって新政府内に重要な位置を占めました。その結果としてか鍋島幹という元佐賀藩士が北関東の栃木県令になります。飲み込まれた宇都宮藩は、山陵奉行を出して朝廷に貢献した藩ではありますが、譜代藩でもあります。廃藩置県で戸田氏は領主としての地位を失い、他所から来た知事に支配され、藩社会は大変動を蒙ったわけです。そこに教導職として西川須賀雄が出張します。彼はここで旧知の鍋島幹と協力し、廃藩置県の詔書を使って変化すべきところだけでなく変化すべきでないところをも述べて、旧領主戸田氏の功績を称えつつ、新しい天皇の治世に協力すべき旨を宣布し、聴衆の感涙を誘っています。

ほかにも、ちょっと脱線するかもしれませんが、須賀雄は平田篤胤の弟子らしく、世界は日本の神々が移って開かれることによってはじまったものであって、それゆえ日本の神々の伝説が世界中に伝わっているのだ、という発想を共有しており、エジプトのピラミッドに祀られているのはスクナビコナである、と述べています。このように、新しく入ってきた世界中の知識がすべて、神道中心的世界観の説明に活用されてしまうのですね。その意味では、平田篤胤による西洋医学をめぐる議論が重要です。篤胤は、世界中の医学も日本の神がはじめたものなのだから、もう一回西洋の医療技術を導入するのはおかしなことではない、外国は病気が流行りやすいためにそこで発達した医学を取り戻して対処していくのは正しいことだとして、西洋医学の導入を肯定しているのですね。須賀雄もこういう西洋医学についての議論を取り入れて文明の世を実現するよう主張することがあります。こういう議論に類する付会論的レトリックは柴田花守等にも見られます。

松本　いま質問したことは、まさに平田学の復古的で、かつ西洋的な開化を吸収するというような学問的な性格があるわけですが、実際つぶさに見ると、そういうことは篤胤没後門が活躍した維新期から明治前期まであったのではないかということですね。その事を皆さんに知っていただきたいということでお話をしたんですが、その点について、たとえば宮地先生からは、とくに東濃とか南信とかの平田派の中でそういう理論があったかどうか、何か気がつくことはございませんでしょうか。

宮地　在地の名望家の家でそう簡単に外国の考えが、すーっと入ってくるということはありえない。私はそう思っているんです。中津川は明治十年代になると自由民権の本拠地となっていく地域。しかも、それの中心になるのは平田門人の第二世。この問題は日本の社会史を考えたら大変面白い問題であると思っています。いちばん大事なことは、平田国学の一つの柱が、われわれの命というのは父母から与えられただけではない。日本の神によって与えられた命がいま生きている。生かされているのだ。この考えが根強かったと思うのです。

美濃に高木真蔭、面白い神道家がいます。お医者さんで、明治三年に気吹舎に入門する人です。彼は岐阜県に中教院をつくる人間でもあるし、岐阜県の一の宮、南宮神社の神官にもなる。皆さんご存じのように明治十五年に板垣退助が遭難して「板垣死すとも自由は死なず」と言った、その中教院をつくったのが高木真蔭。この問題もじっくり考えないと、日本人の生活のなかでの神とか人民の権利とかいうものがわからなくなるのではないか。よそから入ったものはどんなものでも定着しない。日本人の生活のなかで考えているものが基本にならないとだめだと私が思っています。

松本　ありがとうございました。まさにその通りだと思います。単純に復古だとか懐古だとかいう一面的なものではないところに、幕末から維新期、まさに明治という時代があるということではないかと思います。

それで、遠藤先生にお聞きしたかったのは、明治にいたる神職の展開ということで、基本的に遠藤先生のやられたことは、まさに近世的な体制においては、吉田・白川家がいわゆる「本所」として神職を全国的に組織化する体制があって、こういう体制が要するに神職の職掌・身分についての保証をする。一方、学問というものを補完していったのが平田篤胤なのだということだと思います。維新後にそういった意味での二重性が失われて、神祇官というものによって統一されてくる。たとえば宣教使という教化組織も、神祇官の下に管轄されるというふうに集約されていくというプロセスがある。そのなかでどう平田国学が学問・教学面で対処していくのか。遠藤先生が展開されているところがあると思いますが、何かお考えというか、構想があればお伺いしたいなと思います。

遠藤　自分は維新期について本格的にふれるような研究がまだできていません。黄泉国論争は少し書いていますが、この論争の場合は、本居宣長の『古事記伝』を読んで服部中庸が書いたように、天体、すなわち太陽と月と地球のありかたを考えたときに、黄泉国の所在地が問題になったわけですが、服部中庸も最初、黄泉国が実は地球の地中にあるんじゃないかという、いわゆる地胎説をいっているのです。服部中庸も地球の内側に黄泉国があるのではないかと一瞬考えたのですが、それが宣長との話のなかでなくなっていって、発表された中庸の『三大考』では月と黄泉が同一視されました。篤胤はそれを受けながら『霊能真柱』を書いて、亡くなったときもその説に立っていたと考えられます。地胎説は、近世の終わりになって再び主張されるようになり、明治維新後の宣教使のときに国民を教導するための論題を検討するなかで、世界の形態を考えなければならなくなって、問題は再燃します。黄泉国は地中にあるのではないか、古典をきちんと読むと地面の中に黄泉国があるから、天体的に考えるならば、その所在地は月ではなくて地中なのではないかという論が出てきます。平田延胤がその頃一生懸命宣教使において平田国学を貫こうと努力しますが、そこで黄泉国の所在地に関する激論に直面します。延胤は、そこでの議論を逐一銕胤に報告しますが、最終的には黄泉国にあまり深入りするなということでケリがついていると思います。

明治に入って、天・地・泉をそれぞれ天体に同定するという形態の世界像を維持し続けるのはなかなか難しいところに入ってきています。それを考えると、暦は、一般的にはもっと早い時期に世界像の問題から切り離されているようなところがあります。それについてももう少し考えないといけない課題としていますが、暦の問題というのは世界観の問題としてまだ手つかずというか、ぼくのなかではよくわかってないところです。篤胤が十九世紀の初めぐらいに構成した世界像は、江戸時代には何とかもっていましたが、明治維新のときには、それがいつまで持つか、すごく試されているところがありました。

それから、最初に阪本先生からいただいたコメントと松本先生からいただいた暦とか時間軸に関する質問に答えなければなりません。阪本先生からは、幕府でやらないで朝廷・天皇というところに国学者がつながりを求めていくことの意味を問われました。これは今後史料読解を通じて具体的に経緯を追っていかなければ解明できないことなので、自分がここですぐに答えが出すのは難しいものがあります。暦における時間軸については、『天朝無窮暦』という名称が端的に示しているということと、時間の基準は、神からずっとつながってきている天皇というところにあるというところが篤胤にとっては基本なので、そこを基準にしながら世界の暦はどのようにとらえられるか考えていくというあり方が特徴的なのだと思います。それが近代、そういう時間意識が近代にどのように継続していくのかという点は、少し考えなければならないと思っています。

松本　ありがとうございました。三ツ松先生と宮地先生も言及されていたんですが、お話の要点の時系列的な整理をいたしますと、とくに明治に関わりますが、明治四年というのは一つ大きな画期であって、神職の世襲体制が明治四年に大きな変換をした。同時に廃藩置県というかたちで中央集権の国家体制が実質的にスタートしたのが明治四年であるということが一つ。次に、何回かお話が出ておりますが、明治十五年というのも一つの大きな画期であったということであります。これはなぜかといいますと、国民教化に神職があたる。そして、国民教化のなかで非常に大事だったのが幽冥界の存在の説明、神葬祭の実施などに見られる、死後の救済というのが一つ大きな神職にとっての役割で、それが国家的にも期待されていた時代。いわゆる神道国民教化時代であるわけです。それが明治十五年に分業する。つまり神職は神社の祭祀に専念をする。一方、魂の救済とかという話は宗教に属すというか、いわゆる教派神道の役割になるわけですが、幽冥界などを唱えるんだったら神社ではなくて教団とかでやれ、そういう問題になる。神社と教導職の分離、かつ、それが実際、教派神道の成立ということになっていくわけですけれども、そのことについて、佐賀を含めてどうですか。実行教の場合、まさに万国宗教会議の中で、たとえば花守の思想がどういうふうに国際会議の中で伝わって、世界にどう発信されていき、ここに何か平田学の継承があるのかどうか。その点についてはどうでしょうか。

三ツ松　不二道の小谷三志が長崎布教にやってきた関係で、肥前に在りながら柴田花守は不二道信者になりますけれども、そもそも富士山の見えない、そうそう見に行けないようなところに信者がいるというのは驚くべきことになると思います。このグループが多分特殊なんですね。関東周辺のもともとの富士山を信仰し、富士山を見に行こうというグループとしての富士講、その広がりの中にあって、不二道は比較的発達した教説を持っていた派閥なのですけれども、それでもやはり、富士山がなかなか見られないところに居る信者というのがどういう位置になってくるのかは、もっと注目されていいと思うのです。けれども、史料が少なくて難しい。ともあれ、そうした明らかに富士山が生活と密着していないところから出てきた柴田花守が京都の理性院行雅とともに教団の神道化を進めていく。彼にとって、富士参詣のための講社という性格の優先度が高くなかったためにか、彼が不二道教団をリードして跡継ぎとなると、かつての富士講から遠いところも存在する神道教団としてこれを運営していくかたちになり、それについていけないということで離脱者も生じていく。

結果的に、地元佐賀で花守の教団はあまり広がらない、自国に信者さんがたくさんいるわけではない、ということになっているわけです。西川須賀雄は地元に戻ってきて須賀神社に勤めたため、そちらの影響は地元に残っているのですけれども、花守の実行教については拠点が佐賀ではないのです。

ただ須賀雄も一時期は、神官教導職分離後、非宗教としての神社に帰属するのではなく、不二道教団の跡取り、実行教の後継者になることを認められていたようなのです。けれども、宮崎ふみ子さんの調査によると、須賀雄が跡目譲りの式に付随する富士登山を完遂できなかったこと、清水藤十郎筆「古記録」という稿本（実行教本庁所蔵）に書かれているそうです。やはりあまり富士山に登っていない人間だったために須賀雄は、神道家としては優れた行動ができても、信者的次元で富士信仰を布教しきることができなかったのでないか、という印象を持っています。

先ほどさらっと述べましたけれども柴田礼一は、シカゴ万国宗教会議に参加しており、そのときの講演記録が残っています。その研究者のなかで言われていることですが、言語能力の高い人間でないと向うの議論に対応することができない。キリスト教信者が中心の海外の宗教学者・宗教家に対して、きちんと英語でわたりあえる人間でないと、予定された議論、大会の基調と違うことを言えない。そして柴田礼一さんは大会の基調と違うことを言った人としては、記録されていない。彼についての記録で目立つのは、世界中の宗教の対話を強調するかたちで参加して大歓迎されたのだけれども、そこで挨拶したときに、殺到した聴衆の女性の頬にキスをしてしまって問題になった、ということです。結局、東洋人は親愛の情を示すときにキスするものだということで納得されて話は収まったようなのですが、英語を駆使してコミュニケーションを取ってわたりあった人間の側に、礼一は入っていないのですね。

とはいえこのように、キリシタンに対しての弾圧だけでなく、西洋文明の積極的受容の主張も、佐賀平田派の系譜からは出て来るのです。平田神学的には、世界のはじまりは日本の神話に語られている以上、世界は全て日本の神々によって生み出されたものであって、その一部としての海外を完全否定する理由はないのだ、ということにもなります。こういう論理からすると、世界の宗教に共通する部分があるのは当然なわけで、万教帰一的主張や海外文明の受容も可能になるわけですね。その一方で、先ほど宮地先生がおっしゃった通り、排外主義的なところもある平田派の在り方、これをどう受け止めていくか、具体的に見て行かなければならない点はまだまだ多いと思っています。

松本　ありがとうございました。明治期に国学の影響力がどこまで広がっていたのかという点は、わかっているようでほとんど解明されていないのではないでしょうか。いわゆる『夜明け前』の大きな影響力もあって、平田国学が明治四、五年で終わっているということで、未だ一般的な理解はそうなのかもしれません。延胤没後の気吹舎の動向などは、ほとんど顧みられていません。一方では、明治期の本居派も宣長の曽孫の豊頴を中心に健在であったわけで、確かに、明治十五年は一つの画期だったかもしれないのですが、近世国学の実質的な終焉も含めて、宮地先生にお聞きしたいのですが。

宮地　われわれが気吹舎の史料を見てびっくりしたことは、明治四年に終焉したと思われている気吹舎の出版物が、それ以降すごく売れているのだという問題なのです。ですから、平田国学をどう考えるかによって、解釈の仕方が異なる。先ほどから問題になっている吉田、白川が補任して神職に認めるという制度がなくなったあと、どうやって神職を教育するのかという問題が必ず出てくる。井上頼圀の国学塾もそのような性格をもっていました。ただし、教部省政策のなかでは全国の大教院と各県の中教院が教え、それからあとは神道事務局が教える。そこでのテキストをどうするか。この問題があった以上、気吹舎の出版物というのがどうしても基本にならざるをえない。そういったときに平田国学は明治四年で終わったと言えるのか？。

私の印象では、銕胤は明治十三年の最晩年迄きわめて楽観的だったのです。但し一八八〇年に銕胤は没し、そして八二年に神道政策の大転換がおこる。この時期、平田家には主体的に対応しうる力量ある当主が存在していませんでした。結局、戸沢盛定という岐阜県出身の東京大学古典講習科で学んだ人、国学というよりも国文学がものすごく詳しい方、この方が第三代の娘さんと一八八七年に結婚して盛胤と改名して第四代になる。そうなると盛胤は教派神道の立場でしか宗教活動ができなくなりました。

松本　どうもありがとうございました。篤胤から銕胤、そして延胤というふうに継承された平田学は明治十年代にも影響は続いていったわけですね。そういった意味では、時代的にちょうど神官教導職の分離ということで、とくに伊勢では神宮皇學館、東京では皇典講究所というところで神道・古典の教育が行われるようになる。神道といってもいわゆる宗教的なところではないところにいきますけれども、まさに入れ代わるときに皇典講究所、ここが國學院の母体となるところですが、近代的なシステムによって神社の神職が教育されていく。そういった大きな明治史のなかでそういう捉え方ができるのではないかと思います。

いろいろ議論があったんですが、阪本先生、なにかご意見ございますか。

阪本　いま宮地先生が大事なことを言われた。近代の神道史における平田学派の動向をもっと研究すべきとの趣旨があったと思いますが、これを契機としてそうした研究が進展することを大いに期待しています。

松本　阪本先生、ありがとうございました。話は尽きないようでありますけれども、そろそろ時間になりましたので終わりにしたいと思います。

最後に阪本先生のお言葉をいただきましたけれども、平田国学をはじめとする国学の影響というものは、これはある意味、昭和にまでいってしまうところもあるわけでありまして、それの限界は時代的にどこまでなのか、対象領域はどこまでなのか、そういうことの議論の一端をお示ししたかったということです。そういうことで、近代人文学の領域のみにとどまるものではない、非常に幅の広い学問が国学であったし、明治という時代に非常に生き生きと活躍していたんだということをすこしでもわかっていただければ成功だったと思います。なお、このシンポジウムの記録は紀要のほうに掲載させていただきたいと思いますので、また改めて紀要で確認していただければと思います。宮地先生・遠藤先生・三ツ松先生・阪本先生、ありがとうございました。これでシンポジウムをお開きとさせていただきます。ありがとうございました。

進行（菅）　先生方どうもありがとうございました。皆さま、先生方にいま一度拍手をお願い申し上げます。長時間にわたりましたが、これをもちまして明治聖徳記念学会公開シンポジウム「平田国学の幕末維新」を終了いたします。本日はまことにありがとうございました。

史料紹介

大成教禊大教院長井上祐鐵の生涯

——岸本昌熾『井上祐鐵先生傳』・『井上祐鐵先生年譜稿』の翻刻と紹介——

荻原　稔

はじめに

天保期の江戸近郊で神道的な民衆教化活動を行った武蔵国足立郡梅田村（現在の足立区梅田）の神明宮神主井上正鐵（一七九〇〜一八四九）は、寺社奉行による取締を受けて、三宅島へ遠島に処せられた。しかし、その後継者たちは、度重なる取締をかいくぐって、明治に至るまで活動を継続し、明治五年（一八七二）には教部省により「吐菩加美講」として布教を公認され、やがて「大成教禊教」及び「禊教」として教派神道の一部となっていった。

今回紹介する岸本昌熾著『井上祐鐵先生傳』、『井上祐鐵先生年譜稿』は、井上正鐵の弟である高橋熊蔵（井手立志）の子であって、実父の死により、正鐵の養子となった井上祐鐵（一八二六〜一九〇〇）の伝記資料である。この人は、養父が取締を受けた後には、生活難のなかで各地を放浪し、明治五年の吐菩加美講の公認後になって梅田村に戻った。そして、養父井上正鐵の遺骨の三宅島からの帰還と養母安西男也の最期を看取った後には、教祖の血縁として大成教禊教の統合の中心的役割を期待された。『井上正鐵眞傳記』[1]の著者とされ、直門筆頭の野澤鐵教（一八一四〜一八七五）の指導を受けて、教化活動にも従事した。今日では、『井上正鐵眞傳記』の著者であることと足立区梅田の遍照院境内に墓所があること以外には、ほとんどわからなくなっていたが、近年になって、岸本昌熾の遺族である岸本昌良氏（日本大学講師）から、筆者が本書はじめ岸本家所蔵の稿本の研究を委嘱されたことにより、このたび紹介するに至ったものである。[2]

『井上祐鐵先生傳』・『井上祐鐵先生年譜稿』と著者岸本昌熾

『井上祐鐵先生傳』及び『井上祐鐵先生年譜稿』は、岸本昌熾の著になる自筆本である。岸本昌熾は、嘉永三年（一八五〇）に、譜代大名の西尾家（江戸後期には遠江横須賀藩主）の藩士であった岸本家の姻戚の本橋家に生まれて、慶応二年（一八六六）に、岸本家の養子になった。明治十三年（一八八〇）に警視庁等外二等出仕となり、千住警察署にて署員巡査一般に漢学を教授している。その後、明治十九年に宮内省臨時編纂所臨時雇となったが、二十一年には能水商会を設立し、学問と実業を両立させたものと思われる。二十三年から二十六年までは大蔵省総務局監察課雇を務め、明治四十二年（一九〇九）に六十歳で没した。[3]おそらく、千住警察署勤務時代に、当時梅田村で布教にあたっていた井上祐鐵に入門したのではないかと思われる。また、祐鐵が指導を受けていた野澤鐵教を「先師」としてその経歴を伝記にまとめているが、梅辻規清を教祖とする「神習教二葉教会」も組織しており、井上正鐵と梅辻規清の両方の教化活動に関わった痕跡がある。[4]

『井上祐鐵先生傳』は、明治二十九年（一八九六）三月に書き上げられた。縦二七・五cm、横一八・五cmで、表紙含め十五丁の縦本であり、片面八行に浄書された本であって書入れ等はない。『井上祐鐵先生年譜稿』は、筆者による校正が繰り返し加えられているが、明治二十九年の項目まで書き起こされているところから、『井上祐鐵先生傳』の執筆に先立って、年譜の編集を進めたものと思われる。縦二四・五cm、横一六・五cmで、表紙含め十六丁の縦本であり、片面に概ね八行で書かれている。筆者自身の筆による付箋や数回の校正が施されており、本稿は最終校正に基づいて翻刻した。これらの内容については、本人からの聞き書きと思われる事項など、初期の井上正鐵門中と井上家の状況がわかるが、『井上祐鐵先生傳』が概略的であるのに対して、『井上祐鐵先生年譜稿』では関係者の名前なども明記されていて詳細である。

両書と関連資料をふまえた井上祐鐵の生涯

井上祐鐵の生涯は、大きく五つ時期に分けられる。

㈠ 実父母と生活した幼年期（文政九年から十三年の五年間）
㈡ 養父母と生活した少年期（文政十三年から天保十四年の十四年間）
㈢ 江戸で転住した青・壮年期（天保十四年から慶応四

年までの二十四年間）

㈣　常陸に住んだ壮年期（慶応四年から明治五年までの五年間）

㈤　梅田村に住んだ老年期（明治五年から三十三年までの二十八年間）

では、これらの時期について、その概略と史料等によるコメントをしておこう。

㈠　実父母と生活した幼年期　　井上祐鐵は、父井出立志と母サトの子として、文政九年（一八二六）十一月二十八日に、葛飾郡砂村亀高村（現在の江東区東陽町）で生まれた。そこは祖父にあたる安藤眞鐵が隠居していた地である。父の高橋熊蔵・井出立志（一七九三～一八三〇）は、正鐵の三歳下の弟であり、文化四年（一八〇七）十月に叔母の家である高橋家の養子となったが、文化十年（一八一三）五月には「身持不相改」として、祖母（「義士之内木村岡右衛門女」）の願いにより久離義絶とされている。おそらく、高橋家と離縁後に、母の実家である井出家の養子となったのであろう。久離義絶を正式に許されたのは文政十年（一八二七）七月に眞鐵が死去した時だったから、祐鐵（立太）が生まれた頃には、眞鐵が井出立志一家を自分の隠居所に内々に住まわせていたようである。その後、父の井出立志が文政十三年（一八三〇）正月に三十八歳で死去する際に、兄である正鐵に遺児を託すように遺言したという。[5]　母サトの出自や生没年は不明である。

㈡　養父母と生活した少年期　　文政十三年・天保元年（一八三〇）に、井上正鐵の養子となって江戸などで生活を共にするようになったが、養父の正鐵が取締を避けて遁走した時には、放置されて生活に困窮したこともあったらしい。天保三年（一八三二）十一月には、信濃国佐久郡追分驛（現在の現在の軽井沢町）に転居し、六年（一八三四）三月には、江戸に帰って日本橋檜物町に住んだ。その後、お玉が池に移ったが、九年（一八三八）三月には、野澤鐵教の指導により祓修行を行じている。翌十年（一八三九）五月には、正鐵は家族を置いたまま越後に逃げたので、六月には日本橋槙町眼科医馬島瑞伯の童僕となったという。この馬島氏は正鐵からの書簡の宛名に出てくる「馬島方庵」[6]と関係があると思われ、門中による生活支援が行われていたようだ。そして、十二月に一旦帰った正鐵とともに越後國刈羽郡高尾村（現在の柏崎市）に移った。この辺の事項は、正鐵の伝記にはない詳細な経過が伺える。そして、ひと冬を過ごした一家は天保十一年三月に江戸に戻って難波町門人三浦政吉の家に寄寓した後、四月には教化活動を本格的に開始した足立郡梅田村（現在の足立区）の神明社に住んだのであった。

③ 江戸で転住した青・壮年期　養父の正鐵は二度にわたる取締の末に、天保十四年（一八四三）二月に遠島を命ぜられて、五月には三宅島に出立したのだが、祐鐵はその間の三月に結婚した。やがて子供もできたが、生活は安定することなく、旗本興津家や村越家に寄寓し、さらに弘化三年に足立家の養子となったことを正鐵に咎められたものの離縁もできず、嘉永二年（一八四九）に正鐵死去の報に接して精神に異常をきたして、座敷牢に一年余り入れられた末に離縁した。その後の嘉永四年（一八五一）からの十年間は本郷に住んで手工業を行って一家を支えたが、その間に二度にわたって養母の安西男也が取締の危機に遭い、付き添って上州門中の渋澤家や高橋家に逃難した。文久年間には、浜町で役人の下役となったり、小川町で商業に従事したりしたのちに、旗本の萩原氏に寄寓した。

④ 常陸に住んだ壮年期　慶応四年（一八六八）五月には、萩原氏の所領である常陸国新治郡蓮沼村（現在のつくば市）に移住し、名主の広瀬太兵衛の下で神事と農業を営んで、五年間ほど暮らした。なお、明治初期に編纂された『旧高旧領取調帳』では領主は萩原氏ではなく堀氏となっているが、詳細は未詳である。

⑤ 梅田村に住んだ老年期　明治五年（一八七二）十一月、養母安西男也の病報に接して、常陸から梅田村に帰り、留守を預かっていた井上善弥（越後国刈羽郡高尾村の村田喜三郎の弟）と交代したが、善弥は十一年四月に没し、その年の十月十八日には養母男也も没した。明治五年（一八七二）八月には「吐菩加美講」として布教の公認を得ていたが、八年（一八七五）十二月廿五日に教導職試補となって布教に従事するようになり、十七年八月の教導職官制廃止後は大成教に所属して、二十七年五月には権大教正まで昇進した。また、二十二年五月に梅田村に置かれた禊教総本院が二十五年三月に禊大教院と改称され、二十八年二月には、井上祐鐵が大成教禊大教院長となっている[7]。だが、東宮千別を中心とする大成教禊教との関係は必ずしも円滑であったわけでもなく、十一年（一八七八）に、正鐵の改葬の計画が開始されると三宅島まで渡って遺骨の帰還を果たしたが、遺族としては梅田村への改葬を主張して谷中墓地への墓地建設には反対したために、反感を買ったという[8]。

天保十四年三月に十八歳で結婚したノブとの間に二男二女があり、長女スズと次女マンは嫁いだが、長男道之助は行方知れずとなり、嗣子となった二男鐵男も二十五年八月に没した。明治十三年に五十五歳で後妻のヤホと結婚し、明治三十三年（一九〇〇）一月九日に七十五歳で没した。

まとめ

今回翻刻することができた資料は、基本的には本人のからの聞き取りによるものと思われるが、取締や干渉に敏感に対応して活動を進めていた実態が、家族の立場から明らかになったし、困難な生活も門中のネットワークによって辛うじて支えられていたことがわかる。さらに、明治になって布教公認を受けてから、教派神道の体制が確立していく時期において、井上祐鐵は大成教禊教の統合を象徴する役割を期待されながらも、そうした統合のモニュメントである谷中奥津城の建設には反対していたという複雑な事情も存在していたこともわかった。ここでは、江戸時代後期に発生した民衆教化の活動が、社会や制度の変化に対応していく一つの事例を、「教祖」の遺族とされた井上祐鐵という人物の生涯を通じてみていくことができるであろう。

註

（1）井上祐鐵著『井上正鐵眞傳記』は、明治十年に刊行されたが、井上祐鐵著・鈴木真年校正『校正井上正鐵眞傳記』が明治十二年に刊行され、井上祐鐵著・鈴木真年校正・東宮鐵麻呂増補『校正増補井上正鐵眞傳記』が明治二十一年に刊行されている。原著者名と書名を引き継がれているが、かなり内容は変更されていた。

（2）本書のほかには、すでに、『明治聖徳記念学会紀要』復刊五三号（平成二十八年）で翻刻した「先師野澤鐵教先生眞傳記」や、荻原稔『梅辻規清伝記資料』（平成五年）で翻刻した「教祖梅辻規清大人實記稿本」（東北大学所蔵本）の原本であると推定される「賀茂規清大人略伝」（三十六丁）などがある。

（3）岸本昌良著『岸本誠吉の生涯—岸本家の歴史を探る—』（平成七年）による。

（4）岸本家には、『名簿　二葉教会』という記録も残されている。この二葉教会は神習教に所属し、梅辻規清の著書『生魂神供次第記』（明治十六年）を刊行している。

（5）荻原稔「禊教祖井上正鐵の出自について」（『神道及び神道史』四四号、昭和六十一年）。所載の資料三「鳥山家系」には「為高橋源五右衛門養子、依放佚流浪人、文政十三年正月廿二日、於越後荒井在広嶋村死、法名釈教証、葬同処広建寺」とある。

（6）『井上正鐵翁遺訓集』巻之二「雨乞」。

（7）麻生正一『増補井上正鐵翁在島記』（明治二十三年）所載の「大成教禊教各教会位置及職員数一覧表」には、「大成教禊教総本院」の項目に「権少教正井上祐鐵」とあり、最上位の職位なので、おそらく「総本院長」だったのではないかと思われるが、今回の資料には言及されていない。

（8）森正康「禊教教団史における一つの画期—井上正鐵の遺骨改葬をめぐって—」（『常民文化』六号、昭和五十八年）において、遺族と門中各教会の齟齬が指摘されているが、井上家の当主となった井上祐鐵の見解がはっきりとした。

（東京都立青峰学園市民講師）

【資　料】

凡例

・底本は、岸本昌熾自筆本である。
・底本の丁数は、」（何丁オ・ウ）で表した。オは表頁、ウは裏頁を表す。
・本文は、原本の自筆校正に従った。
・崩し字は、正字体にしたが、通用の字体と同じものはそのまま用いた。カタカナ・ひらがなは、そのまま用い、変体仮名はひらがなとした。
・割注は小さいポイントで記した。
・明らかな誤字には、正しい用字を〔　〕で補った。
・句読点は、読解の便のため、荻原が付した。

『井上祐鐵先生傳』（明治二十九年）

岸本昌熾著

井上祐鐵先生傳」（表紙）

井上祐鐵先生傳　完」（扉）

井上祐鐵先生傳　　岸本昌熾著

耒耜を携ひ牛馬を牽き、風雨寒暑の中に勞働し土地を購ひ、而して後ち始めて一家を興す者あり。先祖の遺訓を守り身力を盡し、心思を焦し辛酸を甞め、螢雪の功を積て後ち始めて家名を掲ぐる者あり。一身を生死安危の際に置きて大志を守り、以て祖先の教を百世の後に傳ふる者あ」（一丁オ）り。此の三者の為す所は各々同じからずと雖、其孝子たるは則ち一なり。予が聞く所を以てすれば、先生克く一身を以て祖先の名教を維持し、後世子弟の亀鑑と為りしは即ち、孝子ハ善く父の志を継き、善く父の事を述る者なりと謂ハざるべけんや。

先生、姓は井上、名は祐鐵、小字は立太郎と云ふ。江戸の人にして秋元藩士なり。父は教祖井上正鐵」（一丁ウ）大人の舎弟高橋熊蔵と云ひ、母はサトと云ふ。文政元年（「九年」の誤り—引用者）丙戌十一月廿八日、下總國葛飾郡砂村字亀高村に於て生る。五歳にして父に別る。當時父は越後國頚城郡新井驛に住し、醫を以て業と為す。終りに臨て遺言して曰く、予れ死せは、一子立太郎は江戸に在る兄井上東圓に托して養はしむべし。言畢て逝く。享年三十八歳。時に文政十三年正月二十三日の事なりき。教祖其遺言あるを」（二丁オ）以て直ちに招て養子と為す。是より先生神田岩井町教祖の家に帰し、井上を以て姓と為し、養父母の手に生育す。教祖屡々居住を移轉せらるゝ毎に、先生未た嘗て之に従はざるはあらず。或は信州追分驛に移り、或は越後刈羽郡坪野村に轉ず。危急の際には遺されて孤獨の思を為されしこともあり。或時教祖法の為め幕府の嫌疑を蒙りて捕部の探偵に會ふ。門中に探偵吏を勤むる」（二丁ウ）者あり。窃に之を教祖に告知すれば教祖輙ち去る。其疾きこと脱兎の如し。焉ぞ一家を率ひるの遑まあらんや。時に先生尚幼にして為す所を知らず。止を得ずして人の童僕と為りて口を糊す。既にして教祖隙を窺ひ微行して帰り来り、一家を纏めて其地に移せり。先生由て始めて其苦を免かる。時に十四歳なり。是れ教祖が初度の法難に遭遇せられ、将に神田お玉ケ池の宅を弃てゝ」（三丁オ）北越地方に遁逃せられし時なり。教祖の先生を教育せらるゝや、輾轉轗軻の際にも必懈らず、恒に自ら教諭し或は之を人に托す。先生習字を青雲堂某及山田太一等に學び、又文學を野呂北海に就て修す。教義は教祖曾て先生を従ひ鳴子村に抵り、高弟野澤鐵教をして齋主たらしめ、自ら後見して修行を為さしめたり。武藝は齋藤彌九郎の門に入りて撃劍を修す。又同藩士鱈澤岡右衛」（三丁ウ）門に就て槍術を練る。教祖の法難に遭遇して其處分を受けらるゝや、先生の立志何如を配慮せられて一書を與へ、其決答を促さる。先生之に對ふるに、臣としては君に事へて身命を惜まざるの語を以てせしかば、教祖其返答を得て大いに安心せられ、歌一首を與へらる。其歌に曰く、たゝひとつ忘れ給ふな君の恩君と諾美とはかはらざりけりと。是の時に當て遺族及門人等も亦、各」（四丁オ）各其處分を受る者あり。又は前後纔に法網を遁かるゝ者あり。或は都下に潜伏し、或は遠近に隠遁す。父母を措き、妻子を遺し、其慘状見るに堪へざる者あり。即ち高弟野澤鐵教外数人は上國に遁れ、杉山秀山は越後に隠る。其他失踪する者亦多し。時に先生は幸に鱷の口を免ると雖、幕府の探偵厳にして亦家に在る能はず。故に先つ身を旗下奥津左京に寄す。既にして幕人五味吉五郎 即ち」（四丁ウ）野澤家なり の女を娶りて妻と為す。（後ち二男二女を擧く、二女は他に嫁し、長男道之助は早く家を出て、二男鐵男は早世す）年ありて奥津家を去り、門人某の家に寓す。意合はずして亦此を出つ。是より後ちは浮浪の身と為り、飄蓬依る所なく、其の思志も亦定らず、或は人に使ハれ、或は自活す。時に勧誘する者あり。一藩士某の守護養子と為る。教祖配所に在て此事を聞き大いに怒り、」（五丁オ）書を門人安西一方に與へて教諭せしむ。曰く、予れ聞く、立太郎他家に入て其養子と為ると、彼は吾が舎弟の子にして古一方 真鐵大人なり の血統を引く者なれば、汝能教誡を加へ信心厚き者と為すことに盡力して、以て彼を引立つるこそ是れ古一方への報恩なり。若し其の心なくば、汝は一方なる名號を継きたる其の詮なかるべし。安西一方之を視て大いに驚き、且畏怖す。直ちに先生を忠告」（五丁ウ）す。先生亦驚き忽ち過を改む。然れども別に道義の破り難き者ありて、直ちに去ること能はず。且養家の容易に之を許さゝることを知れば、惟り思を焦すのみなり。逡巡の間、教祖帰天す。先生其報に接して大に驚き、且嘆して曰く、大人既に還らざるの人と為る。我に非ずして誰か井上家の後を継く者あらんや。奈何ぞ一日も猶豫すべけんや。乃ち離縁を養家に訴ふ。養家許さず。是に於」（六丁オ）て、先生進退惟谷まる。乃ち奇計を廻らして、忽ち発狂人と為り、室内牢に入れられ身を苦しめること玆に一年餘なり。而して後ち、始めて養家の放棄する所と為り、終に離縁す。時に二十六歳なり。然れども一家の困窮すること甚しく、殆と生計に方なし。故に町家に居住し、手工を以て一家を糊す。固より不馴の作業なれば一家を支へ難く、終に廃業して亦萍遊す。知己に或る旗下某」（六丁ウ）なる者あり。知行を常陸國新治郡蓮沼村に有す。先生をして其里正某に倚らしむ。時に戊辰の戦乱なれば、斯く先生の為に畫りしなり。先生乃ち一家を率ひて其地に抵る。里正一宇を付して農事及神職の事を行はしむ。居ること五年間なり。明治五年十一月、養母の病報に接す。急に郷里梅田村に還り、薬餌に侍る。是より先生自ら家事及び神明宮の祭事を司る。教祖の法難後は遺族」（七丁オ）并門人等は大抵外に在て、其郷里に寄る能はず。短きは数年間、長きは數十年間飄遍す。先生は其最長き者にして、其始め家を出しより還家まて三十一年間の久しきなり。教祖の轉居せらるゝや、其數四十餘回に及ぶ。先生未た嘗て之に従はざるはあらず。而して教祖に別れて後ち、自ら居處を轉ずること勝て計ふべからず。古語に云く、墨突黔まず孔席暖かならず、古今道を守る者の」（七丁ウ）苦艱亦思ふべし。法難の際、若し躓て逮捕せらるれば死刑に逢はざるも、必入獄して苦楚を嘗むることを免かれず。若し不幸に逢ひば三浦隼人の如く、牢中に斃れんのみ。此際誰か生死安危を計るべけむや。故に明治の昭代までは、皆之を戒め公然布教を為す者なし。法難後梅田社の跡は、大抵門人村田善彌、井上姓を名乗て其留守を預り、神事及ひ家事を擔任せり。今先生の還家する」（八丁オ）に及で之を復したり。維新以来已に數年の星霜を経たれば、時勢は大に進み、國典兵制文學教育を首として凡百の制度萬般の法規に至る迄、皆其端を発せざるはなし。吾が神道も亦一の教道と為りて教部省之を統轄す。是に於て梅田社の教も亦興る。八年十二月、先生始めて教導職試補と為る。又諸門人信徒等相謀て将に教祖の墳墓を三宅島より内地に移さんとす。又是を遺族に」（八丁ウ）謀る。先生曰く、之を梅田の舊地に移さば則可なり。然らずして若し他に移さんとならば決して許さず。約既に成り之に着手す。先生乃ち衆を勵まし、倶に渡島して其事に盡力す。還るに及て、衆中或は前約に背く者あり。先生聴かず。為めに其悪む所と為りたりと云ふ。谷中墓地分骨の事是れなり。時に十一年五月なり。十月十八日に至り、失恃の変に罹り、哀毀禮を盡せり。母氏の病蓐に在」（九丁オ）るや、先生寝食を忘れて薬餌に侍ること七年の間、猶ほ一日の如し。後ち亦死を祭ること生に事ふるが如くす。實に孝行至らざる所なし。見る者感服せりとなり。大に村内の人望を得、十五年の夏、悪疫大に流行する時、先生特に虎列刺病豫防衛生委員に撰任せられて大に其事に盡力す。是より後は先生心を教導に用ひられ、内に在ては修行を起し盛んに衆庶を導き、外に出ては人の」（九丁ウ）教場を助く。終に信徒數百名の多きを有したり。齢已に耳順、而して身健と雖亦自由ならざる所あり。遂に教場を閉ちて全く隠遁の姿と為り、夫婦倶に唯教義を守り餘年を送るのみ。而して、門中各院の教業は日に熾に月に進み、歳々開行人人奨勵し、實に他を壓倒せんとする勢ひなり。或は擴張説を張て先生を起さんと計る者あり。或は身分の昇進を推挙して、本教の牛耳を把らし」（十丁オ）めんと試みる者あり。先生之を辞せども許さず。止を得ずして起つ。遂に権大教正に昇り、次て大教院々長と為る。先生已に老すと雖、元氣毫も衰へず。曽て第六教院に於て、教祖の事蹟を顯揚せんが為め、其教義及び事蹟を編纂して、以て畏くも
天皇陛下の聖覧に奉供するに當て、編者等梅田に派して、其事實を先生に質問す。先生其記憶す」（十丁ウ）る所を以て談話せらゝこと、二十餘回なり。晩きは往々夜に入るとも、一回も欲ず。一日病あり。訪者躊躇せしが、先生起て曰く、予れ今日病の為めに臥せり。然れども靈神の事に就ては予れ決して懈たらずと、病を力めて談話をせらるゝこと平常の如し。又同院に於て教祖の実傳記を作りて刊行せしことあり。先生之を聞て曰く、教祖の事蹟捜索は尚ほ盡さゞる所あり、其由緒最北越」（十一丁オ）地方に多し。予行て実地を探らん。乃ち編者・名を従ひて、雪中旅行を為し、數旬間徒行して其事を盡す。時に六十九歳なりき。矍鑠と謂ふべし。方今本教の形勢は益々熾にして其勢将に原野を焼く火の如し。又先生の光栄は将に東天に昇る日の如くなり。是れ諸門中の人々堅く道を信ずると、先生の長く遺教を守らるゝとの致す所乎。是に於て、誌さゞるを得ず。明治二十九年三月中」（十一丁ウ）旬、岸本昌熾謹て識す。」（十二丁オ）

『井上祐鐵先生年譜稿』（明治二十九年）

井上祐鐵先生年譜草稿　」（表紙）

井上祐鐵先生年譜　岸本昌熾撰

　先生、名は祐鐵、姓は井上氏、幼名は立太郎、秋元藩士に

て江戸の人なり。父は教祖井上正鐵大人の實弟井手立志と云ひ、母はサトと云ふ。先生を下總國葛飾郡砂村字亀高村に生む。先生、後ち井上家の養子と為る。故に姓を井上と云ふなり。

文政九年　丙戌　十一月二十八日　先生生る。　」(一丁オ)

十年　丁亥　先生二歳、大久保に在り。

是年父母に従て南豊島郡大久保村松平伯耆守の邸内に轉ず。

十一年　戊子　先生三歳、越後國に在り。

是年父母に従て越後國頚城郡新井驛に轉ず。當時、父は醫を以て業と為す。

文政十三年　庚寅　先生五歳、

是年正月二十二日、父の喪に逢ふ。父の病に罹り暫らく病蓐に在るや、終りに臨て遺言して曰く、予れ死せば一子」(一丁ウ) 立太郎は江戸に在る兄井上東圓に遣はして養はしむべしと言畢りて歿す。享年三十八歳なり。教祖直ちに先生を引取て養子と為す。是より、先生神田岩井町教祖の家に抵り、井上姓を侵す。

天保二年　辛卯　先生六歳、江戸に在り。

三年　壬辰　先生七歳、信濃國に在り。

是年十一月、養父母に従て佐久郡追分驛に轉ず。當時養家は醫を以て業と為す。居ること四年間なり。　」(二丁オ)

六年　乙未　先生十歳、江戸に在り。

是年三月、養父母に従て以て信州追分驛より江戸に還り、日本橋檜物町に住す。是の時より先生青雲堂某に習字を学ぶ。

八年　丁酉　先生十二歳、

是年四月十七日、養家神田本銀町にて火災に罹り、阿玉が池に轉ず。是頃、先生山田太一より習字を学ぶ。

九年　戊戌　先生十三歳　」(二丁ウ)

是年三月、先生教祖に従ひ鳴子村に抵り、野澤鐵教齋主と為り、教祖後見して道の修行を為す。

十年　己亥　先生十四歳、越後國に在り。

是年五月、教祖道の為め幕府の嫌疑を蒙り、一家を棄て神田阿玉が池より越後國に遁る。先生乃ち一身を處するに道なく止を得ずして、六月ニ至り日本橋槙町眼科醫馬島瑞伯の童僕と為る。十二月に至り教祖微行して帰り来り、一家族を纏めて越後國刈羽郡高尾村字坪野に移す。

十一年　庚子　先生十五歳、梅田村に在り。　」(三丁オ)

是年三月、教祖家族を率ひて越後國より江戸に還り、難波町門人三浦政吉の家に寓す。四月十五日、又武州南足立郡梅田村に轉ず。先生も亦之に従ふ。是頃、先生儒士野呂北海に就て文學を修む。

十四年　癸卯　先生十八歳

是年二月、教祖遠島の處分を受けられ内地を去るに臨て、先生の心底立志何如を配慮し給ひ、獄中より一書を先生に」(三丁ウ) 與へて其決答を促されたり。其往復書に曰く

　其許、未た若年ニ付、心底を案じ候間、能々可被申聞候。云云

先生之に對て曰く

　此度之御法難に御逢ひ御入牢中之御艱難御配慮多き御中、不肖之某を御案じ被成下恐入難有奉存候。依て謹て御受申上候。臣としては身命を惜まず君に仕へ奉り

候之外更に心底無御座候。云云　」（四丁オ）
教祖の返東に曰く
　其許心底委細被申聞、我等に於ても安心致し候。
　　只一トツ忘れ給ふな君の恩
　　　君と諾美とは替らざりけり
　諾は男神にして伊弉諾の尊、美は女神にして伊弉冉の尊、諾冉両神によく〳〵仕へ給ふべし。
教祖の既に内地を去らるゝや、梅田社は解散して、其遺族并門人各々其居處を異にす。獨留守居あるのみ。十一月に至り、先」（四丁ウ）生は先つ、牛込若宮町旗下奥津左京に寄寓す。是頃、先生文武の道を嗜み、撃劔を齊藤弥九郎の門に入て修む。また槍術を秋元藩士鱈澤岡右衛門に就て練る。是年三月に至り、幕人五味吉五郎 即ち野澤家なり の女ノブを娶りて妻と為す。後に二男二女を生む。長男を道之助と云ふ。長じて両親の意に背く所ありて家を出て、今其行く所を知らず。二男を鐵男と云ふ。家を継ぐ。早世す。長女をスゞと云ふ。小浪栄次郎の妻と為る。今下谷區南稲荷町に在る 次女をマンと云ふ。小澤喜之助の妻と為る。今埼玉縣浦和驛下町に在る　」（五丁オ）
弘化元年　甲辰　先生十九歳。下總國に在り。
九月に至り、奥津家を去りて、葛飾郡木下川村門人村越治郎兵衛の家に寄寓す。
幾程もなくして亦此を出つ。是より浮浪の身と為る。十月に至り、牛込築土町幕人御小納戸役雨宮雲九郎に仕ふ。居ること一年間餘なり。
三年　丙午　先生二十一歳。江戸に在り。
是年四月、雨宮家を出て、或人の勧誘に由り、芝白銀臺町阿州藩士足立一平の守護養子と為る。時に教祖配」（五丁ウ）所に在りて、此事を聞召めされ、直に一書を安西一方に與へて教諭せしめらる。其の書に曰く、
一　立太郎事、養子に参り候のよし、貴様御尋能々御さとし御教へ可被成候。是は小于弟の子古一方 真鐵大人なり 様の御血筋を引申候ものゆへ、御骨折信心つよきものに相成候様御引立可被成候。是は古一方様への御奉公にて御座候。其心なく候へば御名を継候かひ有まじ。　」（六丁オ）
又修行のことを野澤鐵教にも依頼し給ふ。
一　立太郎事、段々厚御世話の由忝存候。是も少子の忘れがたみに御座候間、何卒法を能々修行いたし候やう頼入候。
先生、両人の忠告に預り、大に驚き忽ち過を改む。然れども亦道義の破り難き者あり。直ちに去る能はず。獨思を焦して躊躇す。
嘉永二年　己酉　先生二十三歳　」（六丁ウ）
二月十八日、教祖三宅島に於て逝去す。先生其報に接し大に驚き、且歎じて曰く、大人既に還らざるの人と為る。則ち我に非ずして誰か井上家を継ぐ者あらんや。愈々切迫して急に離縁を養家に逼まる。養家許さず。因て忽ち発狂して、室内牢に入られて身を苦しむること一年間餘なり。而して後ち始めて養家の見棄る所と為り、終に離縁す。
四年　辛亥　先生二十六歳
是年九月、一家を本郷元町に構へ、手工を以て生計を營む。」（七丁オ）
教祖曾て手細工の事を先生に諭されて曰く、

麥をつき〳〵祓を唱へ難し、亦祓を唱へながらの手細工も出來さるべし。祓を唱へなからの手細工ならば、祓は唱へ、法の用は勤め、其間に手細工ならばよろしかるべし。と。今、先生の手工を為すは蓋し此教に従ふならんか。

七年　甲寅　先生二十九歳

是年十二月、養母男也氏は田舎の百姓老母に身を」（七丁ウ）窶して、辻屋金五郎の手により、駿河臺大小路の邸に潜伏せられしが、捕部の探偵甚だ巌にして事急なれば、先生乃ち之を駕篭に乗せ、自ら護衛して、上州仁田郡平塚河岸の門人澁澤六左衛門の家に抵りて隠さしむ。其途中奪はれんとすること屡々なりしが、先生と轎夫の盡力に因て危難を免かれたりと云ふ。

九年　丙辰　先生三十一歳

是年四月、又養母男也氏大久保の長沼澤右衛門の」（八丁オ）宅に於て捕部に見認められて甚た危し。因て先生同伴して武州幡羅郡西野村門人髙橋亀次郎方へ送りて隠さしむ。時に先生の盡力啻ならざりしと云ふ。

「（垂れ紙）

文久元年　辛酉　先生三十六歳

是年十月、本郷元町の一家を閉ちて、濱町の火方見巡役佐野欽六郎に仕ふ。居ること二年間なり。

三年　癸亥　先生三十八歳

是年六月、佐野家を出て又小川町に居住して商業を営む。居ること三年間餘なり。時に知己の旗本萩原侍之進なる者あり。之に寄る数月間なり。

慶応四年　戊辰　先生四十二歳　常陸國に在り　」（八丁ウ）

是年五月、萩原侍之進の周旋に由て一家を率ひ、其知行所新治郡蓮沼村に抵り、里正廣瀬太兵衛に寄る。別宅して村内神職の事を扱ひ、旁ら農事を営む。居ること五年間なり。

明治五年　壬申　先生四十七歳　梅田村に在り

是年十一月、養母男也刀自の病報に接す。急に一家を纏めて梅田村に還り、看護に侍る。是より先き天保十四年の春、先生家を出て外に在り、艱難辛苦すること、茲に三十一年間なり。教祖の法難に逢」（九丁オ）ひ給ふや、遺族幷門人の中、追放の處分を受けたれば、各々郷里に寄ること能はず。法も亦明治の昭代までは公布すること能はず。故に或は数年、或は十数年間浮浪して外に在る者あり。先生は其最長く外に在る者なり。其間、梅田社の跡は井上善弥、大抵其留守を預り、神事幷家政を擔當せり。今先生の帰宅に及て之を返還す。是より後は、先生皆自ら司らる。

八年　乙亥　年先生五十歳　」（九丁ウ）

是年十二月廿五日、教導職試補と為る。是より先生教導に心を用ひられ、修行を建て、信徒を取扱ひ、数年の後は終に数百名の多きに至りたり。

九年　丙子　年先生五十一歳

是年十二月一日、神道三部の所管に属し、神道興隆之実功を奏することに盡力すべき旨、三部長稲葉大教正より希望せらる。

十一年　戊寅　先生五十三歳　」（十丁オ）

是年四月一日、門人井上善弥死す。先生其禮を盡し、後ち亦祭事に心を用ひらる。善弥は越後國刈羽郡高尾村字坪野、村田喜三郎の弟にて、曾て教祖に随身して、特に井上姓を賜はらるゝ者なり。

五月、諸門人信徒等相謀て、教祖の墳墓を三宅島より内地に移さんと欲す。是を亦遺族に謀る。先生曰く、之を梅田の舊地に移さば則可なり。然らずして、若し之を他所に移さんとならば、決して之を許さず。相互に約成りて之に着手す。先生乃ち母に代り」（十丁ウ）て専任す。時に母病中なるが故なり。先生衆を勵まして倶に渡島し、其事を成せり。而して其還るに及て、衆中或は前約に背んとする者あり。先生聴かず。為めに其悪まるゝ所となりたりと云ふ。谷中墓地分骨の事、是れなり。當時改葬発起者にて渡島せし者は、東宮千別、杉村敬道、横尾信守、麻生正守、笹本福次郎、其妻のぶ、初見方義、栗山浅次郎、林徳兵衛、玉川トク、チク、外二人、先生等なり。

十月十八日、養母男也子歿す。先生哀毀禮を盡す。母の病」（十一丁オ）蓐に在るや、寝食を忘れて看護に侍ること七年の間、猶ほ一日の如し。実に孝行を盡されたり。

十三年　庚辰　先生五十五歳

是年五月、永井喜助の女ヤホを娶りて妻と為す。

十五年　壬午　先生五十七歳

是年五月、悪疫大に流行す。先生虎列刺病豫防衛生委員に撰任せらる。大に其事に盡力す。

十七年　甲申　先生五十九歳　　」（十一丁ウ）

是年二月廿六日、権訓導と為る。

十月十日、権少講義と為る。是より大成教の所管に属す。

又是年二月、下總國匝瑳郡八日市場久方村田崎長信、上總國望陀郡臺田村鶴岡信僖等の招待に由り、大浦村、蕪里村、高村、臺田村外、村々へ出張すること二回、修行を建て、教導を助く〔け〕たり。

十九年　丙戌　年先生六十一歳

是年一月二十四日、中講義と為る。

二十年　丁亥　先生六十二歳

是年六月十七日、大成教禊教社長福田町教會擔任と」（十二丁オ）為る。

二十三年　庚寅　先生六十五歳

是年七月九日、権少教正と為る。

廿五年　壬辰　年先生六十七歳

是年八月十五日、二男鐵男の喪に罹る。禮を盡す。愁傷措く能はず。曽て第六教院に於て首唱して、将に教祖の事蹟を顕はさんとし、其教義并事蹟を編纂して、以て畏くも天皇陛下の聖覧に奉供するの際、編者等梅田に派して其事実を先生に質問す。先生之を談話せらるゝこと二十餘」（十二丁ウ）回なり。其晩きは往々夜に入る。曽て一回も之を缺くことなかりし。一日病あり。訪者躊躇す。先生起て曰く。予れ今日病の為に臥せり。然れとも霊神の事に就ては決して怠たるべからず。則ち病を力めて平常の如く談話せり。

二十七年　甲午　先生六十九歳

是年春、第六教院に於て教祖の実傳記を作りて刊行す。先生之を聞て曰く。教祖の事蹟を調ぶるは未た盡さ」（十三丁オ）る所あり。其由緒最北越地方に多し。予れ自ら往て実地を捜索せんとす。遂に編者一名を同伴せしめて、雪中旅行を為し、十數日間徒行して盡力す。

五月廿二日、権大教正と為る。

二十八年　乙未　先生七十歳

是年二月十五日、大成教禊大教院長と為る。是より後、毎月三回、梅田村より通勤して、事務に鞅掌す。

」（十三丁ウ）
」（十四丁オ）

二十九年　丙申　年先生七十一歳

紹　介

藤本頼生著

『よくわかる皇室制度』

神社新報社　平成二十九年十一月　A6判　一七四頁　本体一二〇〇円

著者の國學院大學神道文化学部の藤本頼生准教授は、神道教化論・都市社会と神社・神道と福祉・神社制度史などを専門とする研究者である。本書は、筆者の関心領域である神社とも密接に関わる皇室の問題に焦点を当てたもので、基本的な事項から懇切丁寧に解説した著書となっている。本書は、「象徴と天皇」「譲位と退位」「元号と改元」「大嘗祭」「皇室財産」「海外王室の王位継承」などの皇室制度を知るための二十の章から構成されている。

例えば、「譲位と退位」の章では譲位と退位の各々の語句が意味する基本的な概念を説明、皇位を受け給う天皇から見ると「受禅」という言葉で表現されることなどの説明からはじまり、植木直一郎の分類に倣い、歴史的に見た譲位の形式を、①生理的譲位、②宗教的譲位、③政事的譲位、④法律的譲位、⑤その他に分類している。そして、著者は「近代以前は譲位が定着していた時代」といえるが、譲位に伴う政争など弊害が少なくなかったため、明治の皇室典範において崩御のみを譲位の原因とする制度が定められたことを説明している。また、現行皇室典範制定時における、憲法の基本的人権の有無の観点からの譲位（退位）の可否についての議論も紹介されている。

本書はこのようにわかりやすい入門書でありながら、基本的事柄について専門的知見に基づいた正確な知識を押さえることが可能になっており、現在および将来の「あるべき皇室制度」を考えるために極めて有用である。参考資料として、旧皇室典範のもとで制定された主な皇室令の一覧、現行の天皇・皇室に関係する憲法条文および皇室典範、関係法等の枢要部分が添付されているのも親切である。目前に迫った、憲政史上初となる譲位による御代替わりに向けて、「日本」の正統である皇室制度を理解するための入門書として、有志各位にお勧めする次第である。

紹介

大日本帝国憲法制定史調査会著

『大日本帝国憲法制定史』

神社新報社　平成三十年二月　A５判　八七八頁　本体一六〇〇〇円

本書は、昭和五十五年にサンケイ新聞社から発行された『大日本帝国憲法制定史』（明治神宮編）の復刊である。当時、明治神宮内に設置された「大日本帝国憲法制定史調査会」（編集委員長・大石義雄）にて企画され、原案を葦津珍彦が執筆、編集された書籍である旨が、復刊に際しての高山亨神社新報社社長による序文に述べられている。本書は、「第一章　前史—明治維新の思想」から筆が起こされており、単に法律学的に憲法の条文解釈を施した書籍とは異なり、憲法制定に携わった人々の思想的背景から解説されている壮大な憲法制定史である。岩倉具視や伊藤博文の強い反対にあって審議もされずに廃案にされた元老院の国憲案の草案なども収載されており、興味深い。特に「第十四章　朝野激突の波瀾」「第十五章　朝野の対立から合流へ」では、憲法典の草案起草直前のダイナミックな政治的状況が活写されており、読み物としても面白い。「第十六章　憲法典の起草検討」では、井上毅が起草案を作成し、「社会的君主主義者」ロエスラーなどに批判を受けて甲乙二私案を作成し、それを受けて伊藤博文や、伊東巳代治、金子堅太郎により修正が加えられていき、そこには起草者の井上毅は諸事情によりほとんど関与せずに物事が進められていく過程が述べられている。なお、同書には「皇室典範制定史」も収載されているが、復刊にあたり附録とされた葦津珍彦『明治憲法の制定史話』は別冊となっている。本書の「跋文」において、大石義雄は「大日本帝国憲法は、明治天皇が皇祖皇宗の遺訓を体して欽定されたものであるから、大日本帝国憲法の精神的基礎を為す日本思想を理解することなくしては、大日本帝国憲法の制定史を語ることはできないのである。（中略）大日本帝国憲法は、これからの日本の進路を示す光として今も生きているのである」と述べている。御代替わりを直前に控えた今、本書をお薦めする所以である。

紹介

武田幸也著

『近代の神宮と教化活動』

弘文堂　平成三十年四月　Ａ５判　四八〇頁　本体六七〇〇円

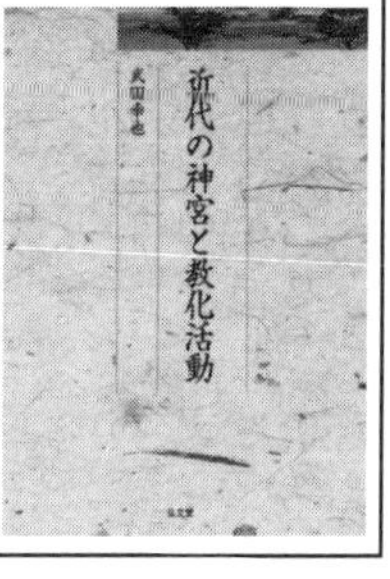

著者の國學院大學研究開発推進機構の武田幸也助教は、近代における神宮史を神宮教などの教化活動にかかわる組織と思想の内実と位置づけを明確にする側面から、一貫して研究してきた研究者である。本書の「はじめに」で著者は、明治五年に設立された神宮教院・神宮教会を基盤に展開した神宮の教化活動を追うことによって、「近代の神道が教化という問題に対峙しつつ、どのような制度・組織や教説・思想を歴史的に展開していったのかを明かにし、教化という視点から近代神道史を再検討しようとするもの」と課題を設定している。著者は、神宮教院から戦後の神社神道にいたる神宮の教化活動の歴史を、「祭教分離」や「神社非宗教論」等を背景とする制度的枠組みの中において、神道信仰の宣揚に努力し続けた歴史であり、そのような神宮の教化活動は戦後の制度的改変を通じてなお、現在の神社本庁や戦後の神道人にも受け継がれているとしている。神宮奉斎会会長も務めた今泉定助の皇道発揚運動を分析する章では、今泉が様々な事情により会勢が減退していく奉斎会を立て直し、活動の軸足を講演活動や伊勢参宮の励行などに移しつつ奉斎会の枠組みを超えた思想活動を展開する様子が、彼の超宗教化していく神道思想の内実的分析も含め活写されている。本書は、これまで詳細に検討されてこなかった史料を丹念に読み解き、神宮の活動に関わる組織の展開や人物の動向、思想的展開までもが詳しく明らかにされており、近代の神宮史はこれから本書を重要な研究成果としてますます進展していくであろう。著者は、今後の課題の一つとして神宮奉斎会本院を含めた中央の動向についてはかなり明らかとなったが、中央の方針を受けた地方の活動は明らかでなく、特に関連して各地域の奉斎会の関係者と神職や教派神道教師の関係を明らかにするのが重要であると述べている。有志各位に広くお勧めする。

紹介

刑部芳則著

『公家たちの幕末維新―ペリー来航から華族誕生へ―』

中央公論新社　平成三十年七月　新書判　三二〇頁　本体九〇〇〇円

幕末から明治維新までの歴史は主として武家を主人公とし、公家たちは歴史に翻弄される優柔不断な脇役として描かれることが多い。しかし、公武合体から王政復古まで、歴史的に彼らが果たした役割は大きい。武力こそ持たないものの、天皇復権のために志士たちを扇動し、大名と交渉を重ねた公家たちの歴史的役割はこれまで等閑視されてきた。

「web中公新書」で公開されている著者へのインタビューによると、幕末における公家たちの通史（本書）を著すにあたり、正親町三条（嵯峨）実愛を「隠れ主人公」とし、関白、議奏、武家伝奏を重要な脇役として置き、正親町三条の盟友中山忠能、宗家の三条実美、政治的な相手である岩倉具視、大原重徳なども脇役としたとのことである。先述の公家への低評価の原因は、江戸時代以降の公家に関する研究の遅れにより、彼らの本当の姿が知られていないことによると著者は語る。岩倉具視だけが「策士」なのでなく、三条実美も決して気弱ではなく、大原重徳は頑固で強直であり、正親町三条実愛は政治的なバランス感覚に長けている人物なのである。公家にも武家と同じように開国容認派、穏健的尊攘派、急進的尊攘派など様々な立場があり、相克があったのだ。

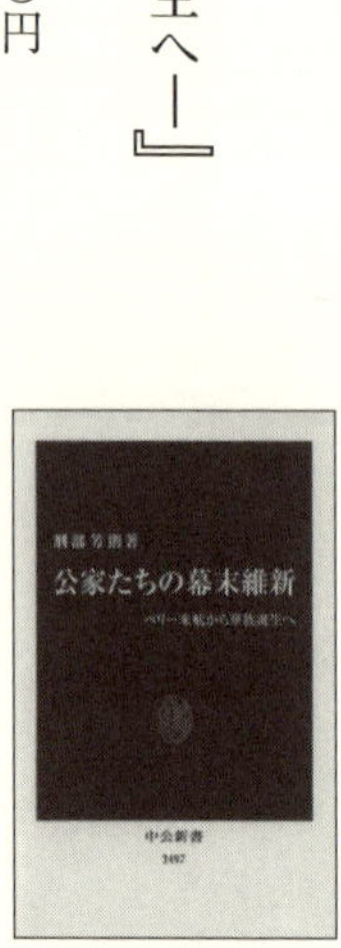

本書は、当時の公家たちの政治的動向を細かく追うことでその内実を明らかにする。岩倉具視や三条実美等の新政府の重鎮が幕末期に実際に朝廷内で活躍した期間は短いこと、関白、議奏、武家伝奏など朝議の主要メンバーのみならず、下位の公家たちも朝廷の意思決定に関わったことが描かれる。王政復古に至り公家における激しい政治闘争は一区切りを迎え、朝議等で枢要であった摂家なども京から追放され、一方で岩倉具視や三条実美が復活し急激に台頭した。必要に応じて旧来からの公家の慣習も説明され、具体的な有職故実についても知見を得ることができる。一読をお勧めする。

紹　介

山口輝臣編　〈史学会シンポジウム叢書〉

『戦後史のなかの「国家神道」』

山川出版社　平成三十年十月　Ａ5判　二七五頁　本体四〇〇〇円

「国家神道」は、近代日本社会を特徴づける重要概念の一つと見なされ、戦後日本の政策・社会運動・宗教運動などを背景にして研究されてきた。しかし一方で、実践とも絡んだ激しく妥協のない対立があり、また一方では、専門家集団による最先端の研究成果と、広く流布しているイメージとが大きく乖離しており、そこを不思議な相互無関心が支配して、いまも研究の帰趨が定まらない。このような状況を変えるため、「国家神道」を研究するという営為そのものを、戦後史の中に位置づけようとしたのが、二〇一七年史学会第一一五回大会のシンポジウム「戦後のなかの「国家神道」」を基に編集された本書である。

　本書は、本論および附録とで構成されている。本論は、明治維新期から戦後初期までを対象にしたI部「「国家神道」まで」（藤田大誠「「国家神道」概念の近現代史」、苅部直「「国家神道」と南原繁」）、一九五〇年代から七〇年代を中心に、「国家神道」が今日の通俗的な用法のような形で定着する過程を論じたII部「「国家神道」をつくる」（昆野伸幸「村上重良「国家神道」論再考」、須賀博志「戦後憲法学における「国家神道」像の形成」）、八〇年代以降を扱うIII部「「国家神道」のこれから」（谷川穣「「国家神道」論の現状をどうみるか」、山口輝臣「「国家神道」をどうするか」）の三部構成。いずれも、「「国家神道」を研究すること」それ自体を、より広く戦後の政治史・思想史・宗教史・社会運動史などのなかで理解することを企図しており、単なる研究史の整理とはなっていない。また関連するテーマを扱った十のコラムが置かれているほか、巻末の附録「「国家神道」関連年表」「「国家神道」主要文献抜粋」「「国家神道」研究主要参考文献」も、内容が充実している。

　論考・コラム・附録によって、論点の視野の多角化と、今後の研究の基盤とを図ろうという意欲に溢れており、読み応えのある一冊である。

彙報

○平成二十九年第二回理事会・評議員会

日　時　平成二十九年九月三十日（土）午後零時三十分
場　所　明治神宮社務所講堂
出席者（五十音順・敬称略）
会　長　中島精太郎
理事長　阪本是丸
常務理事　石井研士・九條道成
理　事　加藤司郎・小林五郎・小堀桂一郎・島薗　進・髙山　亨・武田秀章・松山文彦・三宅守常
評議員　鎌田紀彦・菅　浩二・塙東男(代)・中藤政文・松本久史・宮本誉士・茂木　栄
研究囑託　東郷茂彦
事務局　栗田　勤・戸浪裕之・中野裕三・

定刻、栗田事務局員の司会により開会。中島会長及び阪本理事長の挨拶の後、会則に基づき阪本理事長が議長となり議事に入る。

一、役員改選について

任期満了に伴い、役員改選が協議され、本会会則第九条第一項に基づき、理事の互選により中島会長は留任となり、次に同第二項に基づき中島会長より、阪本理事長、石井・九條両常務理事の留任・指名があり、異議なく承認された。また同三・四項に基づき、理事・評議員・監事・企画編集委員については、兼ねて退任のご意向のあった日枝神社の宮西惟道理事の後任として、同神社の宮西修治宮司の就任、他の役員の留任が発議され、審議の結果異議なく承認された。

二、本年度事業について

（一）研究例会

第六十二回例会は、三月二十五日（土）午後一時三十分、明治神宮参集殿に於いて、東郷茂彦氏（國學院大學研究開発推進機構共同研究員）より「皇族についての理念と制度――近代を中心とした考察――」と題して発表、また第六十三回例会は、九月三十日（土）午後一時三十分、明治神宮会館第一研修室に於いて、講師は刑部芳則氏（日本大学商学部准教授）により、「明治の皇室と服制」と題して講演がなされることが報告された。

（二）公開シンポジウム

七月十五日（土）午後一時三十分、明治神宮参集殿に於いて、「近代の皇室制度――その運用と課題――」をテーマとし、基調講演に齊藤智朗（國學院大學神道文化学部教授）・川田敬一（金沢工業大学基礎教育部教授）両氏、コメントに武田秀章氏（國學院大學神道文化学部教授・本会理事・企画編集委員）・藤田大誠（國學院大學人間開発学部教授）両氏、司会に藤本頼生氏（國學院大學神道文化学部准教授）によって開催された。

（三）紀要復刊第五十四号

十一月発行を目途として特集「近代の皇室制度――その運用と課題――」の編集を鋭意取り進めていることが報告された。また事務局より、現在の編集状況について報告された。

（四）紀要電子化事業

石井常務理事より、平成二十九年度の事業として、紀要復刊第四十九号、及び戦前の紀要のうち著作権の失効した四十九篇を公開していくことが説明、承認された。

三、収支中間報告
事務局より、平成二十九年一月一日から八月三十日までの一般会計・特別会計の収支について報告がなされ異議なく了承された。
四、次年度の事業計画について
阪本理事長より、次年度は「明治維新百五十年」の節目に当たることに因み、紀要復刊第五十五号の特集、公開シンポジウム・研究例会は「明治維新百五十年」をテーマにし、その詳細については来たる十二月開催予定の企画・編集委員会にて協議する旨報告があり、了承された。
五、その他
特段の協議事項はなかった。

○第六十三回例会
日　時　九月三十日（土）午後一時三十分
場　所　明治神宮会館第一研修室
演　題「明治の皇室と服制」
講　師　刑部芳則氏（日本大学商学部准教授）
司　会　三宅守常氏（日本大学客員教授）

○第四十三回企画・編集委員会
日　時　平成二十九年十一月三十日（木）午後五時
場　所　明治記念館きょう・なでしこの間
出席者（五十音順・敬称略）
　理事長　阪本是丸
常務理事　石井研士・九條道成
理　　事　武田秀章・三宅守常
評議員　菅　浩二・松本久史・宮本誉士
研究嘱託　東郷茂彦
事務局　栗田　勤・植松克巳・戸浪裕之・中野裕三
議　事（協議・報告事項）
一、『明治聖徳記念学会紀要』復刊第五十四号
二、平成二十八年度の事業について
（一）『明治聖徳記念学会紀要』復刊第五十五号
（二）公開シンポジウム
（三）例会
　第六十四回例会
　第六十五回例会
三、紀要電子化事業
四、その他

○平成三十年度第一回理事会・評議員会
日　時　平成三十年三月二十四日（土）午後零時二十分
場　所　明治神宮社務所講堂
出席者（五十音順・敬称略）
会　長　中島精太郎
理事長　阪本是丸
常務理事　石井研士・九條道成
理　事　加藤司郎・小堀桂一郎・猿渡昌盛・高山　亨・武田秀章・松山文彦・三宅守常・宮西修治
評議員　鎌田紀彦・松本久史・宮本誉士
監　事　福田　勉・網谷道弘
研究嘱託　東郷茂彦（研究嘱託）
事務局　栗田　勤・戸浪裕之

定刻、栗田事務局員の司会により開会。まず昨年九月の役員改選により新理事に就任された日枝神社の宮西修治宮司の紹介があり、中島会長及び阪本理事長の挨拶の後、会則に基づき阪本理事長が議長となり議事に入る。

一、平成二十九年度事業報告について

（一）紀要復刊第五十三号

十一月三日付で復刊第五十四号が刊行された。

（二）公開シンポジウム

平成二十九年七月十五日（土）午後一時三十分、明治神宮参集殿に於いて、「近代の皇室制度――その運用と課題――」をテーマとし、基調講演に齊藤智朗（國學院大學神道文化学部教授）・川田敬一（金沢工業大学基礎教育部教授）両氏、コメントに武田秀章氏（國學院大學神道文化学部教授・本会理事・企画編集委員）・藤田大誠（國學院大學人間開発学部教授）両氏、司会に藤本頼生氏（國學院大學神道文化学部准教授）によって開催された。

（三）例会

第六十二回例会は、平成二十九年三月二十五日（土）午後一時三十分、明治神宮参集殿に於いて、東郷茂彦氏（國學院大學研究開発推進機構共同研究員）より「皇族についての理念と制度――近代を中心とした考察――」と題して開催、また第六十三回例会は、平成二十九年九月三十日（土）午後一時三十分、明治神宮会館第一研修室に於いて、講師は刑部芳則氏（日本大学商学部准教授）により「明治の皇室と服制」と題して開催された。

二、平成二十九年度決算について

事務局より、各科目毎に決算報告がなされた。引き続き、福田監事より平成三十年三月一日に実施された監査の報告がなされ、異議なく承認された。

三、平成三十年度事業について

（一）紀要復刊第五十四号

阪本理事長より、紀要復刊第五十四号は、明治維新百五十年に因んで「維新と人物」（仮）を特集テーマとし、さまざまな機関（神社新報社や他の学会）と連携することが提案され、承認された。

（二）公開シンポジウム

平成三十年七月十四日（土）午後一時三十分、明治神宮参集殿において、「明治維新と平田国学」（仮）をテーマとし、基調講演に宮地正人氏（東京大学名誉教授）、司会に松本久史氏（國學院大學神道文化学部教授・本会評議員・企画編集委員）を予定しているが、コメンテーターは調整中であることが松本評議員より説明がなされた。

（三）例会

第六十四回例会は、平成三十年三月二十四日（土）午後一時三十分、明治神宮参集殿に於いて、松本久史氏（國學院大學神道文化学部教授・本会評議員・企画編集委員）より「明治維新と国学者――京都一力亭主人杉浦治郎右衛門を例に――」と題して発表、また第六十五回例会は、平成三十年九月二十二日（土）午後一時三十分、明治神宮会館第一研修室にて開催の事とし、講師・司会とも未定であるが、「明治維新百五十年」に関わる内容を予定し、次回の企画・編集委員会で決定する旨、阪本理事長より提案、承認された。

（四）紀要電子化事業

石井常務理事より、平成二十九年度の事業として、紀要復刊第四十九号、及び戦前の紀要のうち著作権の失効した四十九篇を公開していくことが説明、承認された。

四、平成三十年度予算について

事務局より、要説明がなされ、異議なく承認された。

五、その他

（一）特別会計口の使途について

特別会計口には現在三千万円近くが積み立てられていることから、神道文化会が「神道文化叢書」を発刊している例に倣い、「明治聖徳記念学会叢書」（仮）を発刊して若い研究者の成果発表の場とし、九月の理事会・評議員会でその「案」を議論する旨、阪本理事長より提案され、了承を得た。

（二）研究嘱託の交替について

平成二十九年四月より研究嘱託を委嘱していた東郷茂彦氏（國學院大學研究開発推進機構共同研究員）から神杉靖嗣氏（國學院大學研究開発推進機構客員研究員）に交替する件について事務局より説明があり、異議なく了承された。

○第六十四回例会

日　時　平成三十年三月二十四日（土）午後一時三十分

場　所　明治神宮参集殿

演　題　「明治維新と国学者——京都一力亭主人杉浦治郎右衛門を例に——」

講　師　松本久史氏（國學院大學神道文化学部教授）

○第四十四回企画・編集委員会

日　時　平成三十年七月十四日（土）午前十一時

場　所　明治神宮社務所講堂

出席者（五十音順・敬称略）

理事長　阪本是丸

常務理事　石井研士（九條常務理事は公務により欠席）

理　事　櫻井治男・三宅守常

評議員　菅　浩二・松本久史・宮本誉士

研究嘱託　神杉靖嗣

事務局　栗田　勤・戸浪裕之

議　事（協議・報告事項）

一、公開シンポジウムの件

二、研究例会の件

三、紀要復刊第五十五号の件

四、その他

○公開シンポジウム「平田国学の幕末維新」（國學院大學研究開発推進センター共催事業）

日　時　平成三十年七月十四日（土）午後一時三十分

会　場　明治神宮参集殿

テーマ　平田国学の幕末維新

講演・講師　宮地正人氏（東京大学名誉教授）

演　題　「平田国学の幕末維新」

発題Ⅰ　遠藤　潤氏（國學院大學神道文化学部教授）

演　題　「宗教史から見た幕末維新期の平田国学」

発題Ⅱ　三ツ松誠氏（佐賀大学地域学歴史文化研究センター講師）

演　題　「佐賀藩の国学・神学」

コメンテータ　阪本是丸氏（國學院大學神道文化学部教授）

司　会　松本久史氏（國學院大學神道文化学部教授）

明治聖徳記念学会　入会のご案内

＊本会は明治の精神、神道、日本文化等について、学際的な研究・活動をおこなっている学会です。本会の趣旨に賛同する方はどなたでも入会できます。

＊会費は下記の通りです。
○正　会　員（個人）＝年額二千円
○特別会員（団体）＝年額一万円

＊入会ご希望の方は申込書に必要事項をご記入の上、郵送で事務局にお申し込みください（持参も可）。

＊入会申込書は事務局にご請求ください。

＊会員の特典
○機関誌『明治聖徳記念学会紀要』をお届けします。
○講演会・例会等の催事にご案内します。
○機関誌に論文等を投稿することができます。

＊個人情報の取り扱いについて
本会は会員の個人情報（氏名・住所等）について、催事の開催通知や機関誌の送付等、事業活動のために利用し、それ以外の目的で利用することはありません。

『明治聖徳記念学会紀要』投稿規程

一、投稿は会員の方に限ります。
二、内容は未発表の論文、研究ノート、資料紹介、書評、随想などとします。
三、原稿は和文縦書き、枚数は四百字詰原稿用紙で五十枚程度（図表等含む）を限度とし、論題の英訳を添えてお送り下さい。ワープロ使用の場合はフロッピー（またはCDかUSB）も併せてご送付下さい。なお特別な活字・組み・図版等を必要とする場合、その分の実費を執筆者に負担願うことがあります。
四、採否ならびに掲載の時期は企画・編集委員会が決定します。
五、校正は原則として初校のみ執筆者校正、再校以降は企画・編集委員会で行います。
六、掲載された論文は当学会HP上など、デジタル情報としても公開します。そのため当該論文の複製権と公衆送信権は学会に委託されるものとします。ただしこれは、執筆者本人による複製権および公衆送信権の行使を妨げるものではありません。

＊入会・投稿に関するお問い合わせは、左記までお願いします。

〒一五一―八五五七　東京都渋谷区代々木神園町一―一
明治神宮内「明治聖徳記念学会事務局」
電　話　〇三（三三七九）九三七三
ＦＡＸ　〇三（三三七九）九三七四
ＵＲＬ　http://www.mkc.gr.jp/seitoku/

明治聖徳記念学会紀要〔復刊第五十五号〕

平成三十年十一月三日発行

東京都渋谷区代々木神園町一番一号
明治神宮内

編集兼発行者　明治聖徳記念学会
代表者　中島精太郎

郵便番号　一五一―八五五七
電話番号　〇三（三三七九）九三七三
FAX　〇三（三三七九）九三七四
URL　http://www.mkc.gr.jp/seitoku/
振替口座　〇〇一九〇-六-四二五九三

制作・発売　株式会社錦正社
東京都新宿区早稲田鶴巻町五四四―六
電話番号　〇三（五二六一）二八九一
FAX　〇三（五二六一）二八九二

ISBN978-4-7646-0655-5